Struktur und Dynamik in der Region Stuttgart

Institut für Geographie
Universität Stuttgart

Wolf Gaebe (Hrsg.)

Struktur und Dynamik in der Region Stuttgart

VERLAG
EUGEN
ULMER

Umschlag: Das Multisensorbild der Region Stuttgart ist eine Kombination zweier digitaler Satellitenaufnahmen: des amerikanischen Erderkundungssatelliten Landsat 5 (705 km Höhe) und des französischen Satelliten SPOT (mittlere Flughöhe 832 km). Die Landsat 5-Bilddaten wurden am 27.4.1993, die SPOT-Bilddaten am 26.11.1986, 1.12.1986 und am 24.4.1988 aufgenommen (Freigabe durch das Ministerium ländlicher Raum Baden-Württemberg).

© 1997 Eugen Ulmer GmbH & Co.
Wollgrasweg 41, 70599 Stuttgart (Hohenheim)
Printed in Germany

ISBN 3-8001-3365-2

Vorwort

Veröffentlichungen, die einen Überblick über die wirtschaftliche, soziale und naturräumliche Entwicklung vermitteln, fehlen für die Region Stuttgart fast völlig. Deshalb haben Mitarbeiter des Instituts für Geographie in Stuttgart sowie Geologen der Universität und Praktiker die hier vorgelegten Studien erarbeitet, mit denen eine Vielfalt von Aspekten zur Struktur und Dynamik des Raumes angesprochen wird.

Im einzelnen berichten die Artikel über die Entwicklung der Bevölkerung, der Arbeitsplätze in Landwirtschaft, Industrie und Dienstleistungen, aber auch über Potential und Nutzung der natürlichen Ressourcen in der Region, insbesondere über die Ressource Wasser. Sie zeigen kleinräumig den seit Beginn der Industrialisierung anhaltenden wirtschaftlichen Strukturwandel, der sich aufgrund veränderter Rahmenbedingungen in den vergangenen Jahren stark beschleunigt hat.

Zeitreihen, die eigens für diese Veröffentlichung berechnet wurden, lassen die räumlich und zeitlich differenzierten Bevölkerungsveränderungen in der Region seit 1871 erkennen, zunächst die Konzentration auf Stuttgart und das engere Umland, dann vor allem seit den 60er Jahren die Dekonzentrationsprozesse in das weitere Umland, die mit der Zunahme der Einkommen und dem Ausbau der Infrastruktur eingesetzt haben. Die Suburbanisierung ist mit einer Dekonzentration der Arbeitsplätze und Wertschöpfung und einer starken Ausweitung der Siedlungs- und Verkehrsfläche verbunden.

Die Beiträge beschreiben und erklären jedoch nicht nur die demographischen und sozioökonomischen Entwicklungsprozesse, sondern auch die Reaktionen und Strategien der Akteure in Wirtschaft und Politik. Dabei werden Themen wie die Attraktivität der Region und ihre Wettbewerbsfähigkeit im internationalen Vergleich angesprochen, die hier sehr intensiv diskutiert werden. Dazu gehört auch die Frage nach dem Verhältnis von Produktion und Dienstleistungen in einem so stark industriebestimmten Raum wie der Region Stuttgart.

Die Aufsätze mit naturwissenschaftlicher Ausrichtung bieten Einblick in die naturräumliche Ausstattung und zeigen auch Gefährdungspotentiale einer Übernutzung der Umweltressourcen auf. Dringend notwendig sind hier wie auch zur Bevölkerungs- und Arbeitsmarktentwicklung Forschungen auf breiter empirischer Basis.

Ohne finanzielle Hilfe wäre die Veröffentlichung nicht möglich gewesen. Besonderen Dank schulden wir

- dem Forum Region Stuttgart e. V.,
- der Gesellschaft für Erd- und Völkerkunde zu Stuttgart e. V.,
- der Industrie- und Handelskammer Region Stuttgart,
- der Regio Stuttgart Marketing- und Tourismus GmbH,
- dem Verband Region Stuttgart und
- der Wirtschaftsförderungsgesellschaft Region Stuttgart mbH.

Werner Hobbing danke ich herzlich für die Reinschrift und Gestaltung des Manuskripts, Dipl. Ing. Jürgen Heinemann für die Reinzeichnung von Abbildungen.

Stuttgart, im Juni 1997   Wolf Gaebe

Inhaltsverzeichnis

Farbkartenverzeichnis

1 Stärken und Schwächen der Region Stuttgart im interregionalen Vergleich

Wolf Gaebe

1.1 Allgemeine Entwicklungstendenzen der Region Stuttgart

Die Region Stuttgart ist mit knapp 2,6 Mio. Einwohnern und 1,26 Mio. Erwerbstätigen, davon etwa einer Million sozialversicherungspflichtig Beschäftigten, die mit Abstand größte, am stärksten verdichtete und wirtschaftsstärkste Region Baden-Württembergs und eine der am höchsten entwickelten Regionen der EU. In Stuttgart und den fünf Landkreisen Böblingen, Esslingen, Göppingen, Ludwigsburg und Rems-Murr-Kreis mit insgesamt 179 Gemeinden wohnt etwa ein Viertel der Bevölkerung des Landes. Hier stellen knapp 30 Prozent der Beschäftigten etwa ein Drittel der Güter und Dienstleistungen des Landes her. Die Abgrenzung der Region Stuttgart entspricht in etwa dem Pendlereinzugsgebiet von Stuttgart und dem Verlagerungsraum aus Stuttgart. Der sog. „Verdichtungsraum" Stuttgart ist kleiner als die „Region" Stuttgart (Abb. 1-1), reicht jedoch im Norden darüber hinaus in den Raum Heilbronn und im Süden in den Raum Reutlingen-Tübingen.

Wachstum, Wettbewerbs- und Innovationsstärke, aber auch Probleme beruhen zum größten Teil auf der Leistungsfähigkeit der Industrie, insbesondere der Automobilindustrie. Eine besondere Stärke der Regionalökonomie bilden die Industriecluster um die Automobilindustrie und Elektroindustrie und um den Maschinenbau. Die relativ hohe Exportquote der Industrie von fast 40 Prozent ist Ausdruck hoher internationaler Wettbewerbsfähigkeit, aber auch hoher Risiken. Die regionale Wirtschaftsentwicklung ist sehr stark von der internationalen Konjunktur abhängig.

Weltweit technologisch führend und nach grundlegender Umstrukturierung auch hoch profitabel sind nicht nur Großunternehmen wie Daimler-Benz und Porsche, sondern auch viele mittelständische Unternehmen, meist Familiengesellschaften, die der Unternehmensberater Hermann Simon als „heimliche" Gewinner der Globalisierung bezeichnet, darunter Weltmarktführer wie Behr und Dürr in Stuttgart, Festo in Esslingen, Märklin in Göppingen und Trumpf in Ditzingen mit einem Umsatz bis etwa 1,5 Mrd. DM (COST 1996, S. 29). Stuttgart ist der wirtschaftliche, politische, gesellschaftliche und kulturelle Mittelpunkt der Region und des Landes trotz einer topographisch bedingt nur durchschnittlichen Erreichbarkeit, abseits der europäischen Nord-Süd- und Ost-West-Verkehrsströme. Ältere und wichtigere Verkehrswege gehen durch den Oberrheingraben.

Die wirtschaftsstärkste Region ist jedoch nicht mehr die prosperierendste Region des Landes, Stuttgart nicht mehr Wachstumsmotor. Die Region zeigt deutliche Wachstumsschwächen, erkennbar an der Produktivitätszunahme und am Arbeitsmarkt. Bevölkerungs- und Arbeitsplatzzuwachs entsprachen in den 70er und 80er Jahren etwa dem Landesdurchschnitt, seither fielen sie zurück. Der seit Beginn der Industrialisierung im 19. Jahrhundert anhaltende Strukturwandel ist auch hier mit Deindustrialisierung, Tertiärisierung und starken Veränderungen der Berufs- und Qualifikationsstrukturen verbunden. Er wird bei funktionaler Differenzierung stärker sichtbar als bei sektoraler Differenzierung: in der Zunahme der Dienstleistungsfunktionen in der Industrie und in der Abnahme der Produktionsfunktionen. Die Deindustrialisierung läuft voll gegen eine Region mit weit überdurchschnittlicher wirtschaftlicher Bedeutung der Industrie. Sie war solange weniger beunruhigend wie neue Arbeitsplätze im

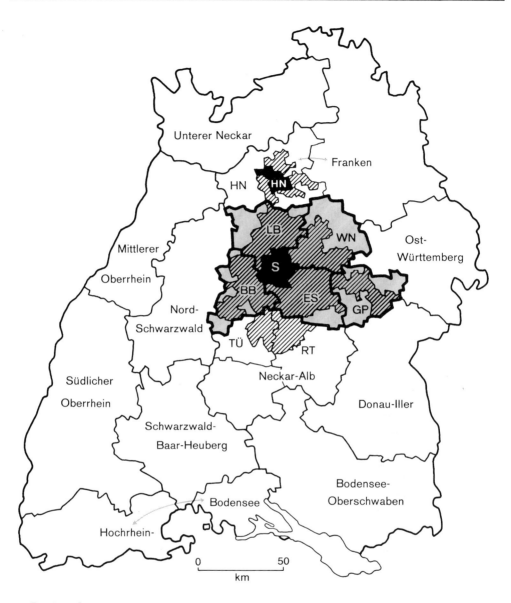

Abb. 1-1: Verdichtungsraum und Region Stuttgart
Quelle: Bundesforschungsanstalt für Landeskunde und Raumordnung

tertiären Sektor geschaffen werden konnten, die die Verluste formal ausgleichen. Seit dies nicht mehr gelingt, nimmt die Arbeitslosigkeit zu. Ungeachtet der offensichtlichen strukturellen Schwächen bleibt die Region Stuttgart aber weiterhin ein Raum starker Zuwanderung.

1.2   Innerregionale Entwicklung

Demographisch, sozial und wirtschaftlich entwickeln sich die 179 Gemeinden der Region nicht unabhängig voneinander. Trotz unterschiedlicher Entwicklungsrichtung sind Kernstadt und Umland eng aufeinander bezogen. Dies zeigen der Wohnungs- und Arbeitsmarkt und die Ver- und Entsorgungsbeziehungen. Bei Einwohnern, Arbeitsplätzen und Wertschöpfung nimmt der Kernstadtanteil ab, der Anteil des Umlandes zu. Er ist am höchsten bei den Einwohnern, am geringsten bei der Wertschöpfung

Der Bevölkerungsanteil Stuttgarts ging von 33 Prozent 1950 auf 23 Prozent 1994 zurück, entsprechend stieg der Umlandanteil von 67 Prozent auf 77 Prozent. Seit den 60er Jahren verliert Stuttgart absolut Einwohner. Die stärkste Zunahme erfolgt in der jüngsten Entwicklungsachse Stuttgart-Leinfelden-Echterdingen-Böblingen-Sindelfingen und auf den Ebenen der Gäue und Filder. Während auch die an Stuttgart angrenzenden Gemeinden Einwohner verlieren, verlagert sich das Wachstum immer weiter nach außen. Die Bevölkerungssuburbanisierung ist auch erkennbar an der Verteilung der Altersgruppen und der Ausländer. Deutsche ziehen ins Umland, Ausländer in die Kernstadt. Der Anteil der Kinder und Jugendlichen ist hier niedriger, der Anteil älterer Menschen höher als im Umland.

Von 1975 bis 1995 sank der Anteil Stuttgarts an den sozialversicherungspflichtig Beschäftigten in der Region von 39 Prozent auf 33 Prozent. Der Umlandanteil nahm weniger wegen neuer Arbeitsplätze im tertiären und quartären Sektor zu als wegen des starken Verlustes an industriellen Arbeitsplätzen in Stuttgart, insbesondere in der Fertigung (Tab. 1-1). Die Suburbanisierung der Arbeitsplätze ist verbunden mit einer Konzentration hochrangiger wissensintensiver Dienstleistungen in der Kernstadt und einer innerregionalen Dekonzentration anderer Dienstleistungen.

In der Kernstadt wird im Durchschnitt mehr verdient als im Umland, aber auch gefordert, Arbeitslosigkeit und Soziallasten sind ebenfalls höher. Die Qualifikationsstruktur gleicht sich aufgrund Ansiedlungen und Standortentscheidungen in Kernstadt und Umland an. Auch die Bruttowertschöpfung zu Marktpreisen (jeweilige Preise) läßt die Suburbanisierung erkennen.

Tab. 1-1: Beschäftigtenentwicklung im verarbeitenden Gewerbe der Region Stuttgart 1964 - 1995

		Beschäftigte			Beschäftigtenbesatz	
	Stuttgart	Umland	Region Stuttgart	Stuttgart	Umland	Region Stuttgart
		1 000			Beschäftigte je 1 000 Einwohner	
1964	155 (1)	289	444	245	199	213
1992	117 (2)	344	461	196	176	181
1995	88 (2)	279	367	150	141	142
		%				
1964	35	65	100			
1992	25	75	100			
1995	24	76	100			
(1)	Betriebe mit 10 und mehr Beschäftigten					
(2)	Betriebe mit 20 und mehr Beschäftigten					

Quelle: Statistisches Landesamt Baden-Württemberg

Hier hat der Anteil Stuttgarts von 43 Prozent 1970 auf 38 Prozent 1992 abgenommen. Folgen der nachlassenden Nutzungsmischung und unterschiedlichen Arbeitsplatzstruktur in Kernstadt und Umland sind zunehmende Mobilität und zunehmende Pendler- und Verkehrsströme.

Durch die anhaltende Suburbanisierung von Bevölkerung und Beschäftigung steht die Kernstadt und der älter industrialisierte Teil der Region unter einem starken Umstrukturierungsdruck, das Umland unter einem starken Wachstumsdruck. Die Suburbanisierungsprozesse verstärken die demographischen und sozioökonomischen Disparitäten, d. h. die Ungleichgewichte in der räumlichen Verteilung von Wohlstand, Armut und Sozialleistungen, von Investitionen und Verschuldung. 1995 waren in Stuttgart die Schulden je Einwohner mehr als dreimal so hoch wie im Umland (3658 DM bzw. 1089 DM).

Der zunehmende Flächenverbrauch konzentriert sich nicht auf die Siedlungsachsen und -schwerpunkte, sondern greift auch auf die Zwischenräume über. Die Nutzungsdichte sinkt im Kerngebiet und steigt am Rande (Suburbanisierung) und in den angrenzenden Regionen Nordschwarzwald, Franken und Neckar-Alb (Exurbanisierung) ringförmig um Stuttgart und in den Siedlungsachsen, vor allem in Verlängerung der Hauptverdichtungsachse Neckar-Fils nach Norden in den Raum Heilbronn. Nur im östlichen Teil bilden die Täler (Neckar-, Fils- und Remstal) Leitlinien der Verdichtung. Die Siedlungs- und Verkehrsfläche nimmt stärker zu als Bevölkerung und Arbeitsplätze. Es entsteht ein Flickenteppich von Siedlungen. Entsprechend schrumpfen Freiflächen, ökologische Ausgleichs- und Erholungsflächen. Die Entwicklung kann durch den Bodenmarkt und die Standortpräferenzen erklärt werden. Weiche Standortfaktoren, wie Wohn- und Freizeitwert, bestimmen immer stärker die Ansiedlungs- und Investitionsentscheidungen. Für fast jede Nutzung, für Wohnungen, Arbeitsplätze, Versorgung und Entsorgung wird mehr Fläche benötigt. Im Wohnungsbau gibt es im Unterschied zum gewerblichen Bereich einen Trend zu kleineren Grundstücken und höherer Nutzungsdichte. Die Extensivierung der gewerblichen Nutzung nimmt weiter zu (KAHNERT 1993, S. 56). Einsparungen durch neue Maschinen, neue Produktionsformen und logistische Konzepte werden überkompensiert durch eine flächenaufwendige Bauweise, durch Lager-, Park- und Grünflächen. Die „grüne" Wiese und bisher nicht genutzte und bebaute Flächen werden zuvor bereits genutzten Flächen vorgezogen, selbst wenn alte Strukturen und Belastungen beseitigt wurden. Bei Abnahme landwirtschaftlicher Betriebe verdichtet sich im Umland die Mischung von Wohngebäuden, Gewerbebetrieben, Infrastruktur, Lagerflächen und Distributionszentren.

Zusammenfassend lassen sich als allgemeine Entwicklungstendenzen in der Region festhalten:
- die anhaltende Suburbanisierung von Bevölkerung, Arbeitsplätzen und Wertschöpfung,
- die zunehmenden demographischen und sozioökonomischen Disparitäten,
- der anhaltende Flächenverbrauch und die Entwicklung zum dispersen Siedlungsmuster und
- die Zunahme der Aktionsräume und der inner- und interregionalen Mobilität.

1.3   Vergleich ausgewählter Verdichtungsräume

Der Verdichtungsraum Stuttgart ist nach der Neuabgrenzung der Verdichtungsräume 1993 durch die Ministerkonferenz für Raumordnung (MKRO) der zweitgrößte der 45 Verdichtungsräume in Deutschland bezogen auf die Fläche (2973 km², Tab. 1-2), und der viertgrößte Verdichtungsraum bezogen auf die Bevölkerung (2,720 Mio. Einwohner Ende 1991, Tab. 1-3).

Aussagefähiger als die Bevölkerungsdichte (915 Einwohner je km² Gemeindefläche) ist die Siedlungsdichte (5645,9 Einwohner je km² Siedlungsfläche). Sie ist aufgrund der relativ kleinen Siedlungs- und Verkehrsfläche (24 % 1985) nur in vier westdeutschen Verdichtungsräumen höher als im Raum Stuttgart.

Tab. 1-2: Siedlungs- und Verkehrsfläche und Baulandpreise in ausgewählten Raumordnungsregionen

Raum-ordnungs-region	Fläche		Siedlungs- und Verkehrsfläche in % der Fläche insgesamt		Zunahme der Siedlungs- und Verkehrs-fläche	Bauland-preise
		(1)	(1)			
	1995	1991	1992	1985	1980-1992	1993/1994
	km²				%	DM/m²
Hamburg	3006	1380	16,2	44,4	4,6	134
Köln	2303	8979	21,6	33,9	8,5	158
Frankfurt	2214	2545	19,4	28,1	14,7	503
Stuttgart	3654	2973	20,0	24,2	7,2	677
Kernstadt	(307)	(207)	(47,9)	.	(9,1)	(1443)
Umland	(3347)	(2766)	(18,3)	.	(6,9)	.
München	2399	1943	13,4	24,7	12,5	420
(1) Verdichtungsraum, vgl. Abb. 1-1						

Quelle: Bundesforschungsanstalt für Landeskunde und Raumordnung

Ein Vergleich mit den Regionen (Raumordnungsregionen) Hamburg, Köln, Frankfurt und München, die der Region Stuttgart hinsichtlich Bevölkerung und Wirtschaftskraft entsprechen, zeigt Stärken und Schwächen, Schwächen vor allem im Vergleich mit Frankfurt und München, die die Entwicklung von Bevölkerung und Erwerbspersonen nicht erkennen läßt. Bevölkerung und Erwerbspersonen haben seit den 50er Jahren stark zugenommen. Das Wachstum läßt jedoch nach. Während in den 50er Jahren die Bevölkerung nur in der Region Düsseldorf stärker als in der Region Stuttgart gewachsen ist, in den 60er Jahren in fünf Regionen, nahm sie von 1970 bis 1987 in 21 Raumordnungsregionen stärker zu. Die Prognosen bis 2010 sind zwar günstiger als für die vier anderen hochverdichteten Regionen, die Bevölkerung wird jedoch voraussichtlich in 32 der 75 Raumordnungsregionen, ausschließlich weniger verdichtete Regionen, stärker zunehmen als in der Region Stuttgart (BUNDESFORSCHUNGS-ANSTALT FÜR LANDESKUNDE UND RAUMORDNUNG 1994, S. 903ff.). Die Altersstruktur mit

Tab. 1-3: Nutzungsdichte in ausgewählten Verdichtungsräumen

Verdichtungs-räume	Wohnbevölkerung		Bevölke-rungs-dichte	Siedlungs-dichte	Siedlungs-fläche
	1991	1995	1991	1987	1985
			Einw je km²	Einw. je km²	in %
		(1)	Fläche	Siedlungs-	der Fläche
	Mio.		insgesamt	fläche	insgesamt
Hamburg	2.089	3.006	1.514	4.639	44
Rhein-Ruhr	11.142	2.303	1.241	5.156	33
Rhein-Main	2.775	2.214	1.090	5.822	28
Stuttgart	2.720	2.567	915	5.646	24
München	1.929	2.399	997	5.841	25
(1) Raumordnungsregion					

Quelle: Bundesforschungsanstalt für Landeskunde und Raumordnung

Tab. 1-4: Bevölkerungsstruktur und -entwicklung in ausgewählten Raumordnungsregionen

Raum-ordnungs-region	Anteil der Einwohner unter 18 Jahren	Anteil der Einwohner von 65 Jahren und älter	Anteil der Ausländer	Außen-wande-rungs-saldo	Binnen-wande-rungs-saldo	Bevölke-rungsent-wicklung
		31.12.94			1994	1950-1995
		%			%	%
Hamburg	17	16	11	3	5	21
Köln	19	15	13	3	2	59
Frankfurt	17	15	17	1	- 1	57
Stuttgart	19	14	18	- 1	- 3	72
Kernstadt	(16)	(16)	(25)	(- 2)	(- 8)	(.)
Umland	(20)	(14)	(15)	(0)	(2)	(.)
München	17	15	17	1	- 3	71

Quelle: Bundesforschungsanstalt für Landeskunde und Raumordnung

dem relativ hohen Anteil Kinder und Jugendlicher und geringen Anteil älterer Menschen, erscheint nur günstig aufgrund Zuwanderung bzw. Einwanderung und des hohen Ausländeranteils, bedingt durch die starke Bedeutung der Industrie und den Einwanderungs- und Diffusionsprozeß der Gastarbeiter seit den 60er Jahren. Fast jeder vierte Einwohner Stuttgarts besitzt eine ausländische Staatsangehörigkeit, nur in Frankfurt ist der Ausländeranteil höher, allerdings nicht der Anteil gering Qualifizierter, da viele Ausländer hier nicht in der Industrie, sondern z. B. in Banken arbeiten.

Die Region Stuttgart unterscheidet sich aber weniger demographisch als ökonomisch von den anderen Regionen, insbesondere durch den hohen Beschäftigtenbesatz und den hohen Anteil des sekundären Sektors (Tab. 1-5). Die Entwicklung der Region hängt stark vom Autoabsatz ab, da die Elektroindustrie und der Maschinenbau auch Zulieferer des Fahrzeugbaus sind. Trotz des hohen Beschäftigtenbesatzes (sozialversicherungspflichtig Beschäftigte je 1 000 Einwohner ohne Selbständige, mithelfende Familienangehörige, Beamte und nicht

Tab. 1-5: Beschäftigungsstruktur in ausgewälten Raumordnungsregionen 30.6.1995

Raum-ordnungs-region	Anteil sekundärer Sektor	Anteil tertiärer Sektor	Anteil Fertigungs-berufe	Anteil Dienst-leistungs-berufe
	an den sozialversicherungspflichtig Beschäftigten			
	%			
Hamburg	30	69	24	68
Köln	39	61	29	62
Frankfurt	32	68	23	67
Stuttgart	48	52	32	56
Kernstadt	(34)	(66)	(22)	(65)
Umland	(55)	(45)	(37)	(52)
München	31	69	21	68

Quelle: Bundesforschungsanstalt für Landeskunde und Raumordnung

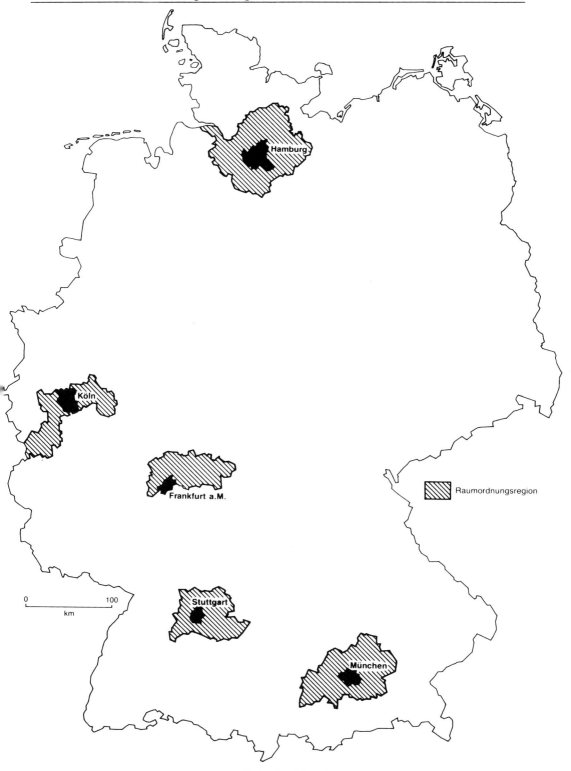

Abb. 1-2: Raumordnungsregionen Hamburg, Köln, Frankfurt, Stuttgart und München

Tab. 1-6: Beschäftigtenbesatz in ausgewählten Raumordnungsregionen
(sozialversicherungspflichtig Beschäftigte je 1000 Einwohner)

Raum-ordnungs-region	Insge-samt	Sekundärer Sektor 1995	Tertiärer Sektor	Insge-samt	Sekundärer Sektor 1980-1995	Tertiärer Sektor
Hamburg	366	109	253	- 1	- 17	8
Köln	347	134	211	- 1	- 23	21
Frankfurt	420	133	285	- 1	- 27	18
Stuttgart	405	193	209	- 3	- 20	22
Kernstadt	(588)	(198)	(387)	(- 6)	(- 29)	(13)
Umland	(351)	(191)	(158)	(1)	(- 17)	(36)
München	416	128	285	6	- 23	28

Quelle: Bundesforschungsanstalt für Landeskunde und Raumordnung

sozialversicherungspflichtig Beschäftigte) weist die Region absolut und relativ nur einen geringen Dienstleistungsbesatz auf, bei ähnlich hohem Beschäftigtenbesatz deutlich weniger als die Regionen Frankfurt und München. Das Defizit an Dienstleistungen wird relativiert, wenn nicht Sektoren und Unternehmen erfaßt werden, sondern Tätigkeiten und Berufe. Nach Berechnungen des Deutschen Instituts für Wirtschaftsforschung (DIW) in Berlin hatten 1993 43 Prozent aller Beschäftigten im verarbeitenden Gewerbe Dienstleistungstätigkeiten und -berufe, z. B. in Forschung und Entwicklung, Verwaltung, Kantinen und Vertrieb, insgesamt 72 Prozent der Beschäftigten. Die sektorale Klassifikation verdeckt, daß auch in Stuttgart mehr als zwei Drittel der Beschäftigten in Dienstleistungsberufen arbeiten. Die Bürofläche je Arbeitsplatz liegt hier zwar niedriger (16,0 m² Ende 1995) als in Frankfurt (19,1 m²) und München (17,2 m²), jedoch höher als in Hamburg (15,1 m²) und Düsseldorf (12,4 m²) (Deutsche Bank Research). Den Widerspruch zwischen Statistik und Realität erklärt der hohe Anteil der von forschungs- und technologieintensiven Unternehmen selbst erbrachten, vor allem strategisch wichtigen Dienstleistungen. Es fehlen national und international bedeutsame Wirtschafts- und Finanzdienste. Höherwertige wissensintensive Dienstleistungen für Unternehmen sind jedoch weniger hierarchisch verteilt im Sinne der zentralörtlichen Theorie als vielmehr funktional spezialisiert. Deutlich geringer als in den Regionen München und

Tab. 1-7: Arbeitsmarkt in ausgewählten Raumordnungsregionen

Raum-ordnungs-region	Anteil Beschäftigte mit hochqualifizierter Berufsausbildung 30.6.1995 %	Arbeitslosen-quote Sept. 1995 %	Lohn- und Gehalts-summe je Industrie-beschäftigten 30.6.1994 DM
Hamburg	7,6	9,1	5879
Köln	8,6	10,7	5892
Frankfurt	11,1	7,9	6020
Stuttgart	9,4	7,1	6263
Kernstadt	(14,5)	(8,6)	(6954)
Umland	(6,9)	(6,8)	(6052)
München	12,8	5,6	6617

Quelle: Bundesforschungsanstalt für Landeskunde und Raumordnung

Tab. 1-8: Entwicklung der Beschäftigung in ausgewählten Raumordnungsregionen

Raum-ordnungs-region	Beschäftigte insgesamt	Sozial-versicherungs-pflichtig Beschäftigte	Sekundärer Sektor	Tertiärer Sektor	Fertigungs-berufe	Dienst-leistungs-berufe
	1961 - 1987	1980 - 1995	1980 - 1995		1980 - 1995	
			%			
Hamburg	7	6	11	16	- 14	14
Köln	12	5	- 19	28	- 16	19
Frankfurt	27	6	- 21	27	- 23	22
Stuttgart	30	5	- 13	32	- 16	19
Kernstadt	( )	(- 7)	(- 29)	(14)	(31)	(5)
Umland	( )	(13)	(8)	(48)	(11)	(30)
München	51	11	- 20	34	- 23	27

Quelle: Bundesforschungsanstalt für Landeskunde und Raumordnung

Frankfurt ist der Anteil der Beschäftigten mit hoher formaler Qualifikation (Tab. 1-7). Indikatoren für den günstigen, d. h. diversifizierten und aufnahmefähigen Arbeitsmarkt in allen drei Regionen sind das hohe Einkommen in der Industrie und die relativ niedrige Arbeitslosigkeit. Sie steigt jedoch am stärksten in der Region Stuttgart, der Region mit dem höchsten Anteil An- und Ungelernter. Auch die Wirtschaftskraft (119 000 DM Bruttowert-schöpfung je Erwerbstätigen 1992) läßt einen deutlichen Abstand zu Frankfurt (148 000 DM)

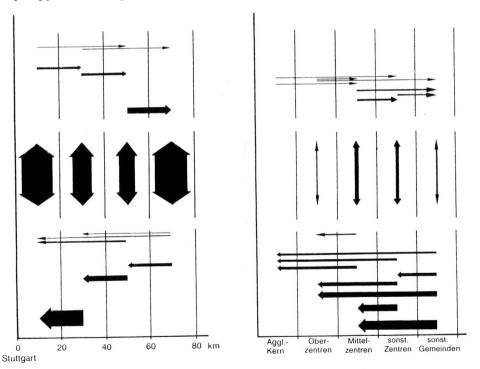

Abb. 1-3: Pendlerverflechtungen im „Agglomerationsraum" Stuttgart 1987
Quelle: Sinz/Blach 1994, S. 471

und München (126 000 DM) erkennen. Meßgrößen der volkswirtschaftlichen Gesamtrechnung, ergänzt durch Angaben aus der Beschäftigten- und Arbeitsmarktstatistik, sind jedoch nur ein Faktor, der neben Lage, Umwelt, Verkehrsanbindung, Infrastruktur und Kultur Wohlstand und Lebensqualität beschreibt.

Tab. 1-9: Stärken und Schwächen der Region Stuttgart im Vergleich

Stärken	Schwächen
1. Bevölkerungsstruktur	
relativ günstige Altersstruktur	relativ kleine Kernstadt
2. Wirtschaftsstruktur	
– Arbeitsmarkt	
hoher Beschäftigungsbesatz,	hohe Kosten
relativ niedrige Arbeitslosigkeit,	für Arbeit und Boden bzw. Flächen,
hohe Einkommen aus Industriearbeit	relativ wenig hochqualifizierte und relativ viele an- und ungelernte Arbeitskräfte
– Branchen- und Betriebsgrößenstruktur,	
hoch integrierte Industriecluster,	Strukturdefizite:
Weltmarktführer bei Industrieprodukten	Überindustrialisierung,
	hohe Abhängigkeit vom Autoabsatz,
	wenig überregional bedeutsame wirtschaftliche und gesellschaftliche Funktionen
– Wettbewerbsfähigkeit	
hohe Exportquote,	Nischenstrategien in Hochpreissegmenten,
hohe Produktqualität,	eurozentrische Produktions- und Absatzorientierung,
Auftragsforschung,	
Steuerungssysteme,	schwache Präsenz auf Zukunftsmärkten in
Forschung und Entwicklung,	Asien und Südamerika,
höherwertige und reife Technik	Innovationsdefizite:
	Spitzentechnik und neue Technologien
– Arbeits- und Produktionsorganisation	
relativ stabile soziale Beziehungen	fordistische Produktionsstrukturen,
	bürokratische Formen der Produktionssteuerung,
	hierarchische Koordination,
	wenig Kooperation zwischen Konkurrenten (strategische Allianzen)
	diffuses Standortimage
– hohe Kaufkraft	
3. Siedlungsstruktur	
	hohe Siedlungsdichte,
	hoher Flächenverbrauch,
4. Infrastruktur	
Kultur- und Freizeitangebot	

Tab. 1-10: Pendler in ausgewählten Agglomerationräumen 1987

Agglomerations-räume	Gemeinden	Bevölke-rungs-dichte Einw./km²	Luftliniendistanz zwischen Wohnort und Arbeitsort km	Anteil des ÖPNV und des nicht motorisierten Individualverkehrs %
Hamburg	873	252	19	23
Köln	750	707	15	17
Frankfurt	1055	338	14	20
Stuttgart	681	322	12	21
München	605	229	17	31

Quelle: Sinz/Blach 1994, S. 475-476

Seit Anfang der 80er Jahre sind in der Region Stuttgart weniger neue Arbeitsplätze insgesamt und in Dienstleistungen entstanden als in den Regionen Frankfurt und München (Tab. 1-8). Zwischen sekundärem und tertiärem Sektor besteht kein Ausgleich, sondern ein relativ enger Zusammenhang, da viele Dienstleistungen direkt oder indirekt für die Industrie angeboten werden. In Boomphasen und Rezessionen beschleunigt sich der Strukturwandel zu Dienstleistungen, da einerseits überdurchschnittlich viele neue Dienstleistungsarbeitsplätze entstehen und andererseits besonders viele industrielle Tätigkeiten aufgegeben werden. Neue Arbeitsplätze im tertiären Sektor ergeben sich als Saldo aus neuen Tätigkeiten, Auslagerungen und Abbau von Arbeitsplätzen u. a. im Handel und im öffenlichen Dienst, in Banken und Versicherungen. Nur in wenigen Dienstleistungsfeldern werden noch Arbeitsplätze geschaffen, darunter in der Telekommunikation, in der Unternehmens- und technischer Beratung, in der Forschung und in der Softwareentwicklung. Von den fünf Raumordungsregionen hat nur in München der Beschäftigtenbesatz von 1980 bis 1995 zugenommen (Tab. 1-7).

Zwischen den Räumen Hamburg, Köln, Frankfurt, Stuttgart und München bestehen nicht nur erhebliche strukturelle Unterschiede, sondern auch erhebliche Unterschiede der innerregionalen Verflechtungen. SINZ/BLACH (1994) haben die Berufspendlerströme in vier 20 km-Ringen um den „Agglomerationskern" untersucht. Während in den Räumen Hamburg und München der stärkste Pendlerstrom aus dem ersten Ring und der zweitstärkste Strom aus dem dritten Ring in den Kern gerichtet sind, weisen die Räume Frankfurt und Stuttgart eine Kaskadenstruktur auf, d. h. der stärkste Strom geht aus dem zweiten Ring in den ersten Ring, der zweitstärkste aus dem vierten in den dritten Ring (Abb. 1-3).

Die Berufspendlerströme lassen unterdurchschnittliche Distanzen in den polyzentrischen Räumen Stuttgart und Frankfurt und überdurchschnittliche in den monozentrischen Räumen Hamburg und München erkennen. Der Stuttgarter Raum mit 14 Mittelzentren kommt der Vorstellung eines hierarchisch gegliederten Siedlungsraumes und dem Modell der dezentralen Konzentration am nächsten. Kürzere Pendlerdistanzen sind jedoch nicht nur eine Folge der höheren Bevölkerungs- und Siedlungsdichte, sondern des „modal split", d. h. des Anteils privater bzw. öffentlicher Verkehrsmittel. In den Räumen Stuttgart und Frankfurt mit ringförmiger Anordnung der Zentren im Umland sind die durchschnittlichen Pendlerdistanzen und der Anteil des ÖPNV und des nicht motorisierten Individualverkehrs geringer als in den Räumen Hamburg und ins besondere München mit punktaxialer Bandstruktur und relativ dünn besiedelten Achsenzwischenräumen. Der Flächenverbrauch ist jedoch höher (Tab. 1-10). SINZ und BLACH vermuten, in polyzentrischen Siedlungsräumen würden, verglichen mit monozentrischen Räumen, Größenvorteile und interkommunale Kooperationsmöglichkeiten weniger genutzt (1994, S. 478).

Eine Sonderstellung des Raumes Stuttgart wird im Vergleich mit Hamburg und München sichtbar. Obwohl viel kleiner, ist Stuttgart Kernstadt eines gemessen an Bevölkerung und Fläche größeren städtischen Raumes. Welchen Einfluß die Abgrenzung eines Raumes auf Aussagen zur Nutzung hat, zeigt der Vergleich zwischen Verdichtungsraum und Raumordnungsregion. Bezogen auf den „Verdichtungsraum" ist der Anteil der Siedlungs- und Verkehrsfläche nur deshalb niedriger als in den beiden anderen Räumen, weil der Raum sehr viel größer ist, mehr als doppelt so groß wie der Verdichtungsraum Hamburg und um die Hälfte größer als der Verdichtungsraum München. Bezogen auf die relativ homogene „Raumordnungsregion" ist der Anteil der Siedlungs- und Verkehrsfläche im Raum Stuttgart dagegen deutlich höher als in den Regionen Hamburg und München (Tab. 1-10).

Noch gravierender als die Unterschiede im Flächenverbrauch sind die Unterschiede in den Baulandpreisen. Die hohen Preise (Tab. 1-2), sie gehören zu den höchsten in Deutschland, und andere Nachteile der hohen Verdichtung wirkten bisher kaum dämpfend auf die Nachfrage. Einen Hinweis auf die nachlassende Dynamik in der Region geben jedoch überdurchschnittlich und stärker als in Frankfurt und München fallende Immobilienpreise. Tab. 1-9 zeigt, daß die Region nicht Zentrum eines „Musterländles" ist, und nicht nur deutliche Stärken, sondern auch deutliche Schwächen aufweist. Zu den besonderen Stärken gehören Produkte höchster Qualität mit weltweiter Nachfrage, Auftragsforschung und Steuerungssysteme, zu den Schwächen allgemein sehr hohe Kosten, eine starke Abhängigkeit vom Autoabsatz und wenig überregional bedeutsame wirtschaftliche und gesellschaftliche Funktionen.

Stuttgart wird nicht zu den international bedeutenden Städten gezählt, auch nicht z. B. zu den 30 europäischen, darunter fünf deutschen Städten, für die das britische Immobilienunternehmen HEALEY & BAKER jährlich etwa 500 Manager um Standortbewertungen bittet. Von den deutschen Städten (Berlin, Hamburg, Düsseldorf, Frankfurt und München) wurde als Wirtschaftsstandort relativ am besten Frankfurt (Rang 3) und als Wohnstandort München (Rang 4) bewertet.

Eine Reihe von Entwicklungstrends werden unvermindert anhalten: die Deindustrialisierung, steigende Anforderungen an die Qualifizierung der Arbeitskräfte und die Zunahme des Flächenverbrauchs, der Mobilität, der Aktionsräume und der Zersiedlung. Der Anteil des verarbeitenden Gewerbes an Beschäftigung bzw. Arbeitsplätzen wird bis 2010 wahrscheinlich auf weniger als 20 Prozent abnehmen, der Anteil hochqualifizierter Arbeitskräfte von knapp 30 Prozent 1985 auf etwa 40 Prozent im Jahre 2010 zunehmen.

1.4   Erklärungen von Entwicklungsstand und Veränderungen

Erklärungsansätze von Entwicklungsstand und Veränderungen beziehen sich auf die Bevölkerungs-, die Wirtschafts-, die Siedlungs- und die Infrastruktur.

1. Bevölkerungsstruktur
Ein Geburten- und Wanderungsdefizit der Kernstadt und ein Geburten- und Wanderungsüberschuß im Umland bestimmen die Bevölkerungsstruktur in der Region. Stuttgart weist seit 1968 bei der deutschen Bevölkerung ein Geburtendefizit auf, die ausländische Bevölkerung wächst aufgrund von Geburten und Zuzügen.

2. Wirtschaftsstruktur
Auf die Wirtschaftsstruktur wirken drei Faktorenbündel ein, die sich überlagern und analytisch nur schwer getrennt werden können:
– der seit Beginn der Industrialisierung mit der wirtschaftlichen Entwicklung untrennbar verbundene Strukturwandel,

- seit den 70er Jahren ein tiefgreifender wirtschaftlicher und gesellschaftlicher Strukturumbruch von Produktion und Konsum, vergleichbar der Einführung der industriellen Massenproduktion und
- konjunkturelle Schwankungen.

Technologische und organisatorische Innovationen und außenwirtschaftliche Einflüsse erklären den säkularen wirtschaftlichen Strukturwandel, d. h. die Verschiebung zwischen und in den Sektoren und die relative und absolute Abnahme der Beschäftigung in der Produktion und Zunahme in Dienstleistungen (Deindustrialisierung und Tertiärisierung). Der starke Beschäftigungseinbruch im verarbeitenden Gewerbe fällt in eine Zeit, in der die Wachstumsdynamik des tertiären Sektors nachgelassen hat. Der Strukturwandel wird heute anders bewertet wird als in den 70er Jahren. Damals wurde der Abbau von Arbeitsplätzen, meist in Branchen mit einer relativ geringen Wertschöpfung, als Ausdruck einer hohen Wettbewerbfähigkeit angesehen, heute als Ausdruck der Internationalisierung und Globalisierung und der nachlassenden Wettbewerbsfähigkeit des Standortes Deutschland. Wachsende, stagnierende und rezessive Produktgruppen gibt es in allen Branchen, in der Elektroindustrie wie im Fahrzeug- und Maschinenbau. In Stuttgart haben die Nutzung und Umsetzung neuer Technologien, die in Verbindung mit konventionellen Technologien den Strukturwandel vorantreiben, ein höheres Gewicht als die Entwicklung neuer Technologien. Die Industrie steht in einem globalen System zunehmender Arbeitsteilung, Spezialisierung, Integration und Verflechtung. Anbieter konjunktur- und wechselkursanfälliger Produkte mit geringer Einkommens- und Preiselastizität, mit starkem Substitutionswettbewerb und niedrigen Erträgen müssen diese Produkte sukzessiv Ländern mit den komparativen Vorteilen billigerer Rohstoffe, Energie und Arbeitskraft überlassen und sich auf die Produkte, Dienstleistungen oder Problemlösungen spezialisieren, die die langfristig allein kontrollierbaren Vorteile hoher Ausbildungsstand, Wissen und Erfahrung nutzen. Durch Verlagerung einfacher, arbeitsintensiver Produkte in Niedriglohnländer bleiben sie wettbewerbsfähig und behalten jene Funktionen, die mit hoher Wertschöpfung verbunden sind, z. B. die Entwicklung und Produktion neuer Werkstoffe und intelligenter, umweltfreundlicher und energiesparender Produkte.

Symptome eines über den allgemeinen Strukturwandel weit hinausgehenden tiefgreifenden Strukturumbruchs waren seit den 80er Jahren niedrige Wachstumsraten von Produktion und Produktivität, nachlassende internationale Wettbewerbsfähigkeit, hohe Arbeitslosigkeit, sinkende Einkommen und Kaufkraft und eine hohe Staatsquote und Staatsverschuldung. Viele der im Qualitätswettbewerb erfolgreichen baden-württembergischen Unternehmen sahen sich einem großen Produktivitätsrückstand zu den weltführenden Unternehmen (benchmark) und einem wachsenden Preiswettbewerb gegenüber, die nicht nur durch Schwankungen der Wettbewerbsfähigkeit erklärt und durch die üblichen Anpassungsprozesse bewältigt werden konnten, sondern tiefere Gründe hatten: eine ineffiziente Produktions- und Arbeitsorganisation, die nicht schnell genug auf Nachfrageänderungen reagieren kann, zu komplexe, technologieintensive und zudem nicht fertigungsgerecht konstruierte Produkte (overengineering) und veränderte Bedarfs- und Präferenzstrukturen. Der Strukturumbruch geht damit nach übereinstimmenden Aussagen nicht nur auf den „normalen" wirtschaftlichen und technologischen Strukturwandel und auf Anpassungsprobleme wichtiger Branchen zurück. Er ist vielmehr Folge grundlegender Veränderungen der Produktions- und Konsumstruktur und zeigt, daß die dominante Entwicklungsphase der Nachkriegszeit, die auf Massenproduktion und Massenkonsum beruhte, zu Ende geht und neue Strukturen und Organisationsformen erforderlich sind. Diese Phase wird als eine konsistente Phase intensiver Akkumulation mit vorherrschend fordistisch-tayloristischer Produktions- und Arbeitsorgansation und Massenkonsum beschrieben. Koordinationsmechanismen, Produktions- und Konsumstruktur waren in Deutschland bis in die 70er Jahre relativ stabil. Als Grund für die Schwierigkeiten, Produktion und Konsum zu koordinieren, vermuten regulationstheoretische Forschungsansätze obsolet gewordene Steuerungs- und

Regelungssysteme. Sie umfassen Gesetze, Normen, Gewohnheiten, Machtverhältnisse und Konfliktstrategien. Daß das Regelwerk falsch steuert, wird mit politischen und gesellschaftlichen Verkrustungen, starren arbeitsrechtlichen Bestimmungen, unflexiblen Lohn- und Sicherungssystemen und langwierigen bürokratischen Prozessen und Genehmigungsverfahren erklärt. Neue relativ stabile postfordistische Strukturen, ein neues technologisches Paradigma, neue Konsummuster und Koordinierungsmechanismen sind noch nicht zu erkennen. Wir befinden uns gegenwärtig im Übergang zu einer Entwicklungsphase der flexiblen Akkumulation, die voraussichtlich durch flexible Technologien, flexible Arbeits- und Produktionsprozesse, individualisierte Konsummuster und eine dezentrale Koordination gekennzeichnet werden wird.

Der Strukturumbruch wird verstärkt durch Veränderungen der politischen und wirtschaftlichen Rahmenbedingungen, insbesondere durch Verschiebungen der Gravitationszentren in Europa als Folge der deutschen Einheit und des EU-Binnenmarktes, durch neue Konkurrenten und die Zunahme der Auslandsinvestitionen. Der EU-Binnenmarkt wirkt wie eine umfassende Deregulierung. Früher mehr oder weniger abgeschottete Märkte werden zunehmend in größere Märkte und die immer enger verflochtene Weltwirtschaft integriert. Der Wettbewerb wird aber nicht nur durch größere Märkte verschärft, sondern auch durch effizientere und innovativere Konkurrenten aus anderen Industrieländern und neue leistungsfähige und aggressive Anbieter von Standardprodukten aus Schwellenländern und Osteuropa. In den 80er Jahren sind die Japaner, gestützt auf eine hochentwickelte Produktionstechnik, eine hohe Arbeitsdisziplin und langfristige Strategien in Kernmärkte der baden-württembergischen Industrie, z. B. der Automobil- und Elektroindustrie und des Maschinenbaus, eingedrungen. Kleinere Lose hoher Qualität auf der Basis einer flexiblen Massenfertigung für Volumen- und Nischenmärkte erlauben relativ kurze Lieferzeiten und niedrige Preise. Seit den 90er Jahren drängen auch die Schwellenländer Asiens in die Märkte der Standardprodukte deutscher Industrie. Im Technologieverbund mit Japan produzieren sie nicht nur kostengünstiger, sondern z. T. auch qualitativ besser als deutsche Unternehmen.

Am stärksten von dem Strukturumbruch sind die Räume betroffen, in denen sich die für die fordistische Entwicklungsphase typischen Industrien konzentrieren. Es wird vermutet, daß sie für neue Formen der unternehmensübergreifenden Arbeitsteilung keine günstigen Standortbedingungen bieten und neue Industrien woanders entstehen. Da neue Wachstumsindustrien selten in bereits industrialisierten Räumen angesiedelt werden, durchlaufen solche Räume nach der Wachstumsphase eine Stagnations-, schließlich eine Schrumpfungsphase. Die Region Stuttgart wurde relativ unvorbereitet und besonders heftig von dem Strukturumbruch getroffen. Die sehr unterschiedlichen Auswirkungen der strukturellen Veränderungen auf Unternehmen zeigen den individuellen Entscheidungs- und Handlungsspielraum im Anpassungsprozeß.

Würden die Beschreibungen der Wirtschaftsstruktur des Landes zutreffen, z. B. durch HASSINK (1994), dann hätte das Baden-Württemberg sehr günstige Voraussetzungen, den Strukturumbruch relativ unbeschadet zu überstehen, da das Land als Prototyp einer hochflexiblen Wirtschaft und „industrial district" gesehen wird. Als „industrial district" werden arbeitsteilig organisierte, flexible und anpassungsfähige Produktionssysteme kleiner und mittlerer Unternehmen bezeichnet. Wettbewerbsfähigkeit und Leistungskraft werden auf ein besonderes, regional entwickeltes Produktionsregime innovativer und flexibler Betriebe und ein „integriertes Produktionsmilieu" zurückgeführt (BUNDESMINISTERIUM FÜR RAUMORDNUNG, BAUWESEN UND STÄDTEBAU 1993a, S. 75). Die „territoriale Einbettung" entsteht nicht nur durch Interaktionen, sondern vor allem durch das regionsspezifische sozioökonomische und kulturelle Milieu und durch institutionelle Dichte, die im besonderen Maße die Flexibilität und Innovationsfähigkeit fördern sollen (vgl. AMIN/THRIFT 1994, GRABHER 1994). Erklärt wird dies mit Netzen informeller Kontakte, mit Synergieeffekten und der Fähigkeit, kollektiv zu lernen. Dabei wird unterstellt, daß Netzwerke zwischen den Akteuren und Netzwerke zur Koordinierung und Steuerung des Systems einen vertraulichen, risikomindernden und raschen Austausch von Informationen ermöglichen und die Entstehung, Verbreitung und Umsetzung von Wissen erleichtern. Die Annahme einer besonders günstigen Industrie- und Betriebsgrößenstruktur und besonders hohen Kontakt- und Kommunikationsdichte kann jedoch für die Region Stuttgart nicht belegt werden. Es gibt keine Hinweise für eine im Vergleich mit anderen Regionen leistungsfähigere und hochflexible Produktions- und Arbeitsorganisation. Die in der Literatur diskutierten hochintegrierten und regional vernetzten Industriedistrikte stellen empirisch nur Ausnahmefälle dar (GROTZ 1996, S. 80). Ein großer Teil der Beschäftigten der Region Stuttgart wird nach wie vor gemäß dem fordistischen Produktionskonzept eingesetzt, nicht nur in den zentralisierten und großbetrieblichen Produktionsclustern der Automobil- und Elektroindustrie, sondern auch in dezentralisierten klein- und mittelbetrieblichen Strukturen wie im Maschinenbau (BRACZYK/SCHIENSTOCK/STEFFENSEN 1996, S. 41). Vorherrschend sind noch tayloristische Arbeitsstrukturen. Dies entspricht auch der Qualifikationsstruktur mit einem überdurchschnittlich hohen Anteil an- und ungelernter, insbesondere ausländischer Arbeitskräfte. Die hohe Leistungskraft des Landes beruht offensichtlich auf einer besonders effizienten Form des fordistischen Produktionsmodells in Verbindung mit Nischenstrategien und kundenorientierter Fertigung. Der Strukturumbruch mit dem gravierenden Einbruch Anfang der 90er Jahre beruht vor allem auf einer Krise des fordistischen Produktionsmodells.

Auch andere Merkmale eines „industrial districts" können nicht als typisch für Baden-Württemberg gelten: effiziente Netzwerke kleiner hochspezialisierter Unternehmen, intensiver Austausch und enge Kooperation und insbesondere die „territoriale Einbettung" der Unternehmen in ein regionsspezifischen Milieu und eine hohe institutionelle Dichte. Durch kleine und mittlere Unternehmen und eine mittelständische Struktur wird die Wirtschaftsstruktur der Region Stuttgart nicht zutreffend beschrieben, eher durch die Verbindung großer und mittlerer Unternehmen und intensive Lieferverflechtungen zwischen den Kernbranchen. Weitaus seltener als vertikale sind horizontale Verflechtungen zwischen Konkurrenten. Signifikante Unterschiede zwischen Baden-Württemberg und anderen Bundesländern, die den besonderen ökonomischen Erfolg erklären könnten, gibt es auch nicht in der Ausstattung mit intermediären Einrichtungen und in der Industrie- und Technologiepolitik (BRACZYK/SCHIENSTOCK/STEFFENSEN 1996, S. 35ff.).

Die auf SCHUMPETER zurückgehende Theorie der Langen Wellen nimmt an, daß etwa alle 50 bis 60 Jahre Basisinnovationen industrielle Wachstumsphasen einleiten. Die wirtschaftliche Entwicklung der 70er und 80er Jahre wird als Abschwungphase der vierten „Welle" interpretiert, bestimmt durch die Metallverarbeitung, u. a. Maschinenbau, Automobilindustrie, und als Übergangsphase zur fünften „Welle" auf der Grundlage der Mikroelektronik. Diese Querschnittechnologien haben die Technologien in fast allen Wirtschaftszweigen verändert und den Strukturwandel viel stärker als frühere Schlüsseltechnologien vorangetrieben. Baden-Württemberg fällt vor allem bei Spitzentechnologien der auslaufenden und der neuen langen Welle zurück, wie Telekommunikation, Bio- und Gentechnologie, neue Werkstoffe und Energietechniken, weniger bei höherwertigen und reifen Technologien, die immer stärker die Auslandskonkurrenz spüren und zugunsten neuer Technologien an Bedeutung verlieren. Diese sind wichtig für die Wettbewerbsfähigkeit auch traditioneller Anbieter. In Baden-Württemberg fehlen Zulieferer, Abnehmer und Konkurrenten in den neuen Forschungsfeldern und Schlüsseltechnologien der Zukunft. Als Ursachen für eine Innovationskrise werden die zu große Forschungs- und Entwicklungstiefe der deutschen Unternehmen angesehen, Probleme bei der Umsetzung von Innovationen in marktfähige Produkte und strukturelle Verfestigungen. Die Fertigungstiefe liegt bei etwa 50 bis 60 Prozent, die Forschungstiefe dagegen bei 98 Prozent, d. h. nur zwei Prozent des Forschungsbedarfs vergibt die Industrie nach außen (Frankfurter Allgemeine Zeitung Nr. 133 vom 11.6.1996, S. B5). Strukturelle Verfestigungen

(Lock-ins) haben in der Region Stuttgart eine rechtzeitige Anpassung an sich verändernde Märkte verhindert und Innovationen blockiert. Beispiele für solche Verfestigungen sind:
- die starke wirtschaftliche Integration der Kernbranchen Automobilindustrie, Elektroindustrie und Maschinenbau,
- die späte Wahrnehmung der starken japanischen Konkurrenz,
- die Überbewertung der Prozeßtechnologien, allgemein der Technologien, und die Vernachlässigung von Produktinnovationen und organisatorischer Innovationen,
- die stärkere politische Förderung der Modernisierung statt der Erneuerung, der vorhandenen Industriestrukturen statt neuer Wachstumsbranchen.

Auch intermediäre Beratungseinrichtungen haben entgegen der allgemeinen Vermutung einen Anteil an strukturellen Verfestigungen im Lande, da sie mehr überkommene als neue Technologiefelder fördern. Wie das Beispiel Ruhrgebiet zeigt, können zu eng geknüpfte Netzwerke bzw. der Verlust von Redundanz und die Anpassung an eine spezifische Struktur die regionale Erneuerung blockieren. GRABHER (1994) nennt dies die „Schwäche starker Beziehungen". Eine „lose Kopplung" ermöglicht eine relative Autonomie der in ein Netzwerk eingebundenen Betriebe und funktionale Eigenständigkeit durch Kooperation und zugleich Konkurrenz.

3. Siedlungsstruktur
Topographie, Lage, Mittel und Planungsvorgaben beeinflussen die Siedlungsentwicklung und die Standort- und Interaktionsmuster. Im Rahmen der Freiheitsgrade bestimmen sie Standortwahl, Bautätigkeit und Mobiliät das Siedlungsmuster. Hohe Bodenpreise und Mieten und Wohnungswünsche veranlassen vor allem deutsche Haushalte in der Region Stuttgart, in gut erreichbare und erschlossene Randzonen zu ziehen. In älteren hochverdichteten Wohngebieten verstärkt die Entmischung die Gewerbeerosion und Versorgungsdefizite, im Umland die Monotonie der Nutzung.

4. Infrastruktur
In der Region wird der Infrastrukturausbau stark durch die Topographie bestimmt. Durch die Talkessellage sind in Stuttgart Bau und Ausbau der Verkehrswege weit teurer als in anderen großen deutschen Städten.

1.5   Reaktionen und Steuerungsversuche

Die Siedlungsentwicklung ist das Ergebnis einer Vielzahl von Entscheidungsprozessen privater und öffentlicher, politischer und wirtschaftlicher Akteure. Die Dynamik der Veränderungen kommt vor allem von außen. Als Reaktion von Politik und Wirtschaft empfiehlt die Zukunftskommission Wirtschaft 2000 eine Aufholstrategie gegenüber Japan und den USA in Schlüsseltechnologien, eine Überholstrategie in Technologien, die erst am Anfang der Entwicklung stehen und die Kooperation mit Hochtechnologieunternehmen in der Triade (STAATSMINISTERIUM BADEN-WÜRTTEMBERG 1993). Der Konkurrenzdruck zwingt die Unternehmen der Region zur Aufgabe strategisch unwichtiger Geschäftsfelder und zur Überprüfung der räumlichen Organisation der Produktions- und Dienstleistungsfunktionen und Logistiksysteme. Unterstützt durch moderne IuK-Technologien versuchen sie Wettbewerbsfähigkeit und Produktivität durch neue Standorte und Unternehmensstrukturen, neue Produkte, flexible Spezialisierung und Automatisierung, und durch Änderungen der Produktions- und Arbeitsorganisation und neue Formen der Zusammenarbeit mit Lieferanten, Kunden und Konkurrenten zu verbessern.

Es gibt noch kein wirklich globales Unternehmen mit Sitz in Deutschland. Amerikanische und japanische Konzerne weisen in der Triade eine ausgeglichenere Umsatzverteilung auf als die europäischen Unternehmen. Trotz der zunehmenden Auslandsfertigung ist z. B. Mercedes-Benz noch ganz überwiegend ein „deutsches" Unternehmen. Die bisher allgemein noch geringe Wertschöpfung im Ausland, bei Mercedes-Benz 1995 nur 3 Prozent, nimmt stark zu. Die Unternehmen fertigen zunehmend dort, wo die Produktion die meisten Vorteile verspricht: entweder niedrige Kosten oder die Erschließung oder Sicherung von Märkten.

Das Institut der deutschen Wirtschaft in Köln schätzt, daß als Reaktion auf die zunehmende Konkurrenz zwei Drittel der deutschen Auslandsinvestitionen kostenorientiert sind und ein Drittel marktorientiert. Die wachsenden Märkte in Lateinamerika und Asien können nicht mehr allein von Deutschland aus durch Exporte erschlossen und gesichert werden, zumal viele Länder auf lokaler Wertschöpfung bestehen. Deutsche Unternehmen folgen dabei amerikanischen und japanischen Unternehmen, die die Notwendigkeit schon früher gesehen haben.

Um die Wettbewerbsfähigkeit wiederzuerlangen, bedurfte es grundlegender Änderungen der Produktstruktur und des „technologischen Paradigmas", d. h. der vorherrschenden Produkt- und Prozeßtechnologien, die die Arbeitsteilung in und zwischen den Unternehmen bestimmen. International aktive Unternehmen haben die Gründe der weltweiten Veränderungen nicht nur erkannt, sie bemühen sich auch durchweg um technische Führung oder Wiedererlangung der Wettbewerbsfähigkeit. Auch ausschließlich oder überwiegend national orientierte Unternehmen suchen zwischen den „Mühlsteinen" der Hochtechnologie- und der Niedriglohnländer nach neuen Strategien (STAATSMINISTERIUM BADEN-WÜRTTEMBERG 1993, S. 11). Da vielen Massenproduzenten mit ausgereiften Produkten der Ausweg in Hochtechnologien nicht möglich ist, versuchen sie eine Integration in regionale Netzwerke.

Grundlegende Änderungen werden auch in der Arbeitsorganisation erkennbar. Das bisher vorherrschende Leitbild der zentralen hierarchischen Führung paßte in ein Umfeld, in dem Wettbewerbsfähigkeit durch interne Größenvorteile und tayloristische Arbeitsprozesse bestimmt wurde. Heute wird Wettbewerbsfähigkeit vor allem durch Verbundvorteile, Flexibilität und schnelle Reaktion auf Bedarfs- und Nachfrageänderungen bestimmt. Damit wird die Qualität des Humankapitals, die Qualität der Manager und Arbeitskräfte, wichtiger. Während in der fordistischen Entwicklungsphase die Produktions- und Arbeitsorganisation auf die Massenfertigung relativ weniger Produkte ausgerichtet war, erlauben heute Arbeitsgruppen unterstützt durch hochmoderne Technik eine kostengünstige Fertigung kleiner Serien und eine schnelle Reaktion auf Nachfrageänderungen. Weniger lehrbuchhaft verhalten sich die „heimlichen" Gewinner. Ihr Erfolg beruht neben technischem know how, Kundenorientierung und langjährigen Kontakten weniger auf Spezialisierung und Integration als auf hoher Fertigungstiefe und Eigenständigkeit. Strategische Allianzen sind hier eher selten (vgl. COST 1996).

Mit der Umstrukturierung verändert sich jedoch nicht nur die Arbeitsteilung in den Unternehmen, sondern auch zwischen den Unternehmen. Insbesondere in kapital- und technologieintensiven Branchen nimmt durch Auslagerung von Funktionen die Zusammenarbeit mit Lieferanten (vertikale Zusammenarbeit) zu, seit den 80er Jahren auch die Zusammenarbeit mit Konkurrenten (horizontale Zusammenarbeit in strategischen Allianzen), u. a. in der Entwicklung neuer Produkte und Werkstoffe, in der Produktion von Teilen und im Vertrieb. Strategische Allianzen werden als eine Reaktion auf Veränderungen des globalen Wettbewerbs seit den 80er Jahren und auf immer stärker differenzierte Kundenanforderungen angesehen. Bis dahin bestimmte Wachstum aus eigener Kraft die Entwicklung der Unternehmen. Im Umbau zu flexibleren und wettbewerbsfähigen Strukturen unterscheiden sich die Betriebe in Baden-Württemberg nicht von denen anderer Regionen. Die Kooperationsneigung ist auch hier relativ gering. In Befragungen wurden gerade Tüftlermentalität und Individualität als grundlegend für den Unternehmenserfolg genannt (GROTZ 1996, S. 73).

Durch Rationalisierung und Reorganisation gehen viele Arbeitsplätze, vor allem mit geringen Anforderungen an die Qualifikation der Arbeitskräfte, verloren, gleichzeitig steigen Ge-

winne, Arbeitsproduktivität und Wettbewerbsfähigkeit und die Anforderungen an die Qualifikation der Arbeitskräfte. Allgemein nimmt die Zahl der Zulieferer ab. Systemlieferanten, darunter auch Großunternehmen wie Bosch, die auf eigenes Risiko komplette Bauteile, Module
und Teile hoher Wertschöpfung entwickeln und fertigen, können sich dem verschärften Preis-
und Substitutionswettbewerb stärker entziehen als Lieferanten einfacher Bauteile, die meist
sehr abhängig von einem Großkunden sind und überwiegend nicht selbst entwickelte und
standardisierte Bauteile herstellen. Je standardisierter die Produkte, um so wahrscheinlicher
wird weltweit eingekauft (global sourcing).

Durch die Neuordnung der Lieferbeziehungen entstehen einerseits neue regionale Produktionssysteme und Unternehmensnetzwerke, andererseits lösen sich national und regional organisierte Liefersysteme auf. Neue, flexible Technologien und Produktionsformen fördern sowohl eine Konzentration in regionalen Produktionsclustern als auch flexible Organisati-
onsstrukturen im globalen Verbund (Direktinvestitionen, Auslagerungen und Vergabe an
„Billiglohnländer"). Kleine und mittlere Unternehmen sind noch überwiegend lokal und kleinräumig organisiert, große Unternehmen dagegen mehr und mehr überregional und international in einer ausgeprägten räumlichen Funktionsteilung. Dadurch kommt es zur Entkoppelung
von einzelwirtschaftlicher und regionaler Entwicklung. Durch die Notwendigkeit einer konti-
nuierlichen Abstimmung komplexer Produktionsprozesse gewinnt auch in Baden-
Württemberg räumliche Nähe wieder an Bedeutung, vor allem aufgrund der Transaktionsko-
sten und Lernprozesse zwischen Unternehmen. Aus spezialisierten regionalen Lieferbeziehungen, Forschungs- und Entwicklungseinrichtungen, Kooperationen, Kontakten und Informationen können sich Standortvorteile und eigendynamische Konzentrations- und Dekonzentrationsprozesse entwickeln. Kleine Unternehmen versuchen durch Nutzung externer Erspar-
nisse, flexibel einsetzbare Arbeitskräfte, spezialisierte Zulieferer und Dienstleistungen Vorteile großer Unternehmen auszugleichen. Die räumlichen Manifestationen der gegenwärtig
sehr starken Umbruchphase, Globalisierung und (Re-)Regionalisierung, erscheinen wider-
sprüchlich, gehören jedoch zusammen. Die Unternehmen verfolgen beide Strategien nicht
alternativ, sondern gleichzeitig. Mit den Änderungen der Unternehmensstrukturen verändern
sich auch regionale Netzwerke.

Wesentlich schwächer und weit weniger entschlossen als die Wirtschaft reagiert die Politik
auf den Strukturumbruch. Da der Nationalstaat und die europäische Union keine ausreichende
Integrationskraft entwickeln, erhält die Region als mittlere räumliche Maßstabsebene eine
neue Funktion und Chance zur aktiven und eigenverantwortlichen Gestaltung der Rahmenbedingungen für Investitionen. Sie gewinnt gerade dann eine neue Qualität, wenn nationale und
kontinentale Grenzen an Bedeutung verlieren, wenn wichtige Standortfaktoren ubiquitär werden und wenn fast alles überall produziert werden kann.

Leitbild der raumbezogenen Politik ist
– national die Förderung europäischer Metropolen,
– regional die dezentrale Konzentration und
– innerregional die kompakte und durchmischte Flächennutzung.

1. Der „Raumordnungspolitische Handlungsrahmen" des Bundesministeriums für Raumordnung, Städtebau und Bauwesen sieht die Region Stuttgart als eine mögliche „europäische
Metropolregion" mit internationalen und interkontinentalen Funktionen. Diese Regionen sollen als „Motoren der gesellschaftlichen, wirtschaftlichen, sozialen und kulturellen Entwicklung" „die Leistungs- und Konkurrenzfähigkeit Deutschlands und Europas erhalten und dazu
beitragen, den europäischen Integrationsprozess zu beschleunigen" (BUNDESMINISTERIUM FÜR
RAUMORDNUNG, BAUWESEN UND STÄDTEBAU 1995, S. 27). Mit Ausnahme von Bevölke-
rungszahl und -dichte, Wirtschaftskraft und außenwirtschaftlicher Bedeutung treffen die vom
BMBau genannten „Orientierungsmerkmale", wie internationaler Bekanntheitsgrad, weltstädtisches Niveau, Lagegunst im europäischen Verkehrs- und Kommunikationsnetz, internatio-

nale Funktionen und Institutionen, nicht oder nur sehr eingeschränkt für die Region Stuttgart zu (vgl. STIENS 1993, S. 901ff).

Stuttgart weist nicht annähernd die Standortqualität einer europäischen Metropolregion auf. Weltniveau wird bei Industrieprodukten und - vereinzelt - bei kulturellen Leistungen erreicht, weltstädtisches Niveau nicht. In Stuttgart fehlen Räume hoher urbaner Qualität, Identifikation und herausragender Architektur. Es fehlt weltstädtisches Flair. Chancen der Verbesserung der Attraktivität und der Erneuerung mit beispielhafter und richtungsweisender Architektur, wie die Neue Staatsgalerie, wurden z. B. am Stuttgarter Bahnhof vertan. Eine neue Chance der städtebaulichen Aufwertung bietet „Stuttgart 21". Der durchgängige Ausbau der Hochgeschwindigkeitsstrecke Paris-Mannheim-Stuttgart-München-Wien wird die Erreichbarkeit verbessern.

2. Regional bildet die dezentrale Konzentration das Leitbild der Siedlungsentwicklung. Damit ist eine kompakte und durchmischte räumliche Entwicklung gemeint. Sie kann ökonomisch und ökologisch begründet werden:
- Nicht mehr einzelne Städte stehen im internationalen Standortwettbewerb, sondern Regionen. Städte und Gemeinden haben deshalb „immer weniger als Einzelkämpfer Chancen", Standorte lassen sich nur im Kontext der Region vermarkten (FÜRST 1994, S. 45; STIENS 1994, S. 429).
- Attraktivität und Lebensqualität der Verdichtungsräume können angesichts weiterhin hoher Zuwanderung und Flächenansprüche nur bei einer stärker umweltschonenden Ressourcennutzung und bei verlangsamter Zunahme der Mobilität gesichert werden, letzlich nur durch eine nachhaltige räumliche Entwicklung.

Die Ziele Minderung und Vermeidung von Belastungen, Erhalt der landschaftlichen Vielfalt, der Freiflächen und der Flächen für den künftigen Bedarf und ein arbeitsteiliger Funktionsverbund in einem vernetzten Siedlungssystem lassen sich nur bei aktiver und enger interkommunaler Zusammenarbeit durch- und umsetzen, z. B. in der Flächennutzungsplanung, Gewerbeansiedlungspolitik, Müll- und Abwasserversorgung, im öffentlichen Personenverkehr und im Kultur- und Sportangebot. Treffender als dezentrale Konzentration beschreibt „konzentrierte Dekonzentration" das Raumordnungsziel (STIENS 1994, S. 429).

Beispiele koordinierter Planung in der Region Stuttgart bilden der Landschaftspark Region Stuttgart mit den Projekten „Lebensraum Neckarpark" und „Naturraum Filder", Beispiele nicht koordinierter Planung die Gewerbeflächenentwicklung auf den Fildern. Sie wird als „Flickenteppich an Gewerbegebieten von eher geringer Qualität" bezeichnet (Frankfurter Allgemeine vom 28.03.1995). Angesichts der starken interkommunalen Rivalität, der unterschiedlichen Interessen und Prioritäten sind Funktionsverlagerungen und Selbstbeschränkungen zur Lösung struktureller Probleme noch schwer vorstellbar. In polyzentrischen Räumen ist es schwieriger als in monozentrischen Räumen, ein Regionalbewußtsein als Grundlage für ein koordiniertes Handlungs- und Marketingkonzept zu schaffen. In der Region Stuttgart fehlt allgemein noch die Bereitschaft der Gemeinden zu einer stärkeren Kooperation, es fehlen aber auch institutionalisierte und planerisch-rechtliche Voraussetzungen.

Durch das Gesetz zur „Stärkung der Zusammenarbeit in der Region Stuttgart" (7.2.1994) wurde der Verband Region Stuttgart geschaffen, jedoch ohne eine gemeindeübergreifende Planungsinstitution, die die Zersiedlung verhindern könnte. Vorstellungen von einem Regionalkreis als starke Gegenmacht zur Kernstadt konnten sich nicht durchsetzen. Teilaufgaben wie regionales Flächenmanagement, Betreuung von Unternehmen, Standortwerbung und Förderung des Tourismus erhielt die im August 1995 gegründete „Wirtschaftsförderungsgesellschaft Region Stuttgart".

Dezentrale Konzentration unterstellt, daß eine polyzentrische Siedlungsstruktur auf Veränderungen von außen flexibler reagieren kann und billiger ist als eine monozentrische, funktional wenig differenzierte und hierarchische Siedlungsstruktur und daß die wirtschaftlichen, sozialen und ökologischen Kosten des Strukturwandels in einer polyzentrischen Siedlungsstrukur geringer sind.

3. Innerregional bestimmt nicht die kleinräumig kompakte und durchmischte Siedlung die Flächennutzung, sondern Dispersion und Funktionstrennung. Es ist weder ein Stillstand noch gar eine Trendwende im Flächenverbrauch erkennbar, da Flächen im Kerngebiet knapp und teuer bleiben und der Flächenbedarf im Bestand (Brachflächenrecycling, Wiedernutzung von Gebäuden, Nachverdichtung) nicht gedeckt werden kann. Die Siedlungsentwicklung im Raum Stuttgart steht im Widerspruch zu einer umwelt- und landschaftsschonenden, verkehrsvermeidenden und effizienten Flächennutzung, die auch den wirtschaftlichen und sozialen Ansprüchen gerecht wird. Eine seit den 60er Jahren ständig wohlhabendere, mobilere, individualisierte und damit schwerer steuerbare Bevölkerung steht in einer zunehmenden Konfrontation zu den Zielen der Raumplanung, insbesondere zu einer Konzentration und zu einer auf Achsen beschränkten Siedlungsentwicklung.

Auch wenn ein Teil des zusätzlichen Flächenbedarfs nur durch neue Flächen gedeckt werden kann, müßte die Innenentwicklung Vorrang vor einer Außenentwicklung haben, insbesondere die Nutzung von Brachflächen, Baulücken und leerstehenden Gewerbegebäuden und die Nutzungsverdichtung. Dadurch können Lage- und Standortpotentiale und Produktivitätsreserven genutzt und neuer Wohn- und Gewerberaum ohne entsprechende Investitionen in die technische und soziale Infrastruktur geschaffen werden. In der Region Stuttgart fehlen größere Gewerbeflächen und Erweiterungsmöglichkeiten, andererseits gibt es in fast allen Gemeinden große Brachflächen. Aufgrund Lage und Größe könnten diese Flächen einen erheblichen Teil des Flächenbedarfs von Industrie und Gewerbe decken, auch wenn die Aufwertung der Gewerbegebiete und Wiedernutzung der Flächen zeitaufwendig und teuer ist.

Die ständige Zunahme der Wohn- und Gewerbeflächen läßt sich nicht allein durch Bedarf und Nachfrage erklären. Sie wird auch durch den bereitwilligen und vorausgreifenden Flächenausweis ermöglicht und dadurch indirekt gefordert. Da die Bauleitplanung Aufgabe der Gemeinden ist, stehen diese unter dem starken Druck lokaler und regionaler Interessen, mehr Flächen auszuweisen. Die Flächenproduktivität könnte verbessert und der Flächenverbrauch gemindert werden, würden Flächen restriktiver ausgewiesen.

Der Beitrag sollte zeigen, daß der Raum Stuttgart trotz anhaltender Zuwanderung und einem Spitzenplatz in der EU zunehmend Schwächen aufweist, vor allem im Vergleich mit den Räumen Frankfurt und München. Die steigende Arbeitslosigkeit als ein Symptom nachlassender Dynamik wird durch politische, soziale und ökonomische Verfestigungen verursacht. Innerregional nehmen die demographischen und sozioökonomischen Disparitäten zu. Ohne stärkere Kooperation und Funktionsteilung werden der Ressourcenverbrauch und die räumlichen Belastungen weiter zunehmen und die Standortqualität nachhaltig verschlechtern.

1.6   Literaturverzeichnis

AMIN, A., N. THRIFT (Hrsg.) (1994): Globalization, institutions, and regional development in Europe. Oxford.

BECKMANN, G. u. a. (1993): Tendenzen der Siedlungsflächenentwicklung. In: Informationen zur Raumentwicklung H. 12, S. 877-898.

BORCHERDT, C., K. KULINAT (1995): Der Mittlere Neckarraum. In: C. Borcherdt (Hrsg.): Geographische Landeskunde von Baden-Württemberg. 3. Aufl. Stuttgart. S. 273-298.

BRACZYK, H.-J., G. SCHIENSTOCK, B. STEFFENSEN (1996): Die Regionalökonomie Baden-Württembergs. Ursachen und Grenzen des Erfolgs. In: H.-J. Braczyk, G. Schienstock (Hrsg.): Kurswechsel in der Industrie. Lean Production in Baden-Württemberg. Stuttgart. S. 24-51.

BRAKE, K. (1994): Dezentrale Konzentration. Zum Verhältnis von Leitbild und Standortten-denzen. In: Informationen zur Raumentwicklung H. 7/8, S. 481-488.

BUNDESFORSCHUNGSANSTALT FÜR LANDESKUNDE UND RAUMORDNUNG (Hrsg.) (1995): Lau-fende Raumbeobachtung. Aktuelle Daten zur Entwicklung der Städte, Kreise und Gemein-den 1992/93. Bonn. (Materialien zur Raumentwicklung 67).

- (Hrsg.) (1994): Ausgewählte Ergebnisse der Raumordnungsprognose 2010. In: Informatio-nen zur Raumentwicklung H. 12, S. 903-971.

- (Hrsg.) (1993a): Die Entwicklungsphasen der Städte und Regionen im Spiegel der Volks-zählungen. Bonn. (Materialien zur Raumentwicklung 56).

- (Hrsg.) (1993b): Mittel- und langfristige Entwicklungsperspektiven für deutsche Stadtre-gionen. Bonn. (Materialien zur Raumentwicklung 58).

- (Hrsg.) (1993a): Baulandbericht 1993. Bonn.

BUNDESMINISTERIUM FÜR RAUMORDNUNG, BAUWESEN UND STÄDTEBAU (Hrsg.) (1995): Rau-mordnungspolitischer Handlungsrahmen. Beschluß der Ministerkonferenz für Raumord-nung in Düsseldorf am 8. März 1995. Bonn.

- (Hrsg.) (1993b): Raumordnungspolitischer Orientierungsrahmen. Leitbilder für die räumli-che Entwicklung der Bundesrepublik Deutschland. Bonn.

COST, H. (1996): Viele „heimliche Gewinner" in Baden-Württemberg. In: Magazin Wirtschaft H. 9, S. 29-30.

FURST, D. (1994): Stadt und Region. In: H. Mädling (Hrsg.): Stadtperspektiven. Difu-Symposium 1993. Berlin. (Difu-Beiträge zur Stadtforschung 10). S. 41-55.

GRABHER, G. (1994): Lob der Verschwendung: Redundanz in der Regionalentwicklung. Ein sozioökonomisches Plädoyer. Berlin.

GROTZ, R. (1996): Kreative Milieus und Netzwerke als Triebkräfte der Wirtschaft: Ansprü-che, Hoffnungen und die Wirklichkeit. In: Arbeitsmaterialien zur Raumordnung und Raumplanung 153, S. 65-84.

- (1991): Die Industrie im Wirtschaftsraum Stuttgart. Strukturen und Entwicklung. In: W. Brücher, R. Grotz, A. Pletsch (Hrsg.): Industriegeographie der Bundesrepublik Deutsch-land und Frankreichs in den 1980er Jahren. Frankfurt am Main. (Studien zur Internationa-len Schulbuchforschung. Schriftenreihe des Georg-Eckert-Instituts 70). S. 143-174.

HASSINK, R. (1994): Regionale Innovationsförderung im Vergleich. Die Fallstudien Nordost-England, das Ruhrgebiet und Baden-Württemberg. In: Raumforschung und Raumordnung 52, S. 105-115.

HERRIGEL, G. B. (1993): Power and the redefinition of industrial districts. The case of Baden-Württemberg. In: G. Grabher (Hrsg.): The embedded firm. On the socioeconomics of indu-strial networks. London. S. 227-251.

INDUSTRIE- UND HANDELSKAMMER REGION STUTTGART (Hrsg.) (1996): Die Wirtschaftsregion Stuttgart. Strukturen und Potentiale. Stuttgart.

INNENMINISTERIUM BADEN-WÜRTTEMBERG (1984): Landesentwicklungsplan 1983.

IWER, F., E. RAMSCHÜTZ, R. REHBERG (1994): Industriegürtel „Mittlerer Neckar". Entwick-lung und Perspektiven der Metallindustrie in der Region Stuttgart und den Landkreisen Esslingen, Ludwigsburg und Rems-Murr. München. (IMU Informationsdienst 1).

KAHNERT, R. (1993): Gewerblicher Flächenverbrauch in Produktion und Lagerhaltung. Ent-wicklungstendenzen, Flächensparstrategien und Handlungsansätze. In: Informationen zur Raumentwicklung H. 1/2, S. 55-69.

LANDESHAUPTSTADT STUTTGART (Hrsg.) (1996): Systemprognose für Stuttgart 1995 bis 2005. Stuttgart (Statistik und Informationsmanagement. Themenheft 4).

- (Hrsg.) (1994): Stuttgart im Verband Region Stuttgart. Wahl- und Strukturdatenatlas. Stuttgart. (Statistischer Informationsdienst Sonderh.3).

MULLER, R. (1994): Die Region Stuttgart. Leistungsfähigkeit und
    Entwicklungschancen im Vergleich. Stuttgart. (Materialien und
    Berichte der Robert Bosch Stiftung 43).

MÜNZENMAIER, W. (1995): Gesamtwirtschaftliche Effekte von In-
    vestitionen in die Verkehrsinfrastruktur. Das Projekt „Stuttgart
    21". In: Baden-Württemberg in Wort und Zahl 43, S. 343-349.

SCHON, K. P., D. HILLESHEIM, P. KUHLMANN (1993): Die Ent-
    wicklungsphasen der Städte und Regionen in der Bundesrepublik
    Deutschland (alte Länder) im Spiegel der Volkszählung. Bonn.
    (Materialien zur Raumentwicklung 56).

SEITZ, H. (1994): Die Städte in Baden-Württemberg: Beschäftigung,
    Infrastruktur und kommunale Finanzen. In: ZEW Wirtschaftsa-
    nalysen 2, S. 5-34.

SINZ, M., A. BLACH (1994): Pendeldistanzen als Kriterium sied-
    lungsstruktureller Effizienz. In: Informationen zur Raument-
    wicklung H.7/8, S. 465-480.

STAATSMINISTERIUM BADEN-WÜRTTEMBERG (Hrsg.) (1993): Auf-
    bruch aus der Krise. Bericht der Zukunftskommission Wirtschaft
    2000. Stuttgart.

STIENS, G. (1996): Städtevernetzung. Ein wiederentdecktes Mittel
    wirtschaftsorientierter Raumordnung. Bonn. (Arbeitspapiere
    7/1996).

–   (1994): Veränderte Entwicklungskonzeptionen für den Raum
    außerhalb der großen Agglomerationsräume. Von der monozen-
    trisch dezentralen Konzentration zur interurbanen Vernetzung.
    In: Informationen zur Raumentwicklung H. 7/8, S. 427-443.

–   (1993): Kommende Veränderungen der städtischen Sied-
    lungsstruktur der Bundesrepublik Deutschland. Eine Auswertung
    jüngster raumwissenschaftlicher Trendermittlungen. In: Informa-
    tionen zur Raumentwicklung H.12, S. 899-919.

WERNER, J. (1992): Das industrielle Zentrum des Landes: Die Regi-
    on Stuttgart. In: Baden-Württemberg in Wort und Zahl 40, S.
    543-554.

WIRTSCHAFTSMINISTERIUM BADEN-WÜRTTEMBERG (Hrsg.) (1995):
    Landesentwicklungsbericht Baden-Württemberg 1994. Raumbe-
    deutsame Entwicklungen in den Bereichen Bevölkerung, Woh-
    nen und Arbeiten. Stuttgart.

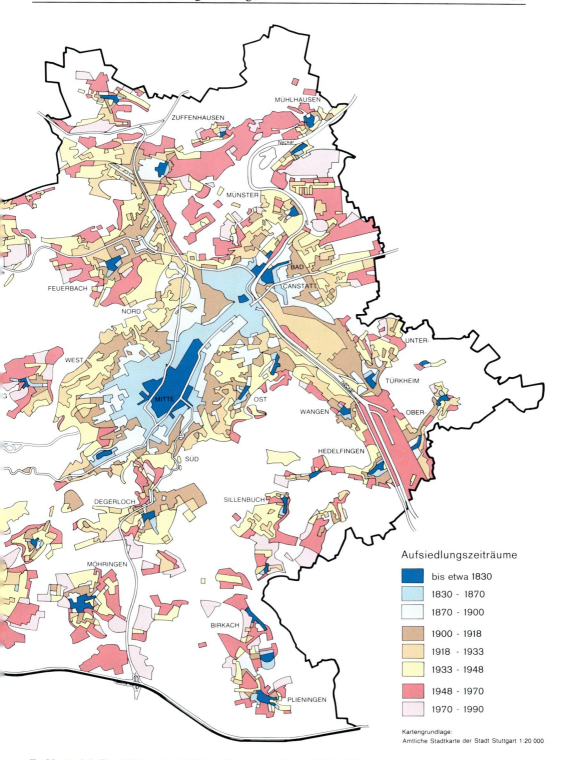

Farbkarte 1-1: Entwicklung der Siedlungsfläche in Stuttgart 1830 - 1990
Quelle: Stadt Stuttgart, Stadtplanungsamt

2 Langfristige Bevölkerungsentwicklung in der Region Stuttgart 1871 - 1994. Ein Beitrag aus statistischer Sicht

Werner Brachat-Schwarz und Manfred Deckarm

2.1 Einführung

Die Region Stuttgart ist mit deutlichem Abstand die bevölkerungsreichste der 12 Regionen des Landes. Mit 2,56 Mio. (1.1.1995) weist sie sogar mehr Einwohner als die Regierungsbezirke Tübingen (1,71 Mio.) und Freiburg (2,07 Mio.) sowie annähernd so viele wie der Regierungsbezirk Karlsruhe (2,65 Mio.) auf. Damit lebt jeder vierte Einwohner Baden-Württembergs in dieser Region, obwohl die Fläche nur gut ein Zehntel des Landes umfaßt. Entsprechend hoch ist die Bevölkerungsdichte von 701 Einwohner je km² gegenüber landesweit 287.

Den Mittelpunkt der Region bildet der Stadtkreis Stuttgart, der mit 588 000 Einwohnern sogar bevölkerungsreicher als sieben der 12 Regionen des Landes ist. Die Bevölkerungsdichte liegt mit 2838 Einwohnern je Quadratkilometer annähernd zehnmal so hoch wie landesweit. Aber auch verglichen mit den übrigen acht Stadtkreisen des Landes ragt die Verdichtung der Landeshauptstadt heraus (Farbkarte 2-1): Mannheim mit der zweithöchsten Bevölkerungsdichte weist lediglich einen Wert von 2181 auf. Darüber hinaus zeichnen sich auch die fünf Landkreise der Region Stuttgart durch allesamt überdurchschnittliche Werte aus: Im Landkreis Esslingen - mit der höchsten Dichte - leben durchschnittlich 763 Einwohner auf einem Quadratkilometer; im Landkreise Göppingen - mit der geringsten Bevölkerungsdichte der Region - liegt dieser Wert immerhin noch bei 396.

Die genannten und alle weiteren Zahlen sind Daten der amtlichen Statistik, die mit Hilfe der Datenbanken des Landesinformationssystems Baden-Württemberg (LIS) des Statistischen Landesamtes ausgewertet wurden. Alle statistischen Angaben sind „gebietsstandsbereinigt", das heißt, sie beziehen sich auf das Gebiet der heutigen Region, der heutigen Kreise usw.

2.2 Die Entwicklung 1871 bis 1970

Von 1871 bis 1970 lag die Bevölkerungszunahme der Region insgesamt durchgehend über der des Landes (Abb. 2-1). Dabei ist das starke Wachstum bis zum Beginn des Zweiten Weltkrieges vor allem auf die Landeshauptstadt Stuttgart zurückzuführen. Die Entwicklung in den Landkreisen, insbesondere im Landkreis Böblingen und im RemsMurr-Kreis, verlief deutlich schwächer.

In den Kriegs- und unmittelbaren Nachkriegsjahren (1939-1950) nahm die Einwohnerzahl nur noch in den Landkreisen zu. Die Bevölkerung in der Landeshauptstadt nahm durch Kriegszerstörungen bis zum Kriegsende auf etwa 260 000 ab. Erst 1950 wurde die Einwohnerzahl der Vorkriegszeit wieder erreicht. Der Vertriebenenanteil betrug rund acht Prozent (KAISER/VON SCHAEWEN 1973, S. 17). Die Landkreise, in denen deutlich weniger Wohnungen zerstört wurden, mußten dagegen erheblich mehr Vertriebene aufnehmen: 1950 war ein Fünf-

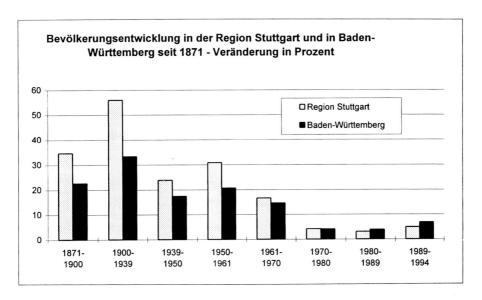

Abb. 2-1: Bevölkerungsentwicklung in der Region Stuttgart und in Baden-Württemberg 1871 - 1994
Veränderungen in Prozent

tel der Bevölkerung in den Landkreisen Vertriebene; etwa 75 Prozent der Bevölkerungs zunahme zwischen 1939 und 1950 entfiel auf den Zuzug von Vertriebenen (KAISER/VON
SCHAEWEN 1973, S. 17). Aufgrund dieser besonderen Verhältnisse der Kriegs- und direkten
Nachkriegszeit ist die im Vergleich zu den Landkreisen unterdurchschnittliche Entwicklung
der Stuttgarts (noch) nicht als typisches Kennzeichen eines sich ausbreitenden Verdichtungs-
prozesses anzusehen.

In den 50er Jahren wiesen Stuttgart und die Region ein ähnliches Bevölkerungswachstum
auf. Die Entwicklung war von zwei gegenläufigen Wanderungsbewegungen gekennzeichnet:
Die Bevölkerungszunahme in den Städten der Region resultierte aus der zum Teil gelenkten
„Binnenumsiedlung" von Flüchtlingen von Nordwürttemberg und Nordbaden in die Kommunen, in denen sich den Heimatvertriebenen neue Arbeitsplätze geboten hatten (vgl.
MAGDOWSKI 1996, S. 8). Etwa gleichzeitig erzeugte die hohe Bevölkerungs- und Wohndichte
und die damit verbundene schwierige Wohnungsbeschaffung in Verbindung mit immer günstiger werdenden Verkehrsverbindungen und der zunehmenden Motorisierung eine von der
Kernstadt weg gerichtete Wanderungsbewegung in das nähere Umland (vgl. MAGDOWSKI
1996, S. 8).

Dieser als Suburbanisierungsprozeß (zum Begriff der Suburbanisierung vgl. GAEBE 1987,
S. 45ff.) bezeichnete Verlauf setzte sich auch in den sechziger Jahren fort: Knapper Baugrund,
hohe Erschließungskosten und damit relativ teures Wohnen sind Gründe dafür, daß zahlreiche - überwiegend deutsche - Haushalte die Stadt Stuttgart verlassen und in das nähere Umland ziehen. Vor allem der durch großen Arbeitskräftebedarf bewirkte Zuzug von Ausländern
verhinderte, daß der Bevölkerungsstand der Landeshauptstadt 1970 deutlicher niedriger war als
1960 (vgl. KAISER/VON SCHAEWEN 1973, S. 9f.). Dagegen haben die Zuzüge aus der Landeshauptstadt und vor allem der überregionale Zuzug von Arbeitskräften zu einem deutlichen
Bevölkerungswachstum im Umland geführt. Mit Ausnahme von Göppingen sind alle Landkreise in diesem Jahrzehnt mehr als 20 Prozent gewachsen. Böblingen erzielte mit annähernd
40 Prozent die höchste Zunahme aller Kreise des Landes.

2.3   Die Entwicklung in den 70er und 80er Jahren

Der sich bereits in den 50er Jahren abzeichnende Suburbanisierungsprozeß dominiert bis heute die Entwicklung in der Region, wobei dieser aber - wie noch gezeigt wird - in den Jahren seit 1989 von Sondereinflüssen überlagert wurde. Verglichen mit früheren Jahren hat jedoch die Bevölkerungsentwicklung in der Region seit 1970 deutlich an Dynamik verloren und ist seit den 80er Jahren hinter die landesweiten Zuwachsraten zurückgefallen. Auffällig sind bis Ende der 80er Jahre die - verglichen mit dem Land - immer noch weit überdurchschnittlichen Zuwächse im Landkreis Böblingen (Tab. 2-1). Dagegen haben Stuttgart und angrenzende Städte wie Esslingen, Gerlingen oder Fellbach sowohl in den 70er als auch in den 80er Jahren jeweils Einwohner verloren.

Aufschlußreich ist eine Analyse der Komponenten der Bevölkerungsentwicklung (Geburtenüberschuß und Wanderungssaldo) für die 70er und 80er Jahre. Die Zahl der Geborenen je 1000 Einwohner in der Region entsprach dem Landeswert, diejenige der Gestorbenen war - aufgrund einer günstigen Altersstruktur - sogar niedriger als im Land. Die unterdurchschnittliche Entwicklung ist damit ausschließlich auf relativ geringe Wanderungsgewinne zurückzuführen - allerdings mit deutlichen intraregionalen Unterschieden: Der Landkreis Böblingen konnte in diesem Zeitraum weiterhin - absolut und relativ - die stärksten Wanderungsgewinne verbuchen, während der Landkreis Göppingen das geringste Wachstum der fünf regionsangehörigen Landkreise aufwies. Dennoch lag auch dessen Wanderungssaldo - bezogen auf die Bevölkerung - über dem Ergebnis für die Region insgesamt. Der geringe Wanderungsgewinn der Region ist damit ausschließlich auf starke Wanderungsverluste der Stadt Stuttgart zurückzuführen.

Die Landeshauptstadt hatte binnen zweier Jahrzehnte per Saldo annähernd 50 000 Einwohner verloren. Die bereits für die 60er Jahre festgestellte Stadtflucht hat sich damit in den 70er und 80er Jahren weiter verstärkt. Dieser Suburbanisierungsprozeß läßt sich aber nicht nur für den Stadtkreis Stuttgart, sondern auch für die Mittelzentren der Region belegen: Bis in die 50er Jahre hatten diese ein stärkeres Wachstum als die umliegenden Gemeinden. Danach hat sich das Verhältnis umgekehrt. Dieser Unterschied ist zum Teil auf günstigere Geburten-/Gestorbenen-Relationen in den kleineren Gemeinden zurückzuführen. Entscheidender ist aber für die siebziger Jahre, daß die Mittelzentren im Gegensatz zum Umland Wanderungsdefizite aufwiesen. In den achtziger Jahren konnten die Zentren zwar wieder Wanderungsgewinne erzielen, sie lagen aber prozentual unter denen der umliegenden Gemeinden.

2.4   Die Entwicklung seit 1989

Die Bevölkerungsentwicklung seit 1989 war in der Region wie auch landesweit im wesentlichen durch verstärkte Zuwanderung aus den neuen Bundesländern, von Aussiedlern sowie von Asylbewerbern verursacht. Die Dynamik der Entwicklung wird deutlich, wenn die Zunahmen 1989 bis 1992 mit denjenigen zwischen 1970 und 1989 verglichen werden: Diese lagen 1989 bis 1992 - umgerechnet auf ein Jahr - mehr als fünfmal so hoch wie in den beiden Jahrzehnten zuvor! Dennoch konnte die Region auch nach 1989 - wie bereits in den 80er Jahren - nicht mit der Landesentwicklung Schritt halten.

Die Veränderungen in Osteuropa führten aber nicht nur zu einem starken Bevölkerungswachstum, sondern auch zu einer Überlagerung der Kern-Umland-Wanderungen: Die Wanderungsgewinne der Mittelzentren der Region lagen geringfügig über denjenigen der Umlandgemeinden. Entscheidend hierfür war, daß die Zuwanderung durch administrative Eingriffe bestimmt wurde. Die neu ankommenden Asylbewerber sowie Aussiedler wurden nach einem

Tab. 2-1: Bevölkerungsentwicklung in den Kreisen und Mittelbereichen der Region Stuttgart 1970-1994

Regionaleinheit	Bevölkerungsstand am 31.12.			Bevölkerungsveränderung von ... bis ...			
	1970	1989	1994	1970 - 1989		1989 - 1994	
		1.000		1.000	%	1.000	%
Kreise							
Stuttgart	634,2	570,7	588,5	- 63,5	-10,0	17,8	3,1
Böblingen	264,9	328,1	348,2	63,2	23,8	20,2	6,2
Esslingen	429,4	473,6	489,5	44,2	10,3	15,9	3,4
Göppingen	227,5	238,3	254,2	10,8	4,7	16,0	6,7
Ludwigsburg	402,2	457,3	483,1	55,1	13,7	25,7	5,6
Rems-Murr-Kreis	333,4	373,1	396,5	39,6	11,9	23,4	6,3
Region Stuttgart	2.291,7	2.441,0	2.560,0	149,4	6,5	119,0	4,9
Mittelbereiche ohne MZ							
Backnang	50,5	59,2	63,6	8,7	17,2	4,4	7,5
Bietigheim/Besigheim	49,4	62,8	66,7	13,4	27,1	3,9	6,1
Böblingen/Sindelfingen	65,7	85,4	91,1	19,7	30,0	5,7	6,7
Esslingen	102,4	112,6	115,0	10,3	10,0	2,4	2,1
Geislingen	27,0	29,5	31,1	2,4	9,0	1,6	5,5
Göppingen	113,2	128,2	136,6	15,0	13,3	8,4	6,5
Herrenberg	16,9	25,3	28,8	8,4	50,0	3,4	13,6
Kirchheim	54,6	62,3	65,5	7,8	14,2	3,2	5,2
Leonberg	35,5	46,3	50,3	10,8	30,4	3,9	8,5
Ludwigsburg/Kornwestheim	112,9	143,1	151,3	30,2	26,8	8,2	5,7
Nürtingen	50,1	62,3	65,7	12,2	24,4	3,4	5,5
Schorndorf	55,1	64,4	69,3	9,3	16,8	4,9	7,6
Stuttgart	114,7	129,9	134,6	15,2	13,2	4,7	3,6
Vaihingen	8,7	12,6	13,9	4,0	45,5	1,3	10,1
Waiblingen/Fellbach	80,3	94,2	99,5	13,9	17,3	5,2	5,6
Summe Mittelbereiche	937,0	1.118,2	1.182,9	181,2	19,3	64,7	5,8
Mittelzentren (MZ)							
Backnang	30,4	31,0	33,7	0,6	2,0	2,7	8,7
Bietigheim	41,0	47,7	50,1	6,7	16,3	2,5	5,2
Böblingen	92,2	102,2	106,2	10,0	10,9	3,9	3,9
Esslingen	98,2	91,1	90,3	- 7,1	-7,3	- 0,8	-0,8
Geislingen	30,3	26,6	28,4	- 3,7	-12,2	1,8	6,8
Göppingen	56,9	54,0	58,1	- 3,0	-5,2	4,1	7,7
Herrenberg	21,0	26,9	28,4	5,9	28,3	1,5	5,4
Kirchheim	32,7	35,2	38,0	2,5	7,8	2,8	7,9
Leonberg	33,6	41,9	43,5	8,3	24,6	1,7	4,0
Ludwigsburg	115,7	110,0	116,2	- 5,7	-4,9	6,2	5,6
Nürtingen	30,2	37,5	39,0	7,3	24,2	1,6	4,1
Schorndorf	31,0	36,9	38,0	5,9	18,9	1,2	3,1
Stuttgart	634,2	570,7	588,5	- 63,5	-10,0	17,8	3,1
Vaihingen	21,2	23,8	26,2	2,6	12,3	2,4	9,9
Waiblingen/Fellbach	86,0	87,3	92,3	1,3	1,5	5,0	5,7
Summe der MZ	1.354,7	1.322,8	1.377,1	- 31,9	-2,4	54,3	4,1
zum Vergleich:							
Baden-Württemberg	8.953,6	9.618,7	10.272,1	665,1	7,4	653,4	6,8

Quelle: Statistisches Landesamt Baden-Württemberg, Landesinformationssystem

Tab. 2-2: Bevölkerungsbilanzen der Kreise und der Mittelbereiche der Region Stuttgart
1.1.1990 - 31.12.1994

Regionaleinheit	Bevölke-rung am 1.1.1990	Lebend-geborene	Gestor-bene	Gebur-tenüber-schuß	Zugezo-gene	Fortgezo-gene	Wande-rungs-saldo	Bevölke-rung am 1.1.1995
				Bevölkerungsbewegung in 1000				
Kreise								
Stuttgart	570,7	29,8	30,5	- 0,7	242,1	223,6	18,5	588,5
Böblingen	328,1	20,7	13,3	7,4	147,2	134,4	12,8	348,2
Esslingen	473,6	28,7	20,6	8,1	188,0	180,1	7,8	489,5
Göppingen	238,3	14,6	12,8	1,9	108,2	94,1	14,1	254,2
Ludwigsburg	457,3	28,6	19,7	8,9	201,3	184,5	16,8	483,1
Rems-Murr-Kreis	373,1	23,5	17,9	5,7	158,9	141,2	17,7	396,5
Region Stuttgart	2.441,0	146,0	114,8	31,2	1.045,6	957,8	87,8	2.560,0
Mittelbereiche								
Backnang	59,2	3,7	3,2	0,5	24,7	20,8	3,9	63,6
Bietigheim/Besigh.	62,8	4,1	2,4	1,7	25,7	23,6	2,1	66,7
Böblingen/Sindelf.	85,4	5,7	3,0	2,7	39,8	36,8	3,0	91,1
Esslingen	112,6	6,5	4,5	2,0	43,3	43,0	0,3	115,0
Geislingen	29,5	1,9	1,8	0,1	12,4	10,8	1,5	31,1
Göppingen	128,2	8,0	6,3	1,7	53,7	47,0	6,7	136,6
Herrenberg	25,3	2,0	0,9	1,1	11,7	9,4	2,4	28,8
Kirchheim	62,3	4,2	2,7	1,6	24,2	22,6	1,6	65,5
Leonberg	46,3	3,1	1,8	1,3	19,9	17,2	2,7	50,3
Ludwigsburg/Korn.	143,1	9,4	5,3	4,1	60,8	56,7	4,1	151,3
Nürtingen	62,3	4,1	2,5	1,7	26,4	24,6	1,7	65,7
Schorndorf	64,4	4,3	2,9	1,3	25,9	22,4	3,5	69,3
Stuttgart	129,9	8,1	5,4	2,8	54,4	52,4	1,9	134,6
Vaihingen	12,6	1,0	0,5	0,5	5,8	5,0	0,8	13,9
Waiblingen/Fellb.	94,2	6,0	4,0	2,0	38,7	35,5	3,3	99,5
Summe der	1.118,2	72,1	47,1	25,1	467,4	427,8	39,6	1.182,9
Mittelzentren (MZ)								
Backnang	31,0	2,0	1,7	0,3	13,9	11,5	2,4	33,7
Bietigheim	47,7	2,8	2,3	0,5	19,6	17,7	1,9	50,1
Böblingen	102,2	5,7	4,7	1,0	45,8	42,8	2,9	106,2
Esslingen	91,1	4,8	4,6	0,1	32,8	33,6	- 0,9	90,3
Geislingen	26,6	1,7	1,5	0,2	10,5	8,9	1,6	28,4
Göppingen	54,0	3,0	3,2	- 0,2	31,7	27,3	4,3	58,1
Herrenberg	26,9	1,7	1,1	0,6	11,0	10,2	0,8	28,4
Kirchheim	35,2	2,1	1,7	0,4	14,6	12,3	2,3	38,0
Leonberg	41,9	2,5	1,9	0,7	19,0	18,0	1,0	43,5
Ludwigsburg	110,0	6,4	5,6	0,8	55,2	49,8	5,4	116,2
Nürtingen	37,5	2,1	1,8	0,3	15,6	14,4	1,2	39,0
Schorndorf	36,9	2,3	1,7	0,5	14,6	14,0	0,6	38,0
Stuttgart	570,7	29,8	30,5	- 0,7	242,1	223,6	18,5	588,5
Vaihingen	23,8	1,5	1,1	0,4	10,8	8,9	2,0	26,2
Waiblingen/Fellb.	87,3	5,3	4,2	1,1	41,0	37,1	3,9	92,3
Summe der	1.322,8	73,8	67,7	6,1	578,2	530,1	48,2	1.377,1
zum Vergleich:								
Baden-Württemberg	9.618,7	585,0	485,9	99,1	4.162,6	3.608,3	554,2	10.272,1

Quelle: Statistisches Landesamt Baden-Württemberg, Landesinformationssystem

Quotenverfahren über die Region bzw. über das Land verteilt. Wohl vor allem deshalb erzielte die Stadt Stuttgart zwischen 1989 und 1992 - entgegen dem früheren Trend - einen Wanderungsgewinn, der nicht nur über dem Wert der Region insgesamt, sondern auch über dem Landeswert lag (vgl. auch Tab. 2-1). Entgegen den landes- und regionsweiten Verhältnissen ist der Wanderungsüberschuß der Landeshauptstadt ausschließlich auf starke Zuwanderungen der ausländischen Bevölkerung zurückzuführen; der Saldo der Deutschen war dagegen (nur) ausgeglichen.

An den Wanderungsüberschüssen in der Region der Jahre 1990 bis 1992 waren die einzelnen Altersgruppen sehr unterschiedlich beteiligt: 80 Prozent entfallen auf die Altersgruppe der 15- bis 45jährigen; landesweit waren es nur gut 65 Prozent. Auffällig ist auch der negative Wanderungssaldo für die ältere Bevölkerung, während landesweit auch hier ein Wanderungsgewinn erzielt werden konnte. Zurückzuführen ist dies auf die Stadt Stuttgart: Eine überdurchschnittlich hohe „Altenwanderung" - damit sind die Umzüge nach Eintritt in den Ruhestand oder nach der Verwitwung gemeint - in landschaftlich vermeintlich attraktivere Gebiete, die Umzüge in ein Alten- oder Pflegeheim im Umland sowie die Rückkehr ausländischer Mitbürger in ihre Heimatländer haben zu diesem Ergebnis geführt.

Die außergewöhnliche hohe Bevölkerungszunahme endete aber bereits 1992. In den Jahren 1993 und 1994 erhöhte sich die Bevölkerung in der Region lediglich noch um insgesamt ca. 1000 Personen, wobei dieser geringe Zuwachs ausschließlich auf den Geburtenüberschuß zurückzuführen ist. Die starken Wanderungsverluste von gut 10 000 Einwohnern resultieren vollständig aus Abwanderungen der deutschen Bevölkerung, während sich bei der ausländischen Bevölkerung ein Wanderungsgewinn von 3000 Personen ergab. Bezüglich der Altersstruktur der Zu- und Wegzüge zeigt sich - wie bereits für die Jahre 1990 bis 1992 -, daß entgegen dem Landestrend per Saldo mehr ältere Menschen weggezogen als zugezogen sind.

Auffällig ist aber auch, daß auf die Bevölkerungsgruppe mit zuletzt sehr hohen Wanderungsgewinnen - die Gruppe der 25- bis 45jährigen - jetzt das Gros des Wanderungsverlusts entfällt. Dies ist vor allem auf die wirtschaftlichen Probleme zurückzuführen, von der die Region überdurchschnittlich betroffen ist.

Bemerkenswert ist auch, daß sich der atypische Trend der zurückliegenden Jahre - stärkere Bevölkerungsgewinne in den Zentren gegenüber dem Umland - seit 1993 nicht mehr fortgesetzt hat: Vielmehr hat der Stadtkreis Stuttgart starke Wanderungsverluste hinnehmen müssen. Aber auch in den Kreisen Böblingen und Esslingen zogen mehr Personen weg als zu. Während die Wanderungsverluste Stuttgarts vollständig, diejenige Esslingens zum überwiegenden Teil auf die Abwanderung der deutschen Bevölkerung zurückzuführen sind, verteilt sich im Landkreis Böblingen der Verlust zu etwa gleichen Teilen auf die deutsche und die ausländische Bevölkerung.

Die Bevölkerungsabnahme der Stadt Stuttgart in den letzten Jahren könnte als Annäherung an die früher beobachteten regionalen Entwicklungsmuster interpretiert werden, nach welchen die Zentren gegenüber den Umlandgemeinden Bevölkerung verlieren. Eine solche Entwicklung ist derzeit aber noch nicht abschließend zu belegen. Mit Ausnahme Stuttgarts haben sich nämlich die Mittelzentren der Region im Durchschnitt nicht ungünstiger als die Umlandgemeinden entwickelt. Hinzu kommt, daß entgegen den früheren Trends nicht mehr der Landkreis Böblingen das stärkste Wachstum aufweist (dieser hat vielmehr nach Stuttgart am schlechtesten abgeschnitten), sondern der bisher sich mäßig entwickelnde Kreis Göppingen. Sicherlich sind diese Trends auch auf die aktuelle Beschäftigungs- und Arbeitsmarktentwicklung zurückzuführen. Inwieweit sich hier jedoch bereits neue, stabile regionale Entwicklungsmuster abzeichnen, ist noch nicht absehbar.

Abb. 2-2 zeigt zusammenfassend für den gesamten Betrachtungszeitraum - das heißt die Jahre seit 1871 - wie sich die intraregionale Bevölkerungsentwicklung in Abhängigkeit von

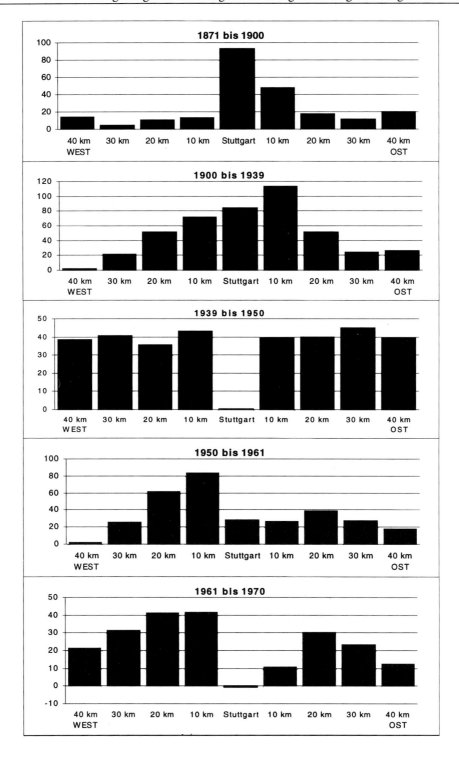

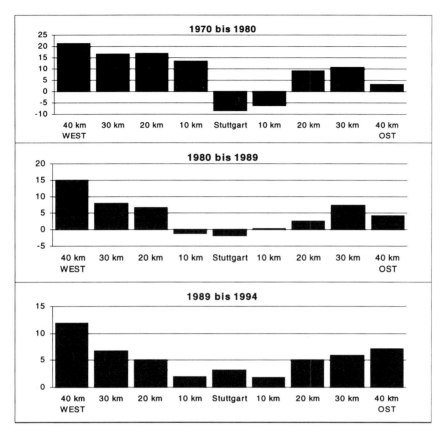

**Abb. 2-2: Bevölkerungsentwicklung in der Region Stuttgart 1871 - 1994 in Prozent
(konzentrische Kreise um die Stadt Stuttgart)**

der Entfernung zum Zentrum der Region, der Landeshauptstadt Stuttgart, innerhalb der einzelnen Perioden entwickelt hat. Dargestellt ist die relative Bevölkerungsveränderung.

Zu diesem Zweck wurden alle Gemeinden der Region zu konzentrischen Kreisen um Stuttgart zusammengefaßt, und zwar entsprechend der Luflinienentfernung ihres Hauptortes zum Stuttgarter Zentrum. Diese konzentrischen Kreise wurden in Nord-Süd-Richtung zweigeteilt, so daß insgesamt neun Teilräume entstanden (vier westliche Ringe in Entfernung „bis 10 km", „10 bis 20 km", „20 bis 30 km", „30 und mehr km", der Stadtkreis Stuttgart und vier östliche Ringe in entsprechender Entfernung).

Wenn auch nicht durchgehend, so zumindest tendenziell läßt sich der bereits beschriebene räumliche Entwicklungsprozeß als Kern-Umland-Wanderung nachvollziehen: Hohe Zuwächse um die Jahrhundertwende im „inneren Ring" (Stadt Stuttgart sowie die Gemeinden im Umkreis von maximal 10 km) werden seit den 50er Jahren von relativ stärkeren Zunahmen in den entfernter liegenden „Ringen" abgelöst.

Mit zunehmender Zeitdauer verlagerten sich diese dynamischen Entwicklungen weiter weg vom Zentrum: Während in den sechziger Jahren die „Ringe" bis 20 km Entfernung vom Zentrum das stärkste Wachstum aufwiesen, waren dies seither diejenigen mit 30 und mehr Kilometer Entfernung. Die Gemeinden im (östlichen) „inneren Ring" verzeichnen bereits seit den siebziger Jahren sogar teilweise Bevölkerungsverluste.

2.5 Bevölkerungs- und Haushaltsstruktur

Die Entwicklung der Bevölkerung *insgesamt* wurde in der Vergangenheit stärker von der räumlichen als von der natürlichen Bevölkerungsbewegung bestimmt. So resultierte Anfang der 90er Jahre die hohe Bevölkerungszunahme in der Region zu annähernd 75 Prozent auf Wanderungsüberschüssen. Aber auch in den 70er und 80er Jahren - die von moderaten Bevölkerungszuwächsen gekennzeichnet waren - hatten die Wanderungen ein stärkeres Gewicht.

Weniger dominant ist dagegen das Gewicht der räumlichen Bevölkerungsbewegung, wenn deren Auswirkungen auf die Bevölkerungsstruktur betrachtet werden. Auch wenn, wie gezeigt wurde, die einzelnen Altersgruppen deutlich unterschiedlich am Wanderungsgeschehen teilhaben, bewirkt dies nur eine geringe Verschiebung des Bevölkerungsaufbaus, da die Gewichte der altersspezifischen Wanderungssalden im Vergleich zum jeweiligen Bevölkerungsbestand in der Regel relativ gering sind.

Der gegenwärtige und auch zukünftige Altersaufbau - sowohl in der Region als auch landesweit - wird durch „einschneidende Ereignisse" determiniert. Die wichtigsten sind die beiden Weltkriege, der Babyboom Mitte der 60er Jahre sowie der Geburtenrückgang der 70er und 80er Jahre. Letzteres hat dazu geführt, daß die „Alterspyramide" derzeit auf einem schwachen Fundament steht (vgl. Abb. 2-3). Im oberen Teil der Pyramide sind die Einwirkungen vor allem des Zweiten Weltkriegs sichtbar: die Kriegstoten, die heute etwa 75 Jahre alt wären, sowie die Geburtenausfälle der letzten Kriegs- und unmittelbaren Nachkriegsjahre, wodurch die Jahrgänge der heute 45- bis 50jährigen nur schwach besetzt sind.

Wenn auch der Bevölkerungsaufbau der Region eine ähnliche Struktur wie das Land insgesamt aufweist, so zeigen sich dennoch kleine, typische Abweichungen. Die Bevölkerung der unter 15jährigen ist in der Region schwächer vertreten, wobei dies praktisch vollständig auf die Bevölkerungsstruktur der Stadt Stuttgart zurückzuführen ist (Tab. 2-3). Der geringere Anteil der jüngeren Bevölkerung in der Landeshauptstadt resultiert aus der hier deutlich geringeren Fruchtbarkeit sowie aus der Abwanderung von Familien mit (kleinen) Kindern ins Umland. Dagegen ist in der Region die Altersgruppe im erwerbsfähigen Alter überrepräsentiert. Dies gilt für alle Kreise der Region mit Ausnahme des Landkreises Göppingen. Schließlich liegt der Anteil der älteren Bevölkerung in der Region geringfügig unter dem Landeswert.

Tab. 2-3: Bevölkerung 1961 und 1994 nach ausgewählten Altersgruppen

Regionaleinheit	Bevölkerung 1000		darunter im Alter von ... bis unter ...					
			unter 15		25 - 65		65 und älter	
	1961	1994	1961	1994	1961	1994	1961	1994
					%			
Kreise								
Stuttgart	637,5	588,5	16,2	13,2	55,9	59,6	10,4	16,0
Böblingen	189,7	348,2	23,3	17,2	52,0	58,7	8,3	12,2
Esslingen	338,6	489,5	21,6	16,4	52,6	58,4	9,1	13,9
Göppingen	203,1	254,2	21,4	17,4	52,4	55,5	10,1	15,3
Ludwigsburg	315,1	483,1	21,6	16,8	52,8	58,5	9,0	13,2
Rems-Murr-Kreis	266,3	396,5	22,2	17,0	52,5	57,8	9,3	13,8
Region Stuttgart	1.950,2	2.560,0	20,1	16,0	53,6	58,4	9,6	14,1
zum Vergleich:								
Baden-Württemberg	7.759,1	10.272,1	22,6	16,9	51,5	56,7	10,1	14,7

Quelle: Statistisches Landesamt Baden-Württemberg (Landesinformationssystem)

Abb. 2-3: Altersaufbau der Bevölkerung in der Region Stuttgart am 31. Dezember 1995
Quelle: Statistisches Landesamt Baden-Württemberg

Auffällig ist dabei, daß im Stadtkreis Stuttgart - wie in den übrigen Großstädten des Landes auch - die 65jährigen und älteren sogar stärker als landesweit vertreten sind - und dies trotz der bereits festgestellten Wanderungsverluste der Landeshauptstadt in dieser Altersgruppe.

Werden die Veränderungen der Altersstrukturen der Regionen, der Kreise und des Landes insgesamt in den letzten 30 Jahren betrachtet, fallen einerseits die deutlichen Verschiebungen im Zeitablauf, andererseits die Stabilität der regionalen Unterschiede auf. Letzteres ist teilweise auf verhältnismäßig konstante Unterschiede der regionalen Fertilität, stärker aber noch auf die bereits erwähnte Dominanz der bestehenden Altersstrukturen gegenüber dem Einfluß der Wanderungen für die Entwicklung dieser Strukturen zurückzuführen.

Von 1961 bis 1970 nahm der Anteil der unter 15jährigen in der Region um 2,6 Prozentpunkte auf 22,6 Prozent zu, um seither auf nur noch 16 Prozent abzusinken. Diese im Vergleich zum Land jeweils unterdurchschnittlichen Anteile waren auch für 1961 und 1970 auf die Besonderheiten der Altersstruktur der Stadt Stuttgart zurückzuführen. Der Anteil der älteren Bevölkerung hat sich dagegen kontinuierlich von 9,6 Prozent (1961) auf 11,2 Prozent (1979) sowie bis 1994 auf 14,1 Prozent erhöht. Die Anteile liegen damit jeweils etwa einen halben Prozentpunkt unter dem Landeswert. Von den sechs Kreisen der Region weist bzw. wies der Landkreis Böblingen jeweils den niedrigsten Wert auf.

Auch wenn die Altersstruktur der Region kleinere, aber stabile und deshalb typische Unterschiede im Vergleich zum Land aufweist, läßt sich hieraus nur teilweise die gegenüber dem Land abweichende Haushaltsstruktur erklären. Entscheidender sind unterschiedliche Lebensstile und Wertorientierungen, vor allem zwischen eher ländlichen und stärker verdichteten Gebieten. So war Ende 1993 in der Stadt Stuttgart bereits jeder zweite Haushalt ein Einpersonenhaushalt, während es landesweit - wie auch in den Landkreisen der Region - nur etwa jeder dritte war. Diesen Wert hatte die Landeshauptstadt bereits 1970 erreicht.

Während in den letzten beiden Jahrzehnten der Anteil der Einpersonenhaushalte in der Region - aber auch landesweit - um etwa 12 Prozentpunkte anstieg, hat sich im gleichen Zeitraum der Anteil der Haushalte mit 5 und mehr Personen mehr als halbiert; landesweit betrug er zuletzt nur noch 5,5 Prozent, in der Region sogar nur noch 4,3 Prozent. Innerhalb der Region weist der Landkreis Göppingen die durchschnittlich größten Haushalte auf.

2.6   Zusammenfassung und Ausblick

Die Bevölkerungsentwicklung der Region war in den letzten 120 Jahren geprägt von einem wellenförmigen Verlauf. Nach überdurchschnittlichen Zunahmen bis 1970 fiel die Entwicklung deutlich hinter diejenige des Landes zurück, um in Folge der Wiedervereinigung wieder erhebliche, aber dennoch unterdurchschnittliche Bevölkerungszuwächse zu verzeichnen. Seit 1993 Jahren haben sich diese Zuwächse merklich abgeschwächt. Innerhalb der Region verlief die Entwicklung ebenfalls uneinheitlich: Bis zum Beginn des zweiten Weltkrieges konzentrierte sich das starke Wachstum auf die Stadt Stuttgart. Seit den 50er Jahren wachsen die Landkreise deutlich stärker als Stuttgart. In den letzten Jahren hat die Landeshauptstadt sogar erhebliche Bevölkerungsverluste hinnehmen müssen.

Wie sich die Region in Zukunft entwickeln wird, ist nur schwer absehbar. Die aktuellen Bevölkerungsvorausrechnungen gehen von Zuwächsen aus, die aber relativ maßvoll ausfallen werden.[1] Diese prognostizierten Entwicklungen werden aber nur eintreten, wenn die getroffenen Annahmen - insbesondere weiterhin deutliche landesweite Wanderungsgewinne und Gültigkeit der Wanderungsmuster der 80er Jahre - auch in Zukunft gelten werden. Neben den Unsicherheiten über die politischen Entwicklungen wird die Entwicklung vor allem davon abhängen, inwieweit die Region ihre wirtschaftliche Attraktivität behalten bzw. wieder zurückgewinnen kann. Für die intraregionale Bevölkerungsverteilung wird der Entwicklung des Wohnungsmarktes und der Baulandausweisung besondere Bedeutung zukommen.[2]

Relativ gut prognostizierbar sind die zu erwartenden Alters- und Haushaltsstrukturen. Es ist davon auszugehen, daß die Bevölkerung bis zum Jahr 2005 im Durchschnitt deutlich älter sein wird.[3] Dagegen scheint der Singularisierungsprozeß der letzten Jahrzehnte zwar nicht gestoppt, aber der abgeschwächte Trend zu kleineren Haushalten wird voraussichtlich nicht zu einer weiteren deutlichen Verkleinerung der Haushalte führen.[4]

2.7   Literaturverzeichnis

GAEBE, W. (1987): Verdichtungsräume. Strukturen und Prozesse in weltweiten Vergleichen. Stuttgart. (= Teubner Studienbücher der Geographie).

KAISER, K., M. VON SCHAEWEN (1973): Stuttgart und die Region Mittlerer Neckar. Stuttgart. (= Zahl + Leben H. 13).

MAGDOWSKI, T. (1996): Bevölkerungsentwicklung in der Region. In: Statistischer Informationsdienst der Stadt Stuttgart.

---

[1] Zu den Prognoseergebnissen für die Region Stuttgart und ihre Teilräume vgl.: Statistisches Landesamt Baden-Württemberg 1994. Diese und weitere aktualisierte Ergebnisse sind auch über das Landesinformationssystem Baden-Württemberg (LIS) des Statistischen Landesamtes verfügbar.

[2] Dieser Aspekt wurde auch in der Prognose des Statistischen Landesamtes berücksichtigt (1995).

[3] Der Anteil der 65jährigen und älteren in der Region wird bis zum Jahr 2005 voraussichtlich um 4 Prozentpunkte auf 18,1 Prozent steigen, vgl. Statistisches Landesamt Baden-Württemberg 1994, S. 81.

[4] Ergebnisse der kleinräumigen Haushaltsvorausrechnung für Baden-Württemberg auf der Basis 31.12.1993 stehen über das Landesinformationssystem Baden-Württemberg des Statistischen Landesamtes zur Verfügung.

STATISTISCHES LANDESAMT BADEN-WÜRTTEMBERG (Hrsg) (1995): Wo fehlen Wohnungen in Baden-Württemberg? Eine Wohnungsbedarfsprognose für Baden-Württemberg und seine Stadt- und Landkreise. (Bearbeitet von W. Walla und W. Brachat-Schwarz.)

– (1994): Kleinräumige Bevölkerungsvorausrechungen bis 2005. Stuttgart. (Statistik von Baden-Württemberg 483).

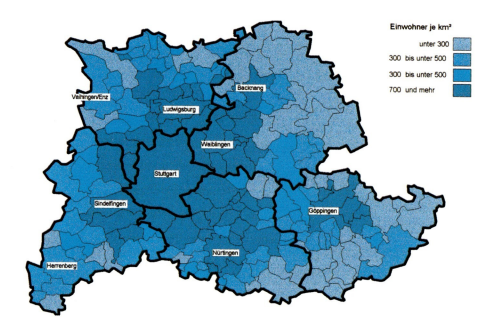

Farbkarte 2-1: Bevölkerungsdichte in den Gemeinden der Region Stuttgart 1994
Quelle: Statistisches Landesamt Baden-Württemberg

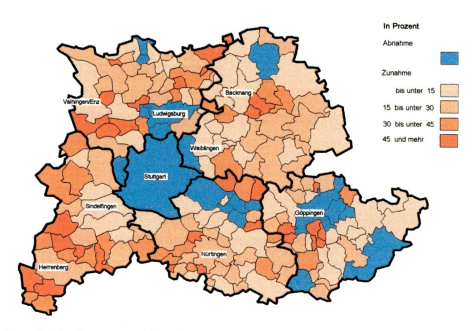

Farbkarte 2-2: Bevölkerungsentwicklung in den Gemeinden der Region Stuttgart 1970 - 1989
Quelle: Statistisches Landesamt Baden-Württemberg

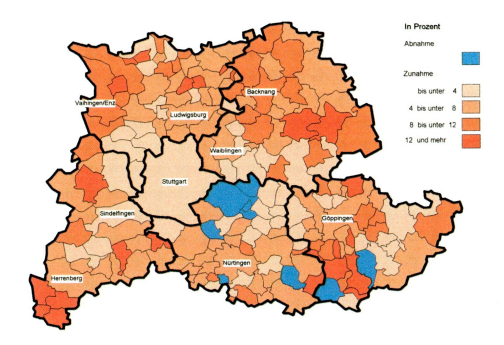

Farbkarte 2-3: Bevölkerungsentwicklung in den Gemeinden der Region Stuttgart 1989 - 1994
Quelle: Statistisches Landesamt Baden-Württemberg

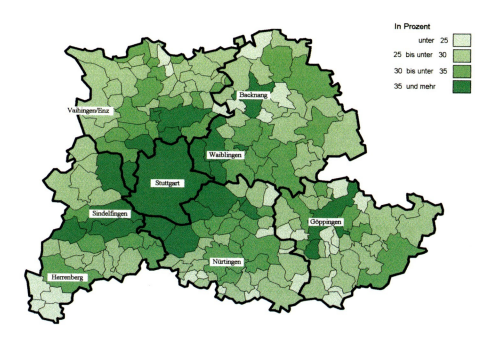

Farbkarte 2-4: Anteil der Einpersonen-Haushalte in den Gemeinden der Region Stuttgart 1993
Quelle: Statistisches Landesamt Baden-Württemberg

3 Beschäftigungsentwicklung in der Region Stuttgart

Eine regionalstatistische Betrachtung der Entwicklung von Beschäftigung, Erwerbstätigkeit und Arbeitsmarkt

Manfred Deckarm und Werner Brachat-Schwarz

3.1 Datenlage und Methode

Der folgende Beitrag beschäftigt sich mit der Entwicklung der Region Stuttgart, ihrer Kreise und Gemeinden in verschiedenen Phasen der Nachkriegszeit. Als Vergleichsmaßstab wird in der Regel das Land Baden-Württemberg herangezogen. Die Untersuchung basiert weitgehendst auf Daten der amtlichen Statistik (Statistisches Landesamt, Bundesanstalt für Arbeit), wie sie gebietsstandsbereinigt im Landesinformationssystem (LIS) des Statistischen Landesamtes Baden-Württemberg enthalten sind.

Die meisten Daten entstammen der „Erhebung der sozialversicherungspflichtig Beschäftigten". Dies bedeutet, daß die Selbständigen, die mithelfenden Familienangehörigen und die Beamten in den Zahlen nicht enthalten sind. Ebenso fehlen die geringfügig beschäftigten Arbeitnehmer sowie ein kleiner Teil der Angestellten. Landesweit werden etwa 80 Prozent der Erwerbstätigen durch diese Statistik erfaßt. Diese Zahlen stehen aber - im Gegensatz zu den umfassenderen Daten der „Volks- und Arbeitsstättenzählungen" 1950, 1961, 1970 und 1987 (alle Erwerbstätigen bzw. Beschäftigten) - seit 1974 jährlich zur Verfügung, so daß Zeitreihenuntersuchungen durchgeführt werden können. Da die sozialversicherungspflichtig Beschäftigten am Arbeitsort erhoben werden, spiegelt deren Zahl in Zeiten der Unterbeschäftigung auch das Arbeitsplatzangebot wider. Stichtag der Erhebungen ist der 30. Juni des jeweiligen Jahres.

Bei der Betrachtung des Arbeitsmarktes wird zum einen auf die bekannten Daten der Bundesanstalt für Arbeit (Arbeitslose, Arbeitslosenquote, offene Stellen, Kurzarbeiter) zurückgegriffen, die vom Landesarbeitsamt Baden-Württemberg zur Verfügung gestellt wurden. Zum zweiten wurde die „Erwerbstätigenrechnung des Bundes und der Länder" als Datenquelle herangezogen. Hierbei handelt es sich um aus anderen Erhebungen errechnete Erwerbstätigenzahlen am Arbeitsort auf Kreisebene, die für die Jahre 1980 und 1987 bis 1994 zur Verfügung stehen. Neben den Angestellten und Arbeitern sind auch die Selbständigen, die mithelfenden Familienangehörigen und die Beamten in diesen Erwerbstätigenzahlen enthalten. Als dritte Quelle sei die aktuelle, vom Statistischen Landesamt Baden-Württemberg errechnete „Erwerbspersonenprognose" bis zum Jahr 2005 erwähnt, die eine Abschätzung der Nachfrage nach Arbeitsplätzen für das nächste Jahrzehnt ermöglicht. Als Erwerbspersonen gelten Erwerbstätige und Erwerbslose. Erwerbslose sind Personen, die sich um eine Arbeitsstelle bemühen, unabhängig davon, ob sie beim Arbeitsamt arbeitslos gemeldet sind.

Die (Beschäftigten-) Entwicklung wird im wesentlichen an Hand der absoluten und prozentualen Veränderungen zwischen zwei Zeitpunkten beschrieben. Um das „Zurückbleiben" oder den „Gewinn" z. B. eines Kreises gegenüber dem Land zu verdeutlichen, wurde zusätzlich der Totalshift errechnet. Dieser gibt die absolute Zahl der Beschäftigten (Arbeitsplätze) an, die „verloren" oder „gewonnen" worden wären, wenn die Entwicklung des Kreises derjenigen des Landes entsprochen hätte.

3.2 Beschäftigtenentwicklung von der Nachkriegszeit zur Rezession der 90er Jahre

Die langfristige Beschäftigtenentwicklung in der Region Stuttgart entspricht im wesentlichen der Entwicklung im Land. Dem Wirtschaftswunder der fünfziger Jahre folgten die unter Beschäftigungsgesichtspunkten „paradiesischen" sechziger Jahre, als Vollbeschäftigung herrschte und die Zahl der offenen Stellen häufig um das Zwanzigfache höher war als die Zahl der Arbeitslosen.

3.2.1 Auswirkungen der 1. und 2. Ölkrise

Die 1. Ölkrise 1973/74 führte - erstmalig in der Nachkriegszeit - zu einem kräftigen Rückgang des Beschäftigtenwachstums und im weiteren Verlauf zur bis dahin schwersten Rezession der Nachkriegszeit. Von 1974 bis 1976 sank die Zahl der Beschäftigten in der Region Stuttgart wie im Land um 6 Prozent. Dies bedeutete für die Region den Verlust von 64 000 Arbeitsplätzen, wobei allein fast 30 000 auf den Stadtkreis Stuttgart entfielen. Infolge der sich anschließenden wirtschaftlichen Erholungs- und Aufschwungsphase wurde 1980 das 1974er Beschäftigungsniveau in der Region fast wieder erreicht (im Land und im Umland Stuttgarts sogar deutlich übertroffen). Danach sanken bis 1983 die Beschäftigtenzahlen in der Region wie im Land - im wesentlichen bedingt durch neue drastische Energiepreiserhöhungen (2. Ölkrise) - aber nochmals deutlich ab. Lediglich der Rems-Murr-Kreis und vor allem der Landkreis Böblingen konnten ihre Beschäftigtenzahlen in diesem Zeitraum erhöhen.

3.2.2 Langer Wirtschaftsaufschwung 1983 bis 1993

Die Jahre 1983 bis 1992 waren landesweit von einer Aufschwungsphase gekennzeichnet; auch in allen Kreisen der Region Stuttgart wurden zusätzliche Arbeitsplätze geschaffen. Mit 1,14 Millionen Beschäftigten im Jahr 1992 wurde der Wert von 1983 um 172 000 übertroffen. Dies entsprach mit 18 Prozent Zuwachs der landesweiten Entwicklung. Maßgeblich für diese Entwicklung war, daß einerseits - wie eine frühere Untersuchung gezeigt hat - in den 80er Jahren in der Region überdurchschnittlich viele Wachstumsbranchen (Fahrzeugbau, sonstige Dienstleistungen u. a.) vertreten waren, andererseits aber das branchenspezifische Wachstum in der Mehrzahl der Wirtschaftszweige unterdurchschnittlich war (vgl. BRACHAT-SCHWARZ 1994). In der Terminologie der Shift-Analyse gesprochen wies die Region eine günstige (Ausgangs-) Struktur auf, die aber auf ungünstige „Standortfaktoren" traf, so daß sich insgesamt eine dem Landeswert entsprechende Dynamik ergab. Die Shift-Analyse bietet keine Möglichkeit, die Standortkomponente näher zu differenzieren. Es handelt sich bei der Standortkomponente vielmehr um ein nicht näher zu definierendes, komplexes Bündel von Einflußfaktoren, wie z. B. Verkehrserschließung oder Innovationspotential von Unternehmen.

Unterdurchschnittlich schnitten zwischen 1983 und 1992 der Stadtkreis Stuttgart und der Landkreis Göppingen ab. Allein in Stuttgart hätten 28 000 Arbeitsplätze mehr entstehen müssen, um mit der landesweiten Entwicklung Schritt zu halten. Am stärksten profitierte der Landkreis Böblingen. Hier wurden in den neun Jahren per saldo 33 000 Arbeitsplätze geschaffen und damit etwa 10 000 mehr als es dem Landestrend entsprochen hätte (Totalshift).

Farbkarte 3-1 zeigt die prozentuale Veränderung der Beschäftigtenzahlen auf Gemeindeebene im Zeitraum 1983 bis 1992. Den mit fast 50 Prozent höchsten *Arbeitsplatzverlust* wies die Gemeinde Kohlberg südlich von Nürtingen auf (330 Arbeitsplätze). In Geislingen an der

Steige gingen knapp 200 der 12 000 Arbeitsplätze und in Plochingen 110 der 4 900 Arbeitsplätze verloren.

Eine *Erhöhung ihrer Beschäftigtenzahl um 50 Prozent oder mehr* wiesen folgende Städte und Gemeinden auf, die bereits 1983 mehr als 1000 Beschäftigte zählten: Pleidelsheim, Ditzingen, Wernau (Neckar), Tamm, Gärtringen, Schwieberdingen, Frickenhausen, Oppenweiler, Aichtal, Neckartenzlingen und Ehningen (in der Reihenfolge der prozentualen Arbeitsplatzgewinne). Mit Zunahmen von 10 Prozent, 21 Prozent bzw. 24 Prozent wiesen Stuttgart, Sindelfingen und Böblingen mit etwa 35 100, 11 800 und 6 200 neuen Arbeitsplätzen die höchsten absoluten Zunahmen auf. An vierter, fünfter und sechster Stelle folgten Ludwigsburg, Esslingen und Leinfelden-Echterdingen mit 5 800, 5 100 und 4 200 neuen Arbeitsplätzen.

Betrachtet man die *sektorale* Entwicklung im Zeitraum 1983 bis 1992, so fällt auf, daß die Region als Ganzes sowohl im produzierenden Bereich als auch im Dienstleistungsbereich mit der landesweiten Entwicklung im wesentlichen mithalten konnte. Der Stadtkreis Stuttgart wies allerdings in beiden Bereichen eine deutlich unterdurchschnittliche Entwicklung auf, während die angrenzenden Kreise erheblich besser abschnitten.

3.2.3 Rezessive Beschäftigtenentwicklung seit 1992

1992 bis 1995 bestimmte eine nachhaltige Rezession bisher nicht gekannten Ausmaßes die Wirtschaftsentwicklung in Deutschland und im Land. 97 000 Arbeitsplätze gingen in diesen drei Jahren in der Region Stuttgart verloren. Mit 8,5 Prozent fielen die Verluste deutlich höher aus als im Land (5,5 Prozent), vor allem verursacht durch die die Industriestruktur prägenden und von der Rezession am stärksten betroffenen Investitionsgüterbranchen Maschinenbau, Fahrzeugbau und Elektrotechnik. Allein in diesen drei Branchen wurden 56 000 Arbeitsplätze abgebaut.

Innerhalb der Region streuten die *Arbeitsplatzverluste* zwischen 4,3 Prozent im Landkreis Ludwigsburg und 11,3 Prozent im Landkreis Böblingen. Dabei wiesen im produzierenden Bereich alle Kreise deutliche Verluste auf. In Stuttgart gingen zusätzlich auch per saldo 4 Prozent der Arbeitsplätze des Dienstleistungsbereichs (9 500) verloren, so daß hier insgesamt ein Verlust von 41 000 Arbeitsplätzen zu beklagen war.

Farbkarte 3-2 zeigt die Entwicklung auf Gemeindeebene 1992 bis 1995. Folgende Städte und Gemeinden, die 1992 mehr als 5 000 Beschäftigte zählten, verloren mehr als ein Zehntel ihrer Arbeitsplätze: Sindelfingen (20 Prozent bzw. über 13 000), Ebersbach a. d. Fils, Eislingen/Fils, Esslingen, Kirchheim u. T., Kornwestheim, Schwieberdingen, Nürtingen, Geislingen a. d.Steige, Stuttgart und Backnang (in der Reihenfolge ihrer prozentualen Arbeitsplatzverluste). In Esslingen gingen 7 500, in Böblingen 2 800 und in Kirchheim u. T. 2 500 Arbeitsplätze verloren. Die absolut höchsten Verluste trafen Stuttgart.

Dem standen 67 Städte und Gemeinden in der Region gegenüber, die die Beschäftigtenzahl in dieser wirtschaftlichen Schwächeperiode *halten oder sogar erhöhen* konnten. Die größte Gemeinde war die „Flughafen-Stadt" Leinfelden-Echterdingen. Hier veränderte sich die Beschäftigtenzahl (19 400) kaum, in Neuhausen auf den Fildern, die zweitgrößte Gemeinde, erhöhte sie sich um gut drei Prozent auf 5 000. Drei Gemeinden mit 1992 über 1 000 Beschäftigten erzielten 1992 bis 1995 einen Zuwachs von mehr als 10 Prozent: Neckartenzlingen, Unterensingen und Nufringen.

3.2.4 Langfristig verhaltene Beschäftigtenentwicklung bei hoher Arbeitsplatzausstattung

Im gesamten Zeitraum 1974 bis 1995 war der Beschäftigtenzuwachs in der Region als Ganzes mit fünf Prozent deutlich schwächer als im Land (10 Prozent). Der Landesentwicklungsbericht 1994 (WIRTSCHAFTSMINISTERIUM BADEN-WÜRTTEMBERG 1995, S. 135) weist deshalb bei der Bewertung dieser Entwicklungsdynamik auf folgende - unseres Erachtens richtige - Sachverhalte hin: „Trotz der starken Auswirkungen der letzten Rezession und des allgemeinen Strukturwandels muß die langfristig verhaltene Beschäftigtenentwicklung auch vor dem Hintergrund der bestehenden hohen Arbeitsplatzausstattung in der Region betrachtet werden. Die gute Standortattraktivität der Region hat dem Beschäftigungswachstum auch durch hohe Grundstücks-, Immobilien- und Mietpreise sowie durch die erhebliche Verknappung an qualitativ hochwertigen Flächen in guten Lagen enge Grenzen gesetzt. Hinzu kommen Engpaßfaktoren im regionalen Verkehrsbereich und bei der Abfallentsorgung"

Von landespolitischer Seite hat man mit der Errichtung des „Verbandes Region Stuttgart" im Oktober 1994 reagiert, der mit größeren Kompetenzen ausgestattet wurde als der bisherige „Regionalverband Stuttgart". Hierzu gehören u.a. die regionale Siedlungsentwicklung, Abfallentsorgung und der Regionalverkehr. Zur Bewältigung der Aufgaben im Bereich der regionalen Wirtschaftsförderung und des Tourismusmarketings wurde zusätzlich Mitte 1995 eine Wirtschaftsförderungsgesellschaft gegründet.

Die Farbkarte 3-3 zeigt auf Gemeindeebene die im Landesentwicklungsbericht erwähnte - im Landes- oder Bundesmaßstab - immer noch hohe Arbeitsplatzausstattung.

3.3 Wandel der Wirtschaftsstruktur

Der bereits angesprochene Prozeß des „allgemeinen Strukturwandels" der Wirtschaft zeigt sich am wachsenden Anteil des Dienstleistungsbereichs an der Wirtschaft insgesamt (Tertiärisierung). So waren in der Region 1975 erst 39 Prozent, 1995 52 Prozent der Beschäftigten in diesem Bereich tätig. Diese Werte liegen leicht über dem Landesdurchschnitt von 38 Prozent bzw. 51 Prozent. Allerdings zeigt sich die Region auch hier im wesentlichen zweigeteilt. In Stuttgart waren 1975 53 Prozent und 1995 66 Prozent aller Beschäftigten „Dienstleistende". In den anderen Kreisen schwankte dieser Wert 1975 nur zwischen 28 Prozent und 37 Prozent und 1995 zwischen 42 Prozent und 47 Prozent. In den Umlandkreisen von Stuttgart lag der Dienstleistungsanteil damit jeweils deutlich unter dem Landeswert.

Tab. 3-1 kann die Wirtschaftsstruktur und deren Wandel zwischen 1975 und 1995 entnommen werden. Der Stadtkreis Stuttgart als Dienstleistungsmetropole der Region wies 1975 wie 1995 insbesondere in den Bereichen Kredit- und Versicherungsgewerbe, (private) Dienstleistungen und im Verwaltungsbereich deutlich höhere Anteile als die übrige Region auf. Der Beschäftigtenanteil des verarbeitenden Gewerbes betrug 1995 in den Kreisen der Region zwischen 27 Prozent (Stuttgart) und 51 Prozent (Böblingen). Hier ist zu bedenken, daß vor allem die großen Produktionsunternehmen selbst über ausgeprägte Dienstleistungsbereiche verfügen (Verwaltung, Forschung und Entwicklung usw.). Diese werden jedoch statistisch nicht dem tertiären, sondern dem sekundären Bereich zugeordnet.

Tab. 3-1: Sozialversicherungspflichtig Beschäftigte nach Wirtschaftsabteilungen 1975

	Einheit	Region Stuttgart	Stadt-kreis	Landkreise BB	ES	GP	LB	WN	Land BW
Beschäftigte insgesamt	1000	939	368	107	154	79	128	104	3252
davon									
Land- und Forstwirtschaft	%	0	0	0	0	0	0	0	0
Energiewirtschaft	%	0	1	0	1	0	0	0	0
Verarbeitendes Gewerbe	%	52	39	64	64	63	54	60	52
Baugewerbe	%	7	7	6	7	7	7	8	8
Handel	%	13	16	11	10	10	12	11	12
Verkehr und Nachrichtenübermittlung	%	4	5	2	3	3	4	2	4
Kreditinstitute/ Versicherungen	%	5	8	3	2	2	5	2	3
Dienstleistungen	%	12	15	8	8	8	11	11	13
Organisationen ohne Erwerbscharakter	%	2	3	1	0	0	0	0	1
Gebietskörperschaften/Sozialversicherungen	%	5	6	5	4	5	4	4	6

Quelle: Statistisches Landesamt Baden-Württemberg (Landesinformationssystem)

3.4 Strukturmerkmale der Erwerbstätigkeit

Bislang wurden nur die sozialversicherungspflichtig Beschäftigten berücksichtigt. Für ein Gesamtbild des Arbeitsmarktes müssen aber alle Erwerbstätigen und die Erwerbs- bzw. Arbeitslosen mit einbezogen werden.

Die „*Erwerbstätigenquote*", d. h. die Zahl der *Erwerbstätigen am Arbeitsort* bezogen auf 1000 Einwohner, lag in der Region Stuttgart 1994 deutlich über dem Landeswert (492 gegenüber 458) und bestätigt die *hohe Arbeitsplatzausstattung*. Welche große Bedeutung Stuttgart als Arbeitsort zukommt, zeigt die Erwerbstätigenquote von 670 im Stadtkreis Stuttgart.

Dieser Wert prägt dann auch den Regionswert entscheidend mit. Die Werte der Landkreise lagen deutlich niedriger: Böblingen 498, Esslingen 456, Göppingen 419, Rems-Murr-Kreis 413 und Ludwigsburg 410. Der Anteil der *Selbständigen und mithelfenden Familienangehörigen* an allen Erwerbstätigen am Arbeitsort betrug 1994 in der Region neun Prozent und lag damit deutlich unter dem Landeswert von 11 Prozent. Die Kreiswerte der Region streuten zwischen sechs Prozent (Stuttgart) und 11 Prozent (Rems-Murr-Kreis, Landkreis Göppingen). Dieser Indikator weist auf eher „städtische" oder eher „ländliche" Strukturen hin - soweit man davon heute noch sprechen kann. Im Vergleich wies z. B. der Stadtkreis Karlsruhe einen Wert von fünf Prozent und der Landkreis Breisgau-Hochschwarzwald einen Wert von 17 Prozent auf.

Tab. 3-2: Sozialversicherungspflichtig Beschäftigte nach Wirtschaftsabteilungen 1995

	Ein-heit	Region Stuttgart	Stadt-kreis	Landkreise					Land
				BB	ES	GP	LB	WN	BW
Beschäftigte insgesamt	1000	1040	344	144	180	84	161	128	3738
davon									
Land- und Forstwirtschaft	%	0	0	0	0	0	1	1	0
Energiewirtschaft	%	0	1	0	0	0	0	0	1
Verarbeitendes Gewerbe	%	41	27	51	47	48	44	48	41
Baugewerbe	%	6	5	5	6	8	7	8	7
Handel	%	13	13	14	13	12	13	12	13
Verkehr und Nach-richtenübermittlung	%	4	5	2	5	3	7	2	4
Kreditinstitute/ Versicherungen	%	5	9	3	2	3	5	3	4
Dienstleistungen	%	21	26	17	18	17	18	20	22
Organisationen ohne Erwerbscharakter	%	3	6	2	2	1	1	2	2
Gebietskörper-schaften/Sozialvers.	%	5	7	5	5	6	4	4	6

Quelle: Statistisches Landesamt Baden-Württemberg (Landesinformationssystem)

Tab. 3-3: Entwicklung der sozialversicherungspflichtig Beschäftigten nach Wirtschaftsabteilungen 1975 - 1995

	Einheit	Re-gion Stuttgart	Stadt-kreis	Landkreise					Land
				BB	ES	GP	LB	WN	BW
Beschäftigte insgesamt	1000	11	- 7	34	17	6	26	23	15
davon									
Land- und Forstwirtschaft	%	47	16	56	63	15	79	52	22
Energiewirtschaft	%	9	7	19	6	77	- 3	36	18
Verarbeitendes Gewerbe	%	-13	-34	7	-13	-19	2	0	-10
Baugewerbe	%	- 5	-31	2	5	18	19	13	0
Handel	%	12	-21	78	48	23	34	31	25
Verkehr und Nach richtenübermittlung	%	41	2	98	111	29	109	69	25
Kreditinstitute/ Versicherungen	%	26	15	35	62	60	26	84	35
Dienstleistungen	%	97	59	190	151	127	106	122	100
Organisationen ohne Erwerbscharakter	%	86	58	113	315	77	187	262	98
Gebietskörperschaften Sozialversicherungen	%	16	6	44	28	23	20	13	12

Quelle: Statistisches Landesamt Baden-Württemberg (Landesinformationssystem)

Wie kaum anders zu erwarten, lag der *Beamtenanteil* im Stadtkreis Stuttgart 1993 mit Ministerien, sonstigen Verwaltungseinrichtungen (z. B. Regierungspräsidium, Landesvermessungsamt), Hochschulen, Museen und Bibliotheken über dem Landeswert (neun Prozent gegenüber sieben Prozent). Heidelberg, Karlsruhe und Freiburg weisen mit 10 Prozent, 12 Prozent und 13 Prozent aber höhere Werte auf.

Interessant ist auch das Erwerbsverhalten der ortsansässigen Bevölkerung (Anteil der *Erwerbstätigen am Wohnort* bezogen auf die Bevölkerung) in verschiedenen Teilräumen der Region. Diese Betrachtung auf Gemeindeebene ist nur für die Volkszählungsjahre möglich. Die höchste Erwerbsbeteiligung wiesen 1987 Städte und Gemeinden im Stuttgarter Umland auf. Stuttgart selbst zeigte mittlere Werte, dagegen war die Beteiligung am Erwerbsleben im östlichen Teil der Region vergleichsweise niedrig. Die Gründe sind in der Bevölkerungsstruktur (z. B. höhere Anteile älterer Menschen in Stuttgart und im östlichen Teil der Region) und im Erwerbsverhalten (z. B. östliche Teile zum Teil noch weniger „städtisch" geprägt) zu suchen. Eine Karte enthält der Band „Stuttgart im Verband Region Stuttgart. Wahl- und Strukturdatenatlas" (STATISTISCHES AMT DER STADT STUTTGART 1994, S. 115).

3.5   Entwicklung auf dem Arbeitsmarkt

Tab. 3-4 zeigt wichtige Grunddaten des Arbeitsmarktes in der Region seit dem Volkszählungsjahr 1961, die die früheren Verhältnisse ins Gedächtnis rufen und das Ausmaß der gegenwärtigen Probleme sichtbar machen.

Die Entwicklung auf dem Arbeitsmarkt in der Region Stuttgart hat sich im letzten Jahrzehnt sowohl absolut als auch im Vergleich zum Land deutlich verschlechtert. Ende September 1985 waren in der Region 41 000 Menschen ohne Arbeit. Die Arbeitslosenquote in den Kreisen der Region lag zwischen 3,1 Prozent (Esslingen) und 4,9 Prozent (Stuttgart). Der Landeswert betrug 5,1 Prozent. Esslingen, Böblingen und Rems-Murr nahmen unter allen 44 Kreisen des Landes mit ihrer niedrigen Arbeitslosenquote die Ränge 1, 3 und 5 ein. Ende September 1995 sah die Situation dann folgendermaßen aus: Fast 82 000 Arbeitslose in der Region, Arbeitslosenquoten in den Kreisen zwischen 6,2 Prozent (Rems-Murr) und 8,6 Prozent (Stuttgart) bei einem Landeswert von 7,2 Prozent. Mit Rang sieben im Land schnitt der Rems-Murr-Kreis noch am besten ab. Böblingen und Stuttgart lagen mit 7,8 Prozent und 8,6 Prozent deutlich über dem Landeswert, wobei Stuttgart Rang 40 im Land einnahm. Die genannten Werte sollten aber auch im Bundesvergleich gesehen werden. Hier wies Baden-Württemberg 1995 hinter Bayern die niedrigste Arbeitslosenquote auf. In Berlin und den neuen Bundesländern war sie mehr als doppelt so hoch.

Tab. 3-4: Grunddaten der Arbeitsmarktentwicklung in der Region Stuttgart 1961 - 1995

Jahr	Bevölkerung	Erwerbstätige	Arbeitslose	Offene Stellen	Kurzarbeiter
			1000		
1961	1950,2	1051,1	1,3	33,8	0,0
1970	2274,8	1119,0	1,3	43,6	0,7
1980	2368,3	1184,1	16,8	21,0	3,1
1990	2484,4	1296,8	37,2	22,9	1,0
1995	2565,7	1260,1	84,7	11,6	7,6

Quellen: Statistisches Landesamt und Landesarbeitsamt Baden-Württemberg.
        Die Angaben zu Arbeitslosen, offenen Stellen und Kurzarbeitern 1961 und 1970 sind wegen der Neugliederung der Arbeitsamtsbezirke nur bedingt mit den Daten für 1980, 1990 und 1995 vergleichbar.

Bis zum Frühjahr des Jahres 1996 hat sich die wirtschaftliche Situation in der Region und im Bundesgebiet nicht verbessert. Die Arbeitslosenquote ist weiter gestiegen und betrug z. B. im Stadtkreis Stuttgart im März 9,1 Prozent (Landeswert: 8,0 Prozent). Zusätzlich sei erwähnt, daß von den 23 900 registrierten Arbeitslosen in Stuttgart 2 750 unter 25 Jahre alt und 7 800 bereits über ein Jahr arbeitslos waren.

Umfrageergebnisse, wie z. B. diejenigen der Industrie- und Handelskammern Baden-Württembergs bei 2 800 Unternehmen des Landes, lassen für 1996 weitere Beschäftigtenrückgänge erwarten. „Von zurückgehenden Auftragseingängen und sinkenden Umsatz - und Produktionszahlen ist besonders der Fahrzeugbau betroffen. Die Bauwirtschaft bleibt weiter im Konjunkturschatten, die krisenhafte Entwicklung ist nicht zum Stillstand gekommen. [...] Auch der Handel hat angesichts gesunkener Umsätze, hoher Lagerbestände und wenig kauffreudiger Kunden kaum Grund zum Optimismus" (INDUSTRIE- UND HANDELSKAMMER STUTTGART 1996, S. 41).

3.6 Zukünftige Entwicklung

Wie sich der Arbeitsmarkt in der Region mittel- und langfristig entwickeln wird, ist nur schwer prognostizierbar. Aufgrund der absehbaren Erwerbspersonenentwicklung bis zum Jahr 2005 ist von Seiten der Personen, die auf den Arbeitsmarkt drängen, keine dramatische Zuspitzung der Situation zu erwarten. Für die Region Stuttgart wird bis 2005 von einer Zunahme der Erwerbspersonen um 44 000 ausgegangen. Dieser Zuwachs von 3,3 Prozent liegt deutlich unter dem für das Land insgesamt erwarteten Wert von 7,0 Prozent (GOEKEN/WERNER 1995, S. 549).

Prognosen über die künftige Wirtschaftsentwicklung - etwa aufgrund der gegenwärtigen Wirtschaftsstruktur (Wachstumsbranchen/schrumpfende Branchen) - sind schwierig, da - wie die Erfahrung gezeigt hat - die Wachstumsbranchen von heute möglicherweise morgen zu den Krisenbranchen gehören. Der vergleichsweise hohe Industrialisierungsgrad *in den Landkreisen* der Region deutet auf weitere schmerzliche Umstrukturierungsprozesse hin. Andererseits zeigt das Beispiel der Stadt Stuttgart für die Jahre 1992 bis 1995, daß auch Gebiete mit hohem Dienstleistungsanteil von massiven Beschäftigungsrückgängen betroffen sein können.

Die generelle Entwicklung wird in hohem Maße vom künftigen Standort Deutschlands innerhalb der Weltwirtschaft geprägt und entzieht sich weitgehend lokalen und regionalen Einflußfaktoren. Gleichwohl können spürbare regionale Wachstumsimpulse von Großprojekten wie dem geplanten Bau eines Durchgangsbahnhofs anstelle des bisherigen Kopfbahnhofs in Stuttgart mit weitergehender Überbauung des bisherigen Bahngeländes (Projekt: „Stuttgart 21", vgl. MÜNZENMAIER 1995), der geplanten neuen Messe oder dem Flughafenausbau ausgehen. Die Attraktivität der Region als Wirtschaftsstandort wird aber auch von der Bereitstellung geeigneter Industrie- und Gewerbeflächen sowie nicht zuletzt von Wohnbauflächen abhängen, die mäßigend auf die immer noch sehr hohen Miet- und Immobilienpreise wirken können.

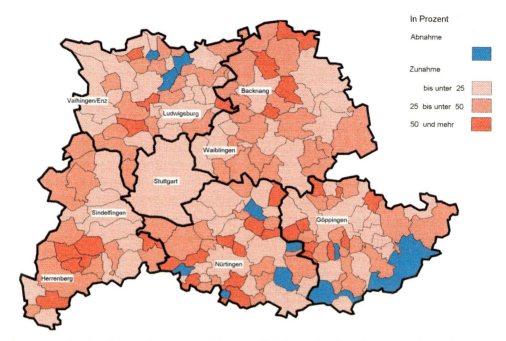

Farbkarte 3-1: **Entwicklung der sozialversicherungspflichtig Beschäftigten in den Gemeinden der Region Stuttgart 1983-1992**
Quelle: Statistisches Landesamt Baden-Württemberg

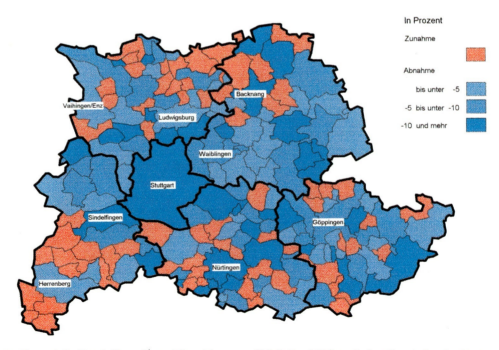

Farbkarte 3-2: **Entwicklung der sozialversicherungspflichtig Beschäftigten in den Gemeinden der Region Stuttgart 1992-1995**
Quelle: Statistisches Landesamt Baden-Württemberg

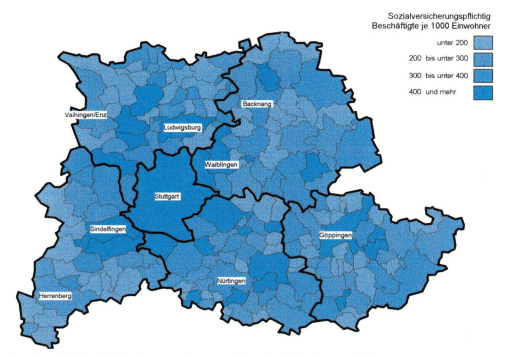

Farbkarte 3-3: Beschäftigtenbesatz in den Gemeinden der Region Stuttgart 1995
Quelle: Statistisches Landesamt Baden-Württemberg

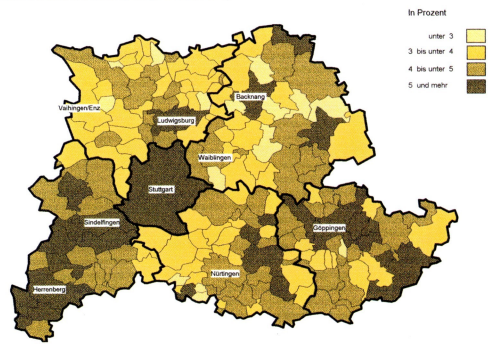

Farbkarte 3-4:   Arbeitslose in den Gemeinden der Region Stuttgart 1994
bezogen auf die Bevölkerung im Alter von 15 - 64 Jahren
Quelle: Statistisches Landesamt Baden-Württemberg

3.7 Literaturverzeichnis

BRACHAT-SCHWARZ, W. (1994): Zur Beschäftigungsentwicklung und deren Stabilität in den Regionen Baden-Württembergs 1978 bis 1991. Eine Untersuchung mit Hilfe der Shift-Analyse auf der Grundlage einer linearen Regression. In: Baden-Württemberg in Wort und Zahl 42, S. 7-14.

GOEKEN S., J. WERNER (1995): Regionale Erwerbspersonenvorausrechnung für Baden-Württemberg. In: Baden-Württemberg in Wort und Zahl 43, S. 546-553.

INDUSTRIE- UND HANDELSKAMMER STUTTGART (1996): Konjunktur: IHK-Umfrage signalisiert deutliches Stimmungstief. In: Magazin Wirtschaft H. 5, S. 41.

LEIBING, E. (1994): Das Landesinformationssystem Baden-Württemberg - Ein Angebot zum Kennenlernen. LIS-aktuell 5 (Sonderdruck eines Artikels in den Landkreisnachrichten Hrsg.: Statistisches Landesamt Baden-Württemberg.

MÜNZENMAIER, W. (1995): Gesamtwirtschaftliche Effekte von Investitionen in die Verkehrsinfrastruktur. Das Projekt „Stuttgart 21". In: Baden-Württemberg in Wort und Zahl 43, S. 343-349.

LANDESHAUPTSTADT STUTTGART (Hrsg.) (1994): Stuttgart im Verband Region Stuttgart. Wahl- und Strukturdatenatlas. (Bearbeitet von T. Magdowski). Stuttgart. (Statistischer Informationsdienst Sonderh. 3).

WIRTSCHAFTSMINISTERIUM BADEN-WÜRTTEMBERG (Hrsg.) (1995): Landesentwicklungsbericht Baden-Württemberg 1994. Raumbedeutsame Entwicklungen in den Bereichen Bevölkerung, Wohnen und Arbeiten. Stuttgart.

4   Die Dynamik der Arbeitsmarktregion Stuttgart

Thomas Magdowski[1]

4.1   Einleitung und Aufgabenstellung

Seit der Industrialisierung zählt der Raum Stuttgart zu den größten und prosperierenden Industrieregionen. Nach der Deutschen Einheit und der Öffnung der osteuropäischen Länder hat sich diese Stellung verändert. Wirtschaftliche Rezession verbunden mit der Umstrukturierung der Wirtschaft, Verlagerung von Arbeitsplätzen, Anstieg der Arbeitslosigkeit sowie anhaltende Stadtflucht sind Schlagworte, die nicht nur die Probleme der Großstadt Stuttgart beschreiben. Die Lösung der regionalen Aufgaben und Probleme kann nicht von Stuttgart allein, sondern nur durch eine politisch abgesicherte neue Form der Zusammenarbeit zwischen den Gemeinden der Region Stuttgart bewältigt werden. Mit der Zielsetzung, die Stellung der Region Stuttgart im europäischen und internationalen Wettbewerb zu stärken, wurde durch das „Gesetz über die Stärkung der Zusammenarbeit in der Region Stuttgart" vom 2. Februar 1994 der Verband Region Stuttgart gegründet.

Mit dem Zusammenschluß der 179 Gemeinden der sechs Kreise Stuttgart, Böblingen, Esslingen, Ludwigsburg, Göppingen und Rems-Murr zur Region Stuttgart ist ein einheitlicher administrativer, allerdings strukturell inhomogener Raum entstanden. Schließlich wurden hier Gemeinden ganz unterschiedlicher Größe zusammengefaßt mit Einwohnerzahlen zwischen 200 und über 550 000. Die Gemeinden der Region Stuttgart weisen unterschiedliche Funktionen, wie z. B. Wohnen, Arbeiten, Erholung, Bildung, in unterschiedlicher Intensität auf.

Durch das Angebot und die Nachfrage nach Arbeitsplätzen bzw. Arbeitskräften lassen sich wirtschaftliche Verflechtungsbereiche abbilden, u. a. Arbeitsmarktregionen und Wohnungsmärkte. In den Arbeitsmarktregionen ergänzen sich die Daseinsgrundfunktionen „Wohnen" und „Arbeiten". Als maßgebliche Bestimmungsgrößen für die Dynamik der Arbeitsmarktregionen im Zeitverlauf können die Bevölkerungsentwicklung, die Beschäftigtenentwicklung, der Konjunkturverlauf, der sektorale Beschäftigtenwandel, Suburbanisierungsprozesse, Reurbanisierungsprozesse sowie technische Entwicklungen und kommunale Gebietsreformen angesehen werden.

In diesem Aufsatz soll untersucht werden, ob innerhalb der Region Stuttgart ein räumlicher Ausgleich von Wohnen und Arbeiten besteht und welche zeitliche und räumliche Dynamik dieser Funktionalraum aufweist.

Die Regionalisierung der Funktionsräume setzt Datenmengen voraus, die bislang nur durch die Berufspendlerergebnisse der Volks- und Berufszählung gedeckt werden konnten. Unverzichtbare Merkmale für eine Abgrenzung regionaler Arbeitsmärkte sind die Richtung (Ein- oder Auspendler), die Art (z. B. Berufs- oder Ausbildungspendler) und der Umfang der Pendlerströme. So wurden zuletzt 1990 in der Bundesrepublik Deutschland im Rahmen der Gemeinschaftsaufgabe „Verbesserung der regionalen Wirtschaftsstruktur" flächendeckend Arbeitsmarktregionen als regionale Diagnose- und Prognoseeinheiten der Wirtschaftspolitik auf der Grundlage der Volkszählung 1987 abgegrenzt (ECKEY 1990). Nicht nur die derzeitigen Umstrukturierungsprozesse in der Region Stuttgart, sondern auch der dringende Bedarf nach

---

[1] Zusammenfassung meiner Diplomarbeit, die durch Herrn Joachim Eicken, Statistisches Amt der Landeshauptstadt Stuttgart, angeregt wurde.

gemeindescharf differenzierten Darstellungen des funktionalen Wandels sprechen für eine aktualisierte Darstellung der Berufspendlerverflechtungen im wirtschaftlichen Kernraum von Baden-Württemberg. Eine solche Aktualisierung ist möglich, seit die Bundesanstalt für Arbeit (BfA) jährlich und regional tief gegliedert Statistiken erstellt, die die Pendlerverflechtungen abbilden. Durch sie können Pendlerverflechtungen bzw. Arbeitsmarktregionen erstmals unabhängig von den Ergebnissen der Volkszählungen flächenhaft abgebildet werden.

Die Unterschiede zwischen Daten aus den Beschäftigungsstatistiken der BfA und der Volks- und Berufszählungen sind in Tab. 4-1 zusammengefaßt. Trotz der Unterschiede zur Pendlerstatistik der Volkszählung kann festgehalten werden:

1. Da es derzeit keine anderen Verflechtungsstatistiken gibt, stellt die BfA-Pendlerstatistik eine wichtige Datenquelle zur Beobachtung und Messung interkommunaler Verflechtungen und zur Abgrenzung von Funktionalräumen dar;
2. Die BfA-Pendlerstatistik erfaßt ausschließlich sozialversicherungspflichtige Berufspendler bzw. Beschäftigte, d. h. etwa 75-90 Prozent aller Erwerbstätigen.
3. Die BfA-Pendlerstatistik liegt flächendeckend für alle Gemeinden vor.
4. Sie wird jährlich zum 30. Juni erhoben und ermöglicht somit eine jährliche Aktualisierung.
5. Die Statistik enthält eine Reihe sozioökonomischer Merkmale der Berufspendler.

In der Untersuchung ergaben sich folgende Validitätsprobleme:

1. Die Pendlerdaten stehen derzeit nur für Gemeinden zur Verfügung. Dadurch können innerkommunale Pendlerverflechtungen nicht abgebildet werden.
2. Da eine wirtschaftssystematische Zuordnung der Pendler fehlt, können räumliche Auswirkungen des wirtschaftlichen Strukturwandels nicht dargestellt werden.
3. Heimarbeiter und Hausgewerbetreibende werden als Beschäftigte erfaßt. Da bei ihnen nicht Wohn- und Arbeitsort getrennt sind, können sie den Umfang der Pendlerströme zwischen den Gemeinden verzerren.

Tab. 4-1: Datenquellen

	Beschäftigungsstatistik	Volks- und Berufszählungen
Erfaßter Personenkreis	Nur sozialversicherungspflichtige Beschäftigte: Vereinfacht alle Arbeiter und Angestellte einschließlich der betrieblichen Auszubildenden ohne Beamte, Selbständige, mithelfende Familienangehörige und geringfügig beschäftigte Arbeitnehmer.	Alle Erwerbstätigen, Schüler und Studenten, deren Arbeits- bzw. Ausbildungsstätte nicht auf dem Wohngrundstück liegt.
Erhebungsmethode	Jährliche Erhebungen aller Betriebe mit mindestens einem sozialversicherungspflichtigen Beschäftigten. Für den Wohnort wurden Meldungen der Krankenkassen zugrunde gelegt.	Direkte Befragung in größeren Zeitabständen, sowohl zum Wohnort als auch zum Arbeitsort.
Pendlerbegriff	Nur sozialversicherungspflichtig Beschäftigte, die die Gemeindegrenzen überschreiten; Wohnort und Arbeitsort sind nicht identisch.	Inner- und interkommunale Berufs- und Ausbildungspendler, deren Arbeits- bzw. Ausbildungsstätte nicht auf dem Wohngrundstück liegt und täglich wieder in ihre Wohnung zurückkehren.

4.2   Entwicklung der Mobilität in der Region Stuttgart seit 1970

Die starke Zunahme der Mobilität wurde durch den Ausbau der Verkehrsinfrastruktur und durch die Wohlstandsentwicklung gesteuert (SCHMITZ 1993). Die zunehmende Trennung von Wohnen und Arbeiten verstärkt die Mobilität, was an der Entwicklung des Kraftfahrzeugbesatzes aufgezeigt werden kann (Abb. 4-1). Zwischen 1970 und 1993 hat sich der Kraftfahrzeugbesatz mehr als verdoppelt. 1993 entfielen 608 Kraftfahrzeuge auf 1.000 Einwohner Baden-Württembergs, mehr als doppelt soviel wie 1970. Daraus ergeben sich Rückschlüsse über den „modal split", da die Pendlerstatistik der BfA keine Verkehrsmittel erfaßt. 1970 benutzten rund 52 Prozent aller Berufseinpendler nach Stuttgart motorisierte Individualverkehrmittel, 1987 62 Prozent (MARTIN 1990).

Von 1970 und 1987 hat sich die berufsbedingte Mobilität der Erwerbstätigen deutlich erhöht. Die Zahl der Beruftspendler nahm von rund 336 000 oder 30 Prozent der Erwerbstätigen 1970 auf rund 518.000 oder 45 Prozent der Erwerbstätigen 1987, d. h. um rund 182 000 Auspendler zu (REGIONALVERBAND MITTLERER NECKAR 1990). Der Anteil der Auspendler an der Beschäftigten betrug 1993 54,6 Prozent oder anders ausgedrückt: Von 1 009 303 Beschäftigten in den 179 Gemeinden der Region Stuttgart pendelten 550 665 über Gemarkungsgrenzen zum Arbeitsort. Aus den Auspendlerquoten geht hervor, daß insbesondere Stuttgart und die Mittelzentren eher niedrige Quoten aufweisen und die sie umgebenden Gemeinden höhere Quoten.

Betrachtet man die Auspendlerquoten ohne die Kernstadt Stuttgart, dann wird die Zunahme der Pendlerströme noch deutlicher. Die Zahl der Berufspendler hat sich von knapp 320 000 oder 40 Prozent der Erwerbstätigen 1970 auf knapp 490 000 1987 um rund 170 000 Auspendler erhöht, 1987 gingen etwa 55 Prozent der Erwerbstätigen einer Tätigkeit außerhalb der Wohngemeinde nach (REGIONALVERBAND MITTLERER NECKAR 1990). Zwischen 1970 und 1987 haben die Verflechtungen zwischen Wohn- und Arbeitsgemeinden nicht nur absolut zugenommen, es haben sich auch neue Beziehungen herausgebildet, die PAESLER (1992) als Rand-Rand-Verflechtungen bezeichnet hat. Verflechtungen wurden - durch den Ausbau der Verkehrsinfrastruktur - begünstigt. 1993 pendelten fast 507 000 von über 784 000 Beschäftigten aus. Daraus errechnet sich für die Region Stuttgart eine Auspend lerquote von 64,6 Prozent. In Abb. 4-2 sind die Auspendlerquoten in der Region Stuttgart dargestellt. Die höchsten Auspendlerquoten weisen die Gemeinden auf, die zwischen den Siedlungs- und Entwicklungsachsen oder am Rande der Region liegen.

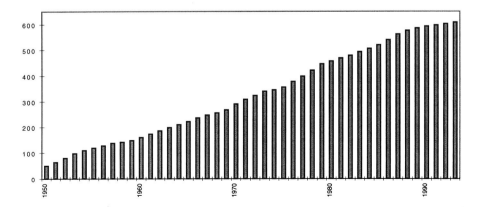

Abb. 4-1: Kraftfahrzeuge je 1 000 Einwohner in Baden-Württemberg 1950 - 1993
Quelle: Statistisches Landesamt Baden-Württemberg 1994

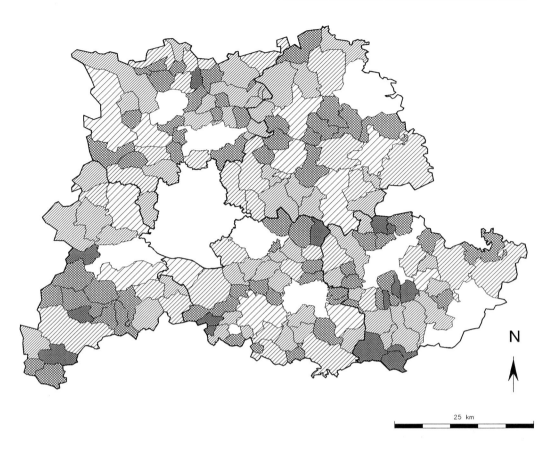

Häufigkeiten:		Auspendlerquote in Prozent:
10		unter 50
12		50 bis unter 60
30		60 bis unter 70
51		70 bis unter 80
61		80 bis unter 90
15		90 und mehr

Abb. 4-2: Auspendlerquoten der Gemeinden der Region Stuttgart 1993
Quelle: Bundesanstalt für Arbeit 1994

4.2.1 Entwicklung der Einpendler nach Stuttgart

Das auf Stuttgart bezogene Einpendlermuster bilden Rand-Kern-Pendler. Zwischen 1970 und 1987 nahmen Berufseinpendler nach Stuttgart um über 54 000 auf fast 190 000 Einpendler zu. 1970 betrug der Anteil der Einpendler an den hier Beschäftigten mehr als 30 Prozent, 1987 schon 43 Prozent. 1993 waren bereits mehr als die Hälfte von insgesamt 370 000 in Stuttgart sozialversicherungspflichtigen Beschäftigten Einpendler. Als Hauptursache für die starke Zu-

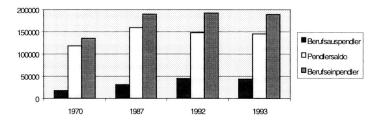

Abb. 4-3: Berufsauspendler, Berufseinpendler und Pendlersalden in Stuttgart 1970-1993
Quellen: Regionalverband Mittlerer Neckar, Bundesanstalt für Arbeit, eigene Berechnungen

nahme der Einpendler ist die anhaltende Bevölkerungssuburbanisierung anzusehen, wobei immer weiter entfernte Wohnstandorte am Rande der Region und zum Teil auch darüber hinausgehend in die Arbeitsmarktregion einbezogen werden.

4.2.2 Entwicklung der Auspendler aus Stuttgart

Die Auspendler aus Stuttgart können als Kern-Rand-Pendler bezeichnet werden. Während 1970 lediglich fünf Prozent der Erwerbstätigen aus Stuttgart auspendelten (17 400), waren es 1987 bereits 11 Prozent (30 500). Der Anteil stieg in den neunziger Jahren auf 19 Prozent der sozialversicherungspflichtigen Beschäftigten mit Wohnort Stuttgart (1993: 43 700). Abb. 4-3 faßt die Entwicklung von Ein- und Auspendlern zusammen. Auch die Entwicklung der Relation von Einpendlern und Auspendlern in Stuttgart zeigt deutlich die Veränderungen. Bis 1960 lag das Verhältnis von Einpendlern zu Auspendlern etwa bei 10:1 (GROTZ 1971). Seit 1970 verschiebt sich das Verhältnis zunehmend zugunsten der Auspendler aus Stuttgart und liegt nun bei etwa 4:1. Die höheren Auspendlerzahlen sind auf die zunehmende Arbeitsplatzzentralität und die gestiegene Attraktivität der Umlandgemeinden (Mittelzentren) und auf die stagnierende Attraktivität von Stuttgart zurückzuführen und Folge der Suburbanisierungsprozesse durch Betriebsverlagerungen und Betriebsneugründungen im Umland.

4.2.3 Berufspendlersalden auf Kreisebene seit 1970

Die Arbeitsmarktzentralität der Stadt Stuttgart läßt sich durch den Pendlersaldo (Einpendler minus Auspendler) ausdrücken. Stuttgart weist mit allen Landkreisen einen positiven Pendlersaldo auf. Zwischen 1970 und 1987 hat die Orientierung der Auspendler auf Stuttgart zuge-

Tab. 4-2: Pendlersalden von Stuttgart mit den Landkreisen der Region Stuttgart 1970 - 1993

Landkreise	Pendlersaldo		
	1970	1987	1993
Böblingen	+ 16.308	+ 19.462	+ 16.309
Esslingen	+ 25.750	+ 33.034	+ 24.527
Göppingen	+ 2.059	+ 4.593	+ 4.391
Ludwigsburg	+ 38.857	+ 45.264	+ 36.293
Rems-Murr-Kreis	+ 26.413	+ 31.713	+ 26.022

Quellen: Regionalverband Mittlerer Neckar 1990, Bundesanstalt für Arbeit 1994, eigene Berechnungen

nommen, danach bis 1993 abgenommen. Trotz der ungenauen Daten kann dieser Rückgang als eine Intensivierung der Stadt-Umland-Beziehungen interpretiert werden, die vor allem auf höheren Auspendlerzahlen aus Stuttgart beruht.

4.3   Die Arbeitsmarktregion Stuttgart

Eine Abgrenzung der Arbeitsmarktregion Stuttgart erlaubt die Verflechtungsmatrix, die die Berufspendler bezogen auf Stuttgart wiedergibt. Zur Arbeitsmarktregion Stuttgart zählen diejenigen Gemeinden, die den größten Auspendlerstrom nach Stuttgart aufweisen. Die Arbeitsmarktregion wurde nach der räumlichen Geschlossenheit (Kontingenzprinzip) abgegrenzt. Im Unterschied zu multivariaten Verfahren können mit diesem Verfahren Funktionalräume schneller abgegrenzt werden. Aufgrund der weitreichenden Verflechtungsbeziehungen Stuttgarts wurden angrenzende Gemeinden außerhalb der Region einbezogen.

Außer Stuttgart sind 27 Gemeinden als Zielorte in die Verflechtungsmatrix eingebunden. Auf die 23 Pendlerzielorte der Region Stuttgart entfallen fast 85 Prozent der 473 000 Berufspendler. Wird das Quellgebiet der Einpendler auf die Region Stuttgart beschränkt, dann erfassen die 23 Pendlerzielorte der Region Stuttgart etwa 70 Prozent der innerregionalen Einpendler. Obwohl kleinere interkommunale Beziehungen vernachlässigt wurden, beeinträchtigt dies nicht die Aussagen zu den Verflechtungen zwischen Stuttgart und den angrenzenden Gemeinden.

Wie erläutert wurden in den Abb. 4-4 bis Abb. 4-6 nur die größten Pendlerströme abgebildet. Sie sind auf die Arbeitsmarktzentren gerichtet, da diese Beschäftigte aus den Wohngemeinden anziehen. Die Verflechtungskarte 1993 (Abb. 4-6) stellt in schraffierten Segmenten der Kreisdiagramme den Anteil der Einpendler an den Beschäftigten am Arbeitsort am 30.6.1993 dar. Aus den Abb. 4-4 bis Abb. 4-6 den geht deutlich hervor, daß die Stadt Stuttgart das mit Abstand größte Arbeitsmarktzentrum der Region Stuttgart darstellt. Die Mittelzentren und eigenständigen Arbeitsmarktzentren Sindelfingen, Böblingen, Leonberg, Bietigheim-Bissingen, Ludwigsburg, Backnang, Schorndorf, Esslingen, Nürtingen, Kirchheim, Göppingen sowie Geislingen umgeben das Einzugsgebiet von Stuttgart mit nachgeordneten Einzugsgebieten. Im Westen und Süden wurden die die Arbeitsmarktregion Stuttgart begrenzenden Arbeitsmärkte Pforzheim, Calw bzw. Reutlingen, Tübingen sowie Metzingen nicht dargestellt. Im Süden fällt die Grenze der Arbeitsmarktregion Stuttgart mit der Grenze der Region Stuttgart zusammen. Lediglich im Westen reichen die dominanten Verflechtungsbeziehungen der Stadt Stuttgart mit den Gemeinden Mönsheim und Heimsheim in den benachbarten Enzkreis der Region Nordschwarzwald hinein.

Der Vergleich des heutigen Arbeitsmarktes mit dem Arbeitsmarkt der Region Nordschwarzwald 1970 und 1987 (vgl. Abb. 8-4 bis 8-6) ergibt eine wesentliche Änderung. Das Mittelzentrum Sindelfingen war 1970 und 1987 am engsten mit Stuttgart verflochten. Der Pendlerraum konnte noch als monozentrisch bezeichnet werden (PAESLER 1992). 1993 bestand dagegen der stärkste Pendlerstrom zwischen Sindelfingen und Böblingen. Die Anbindung der im südwestlichen Teil des Landkreis Böblingen gelegenen Gemeinden an die zwei Industriezentren wurde begünstigt durch die Autobahn A81, Stuttgart-Singen. Sindelfingen und Böblingen wurden durch die Ansiedlung großer Unternehmen (u. a. Mercedes Benz, Hewlett Packard, IBM) zum zweitgrößten Arbeitsmarktzentrum nach Stuttgart mit eigenem Einzugsbereich. Sie stehen in starker Konkurrenz zur Kernstadt. Die eindeutige Über- bzw. Unterordnung des bis 1987 hierarchisch strukturierten Pendlerraumes ist 1993 nicht mehr erkennbar. Dennoch bestehen noch starke Verflechtungen zwischen Stuttgart und Sindelfingen bzw. Böblingen. 3 260 oder 7,5 Prozent der Beschäftigten mit Wohnort Stuttgart pendelten nach Sindelfingen oder Böblingen, 7 200 aus Sindelfingen und Böblingen nach Stuttgart.

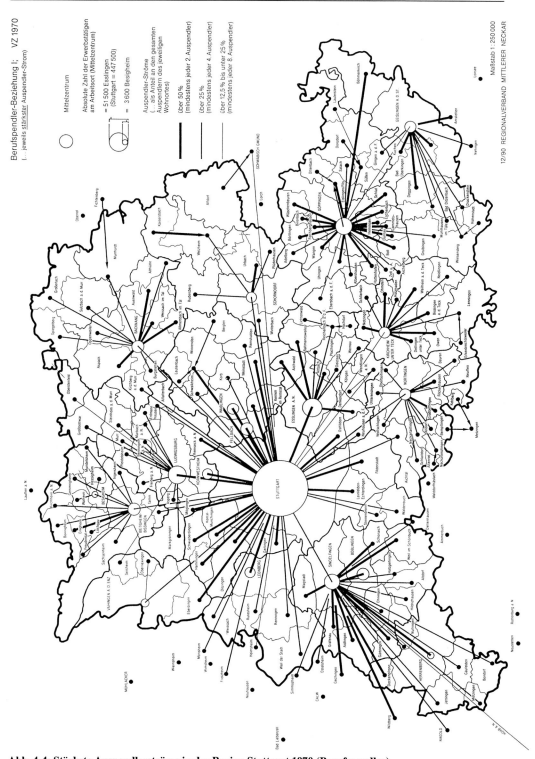

Abb. 4-4: Stärkste Auspendlerströme in der Region Stuttgart 1970 (Berufspendler)
Quelle: Regionalverband Mittlerer Neckar

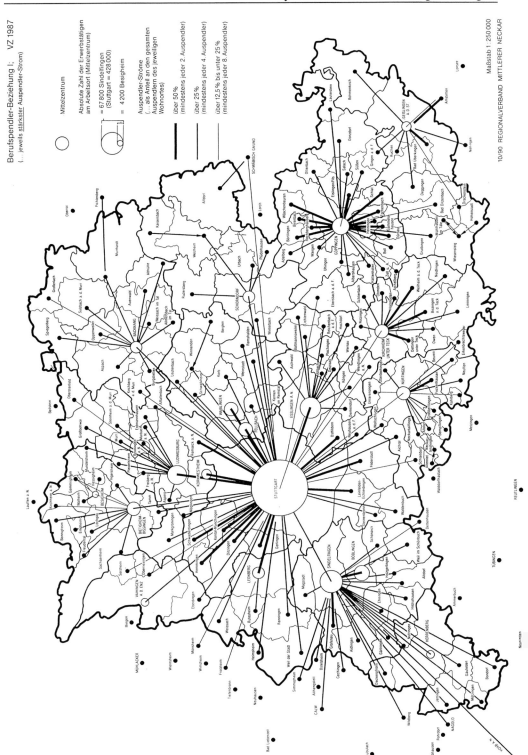

Abb. 4-5: Stärkste Auspendlerströme in der Region Stuttgart 1987 (Berufspendler)
Quelle: Regionalverband Mittlerer Neckar

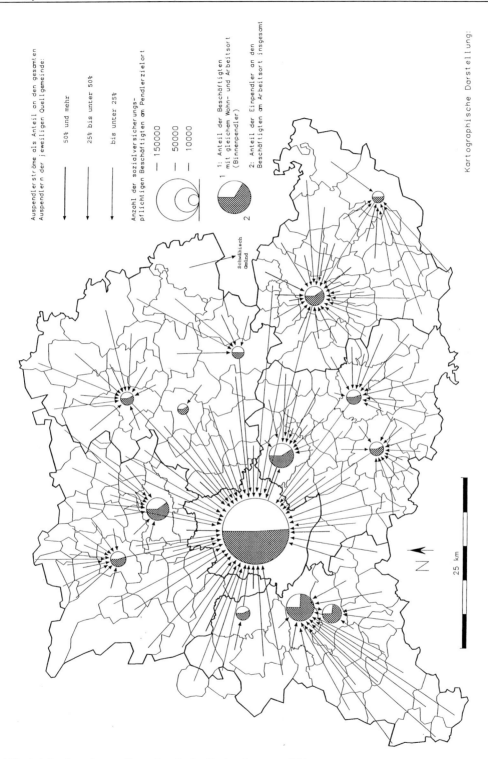

Abb. 4-6: Stärkste Auspendlerströme in der Region Stuttgart 1993
Quelle: Bundesanstalt für Arbeit

Nach den jeweils stärksten nach Stuttgart gerichteten Strömen bestand die Arbeitsmarkt region Stuttgart 1970 (heutiger Gebietsstand) mit Stuttgart und den Enklaven Burgstetten und Leutenbach im Landkreis Rems-Murr aus 48 Gemeinden. 1987 kamen weitere sechs Gemeinden hinzu, davon durch Pendlerbeziehungen Leutenbach, Schlaitdorf, Wolfschlugen, Sersheim, Oberriexingen und Markgröningen und durch die Lage die Enklaven Burgstetten und Asperg. 1993 umfaßte die Arbeitsmarktregion zwei weitere Gemeinden, damit insgesamt 56. Von Benningen, Marbach und Altenriet sind nun die stärksten Pendlerströme nach Stuttgart gerichtet. Mit der Lockerung der Arbeitmarktverflechtungen zu Rutesheim und Sindelfingen schrumpfte erstmals die Arbeitsmarktregion, die stärksten Pendelbeziehungen bestehen nun zwischen Sindelfingen und Böblingen.

1970 pendelten aus den Gemeinden der Arbeitsmarktregion drei Viertel aller Berufseinpendler nach Stuttgart, 1987 noch knapp zwei Drittel und 1993 56 Prozent oder fast 107 000 sozialversicherungspflichtig Beschäftigte. Bezieht man Veränderungen durch die Bevölkerungs- und Arbeitsplatzsuburbanisierung mit ein, dann ergibt sich eine sehr ähnliche Entwicklung. Bezogen auf die gesamten Auspendler der Gemeinden haben sich die Anteile von 1970 mit etwa 60 Prozent auf etwa 40 Prozent reduziert oder - anders ausgedrückt - 1993 arbeiteten nur noch vier von zehn Auspendlern in der Arbeitsmarktregion Stuttgart in Stuttgart selbst. Die Bindung an Stuttgart hat abgenommen.

Die Zunahme der Zahl der zur Arbeitsmarktregion gehörenden Gemeinden von 48 (1970) auf 56 in 1993 und die räumliche Ausdehnung der Arbeitsmarktregion, sind durch die Verringerung der Verflechtungsintensität mit Stuttgart verursacht. Das heißt, die Erwerbstätigen bzw. sozialversicherungspflichtig Beschäftigten haben Arbeitsplatzalternativen - vor allem im suburbanen Raum - gefunden.

Die Abb. 4-7 faßt die Veränderungen der Anbindungsquotienten und die Ausdehnung der Arbeitsmarktregion Stuttgart zusammen. Die Verflechtungsintensitäten verringern sich, die räumliche Orientierung wird vielfältiger. Um den Wandel der Arbeitsmarktregion beurteilen zu können, werden die dominierenden Pendlerbeziehungen herangezogen. Eine dominierende Arbeitsmarktbeziehung liegt dann vor, wenn mehr als die Hälfte der Berufsauspendler einer bestimmten Gemeinde pendelt (GRAPKE 1976). Die Arbeitsmarktregion kann somit differenziert werden in dominante Pendlerbeziehungen und in mehr diffuse Pendlerbeziehungen zum Arbeitsmarktzentrum Stuttgart. Die Zahl der Gemeinden mit dominanten Pendlerbeziehungen

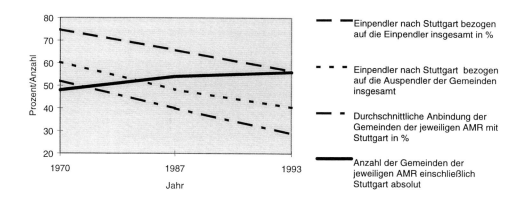

Abb. 4-7: Anbindungsquotienten und Anzahl der Gemeinden in der Arbeitsmarktregion Stuttgart
      1970 - 1993
Quelle: Regionalverband Mittlerer Neckar, Bundesanstalt für Arbeit, eigene Berechnungen

Tab. 4-3: Auspendler ausgewählter Quellgemeinden nach Stuttgart 1970 - 1993

Quellgemeinden	1970 Auspend-ler ins-gesamt	darunter nach Stuttgart	%	1987 Auspend-ler ins-gesamt	darunter nach Stuttgart	%	1993 Auspend-ler ins-gesamt	darunter nach Stuttgart	%
Gerlingen	6.154	5.469	88,9	5.752	4.337	75,4	5.253	3.476	66,2
Fellbach	9.366	8.274	88,3	10.148	7.603	74,9	10.456	6.858	65,6
Leinfelden	6.450	5.460	84,7	9.204	6.880	74,8	8.871	5.657	63,8
Korntal-Münchingen	4.512	3.950	87,5	4.886	3.602	73,7	4.949	3.128	63,2
Esslingen	12.900	10.105	78,3	14.705	9.558	65,0	15.046	8.547	56,8
.									
.									
Kirchheim a. T.	3.180	752	23,6	5.769	1.238	21,5	6.634	1.110	16,7
Nürtingen	2.860	742	25,9	7.062	1.467	20,8	8.027	1.331	16,6
Mönsheim	.	.	.	729	147	20,2	759	123	16,2
Schlaitdorf	x	x	x	521	123	23,6	542	87	16,1
Sindelfingen	5.469	2.617	47,9	8.214	3.370	41,0	x	x	x

x = Daten nur für Gemeinden der Arbeitsmarktregion

Quellen: Regionalverband Mittlerer Neckar 1990, S. 33ff., Bundesanstalt für Arbeit, eigene Berechnungen

nach Stuttgart ist seit 1970 stark geschrumpft. 1970 waren noch 20 Gemeinden auf Stuttgart ausgerichtet, in einem - bis auf Sindelfingen und Böblingen im Südwesten - geschlossenen Kranz, 17 Jahre später nur noch sieben Gemeinden. Es hat sich vor allem in den Gemeinden die dominante Ausrichtung geändert, die 1970 die relativ „schwächsten" Pendlerbeziehungen zu Stuttgart aufwiesen (vgl. Tab. 4-4). Die sieben Gemeinden gehörten bereits 1970 und 1987 zu den am stärksten mit Stuttgart verflochtenen Gemeinden. Dominante Pendlerbeziehungen haben seit 1970 abgenommen. Sie werden diffuser und streuen räumlich stärker. Farbkarte 4-1 zeigt die räumlichen Veränderungen der Arbeitsmarktregion Stuttgart 1970 bis 1993.

4.4   Zusammenfassung

Funktionale Beziehungen zwischen Gemeinden konnten bislang im wesentlichen nur über die Pendlerbefragungen im Rahmen der Volkszählungen nachgewiesen und quantifiziert werden. Dadurch bestand ein erhebliches Informationsdefizit zur Entwicklung der Wohn- und Arbeitsbeziehungen zwischen den Gemeinden. Die Wirkungen konjunktureller Einflüsse, der allgemeinen Umstrukturierungsprozesse in der Wirtschaft und des Siedlungs- und Infrastrukturausbaus in den Gemeinden auf die Verflechtungen zwischen den Gemeinden konnten nur durch die Großzählungen erfaßt und deshalb als Informationsgrundlage für laufende Planungen nicht aktualisiert werden. So stehen zwar zahlreiche Informationen zur Struktur der Gemeinden zur Verfügung, jedoch nur sehr veraltete Informationen zu den Verflechtungen zwischen den Gemeinden. Dieses Informationsdefizit kann nun durch eine neue Datenquelle weitgehend geschlossen werden. Die Bundesanstalt für Arbeit bietet mit der Beschäftigtenstatistik nicht nur gemeindespezifische Strukturdaten, sondern auch Pendlerdaten zu sozialversicherungspflichtig Beschäftigten. Aus dem Vergleich von Wohnort und Arbeitsort lassen sich Pendlerströme ableiten. Richtung und Intensität dieser Pendlerströme erlauben nur Aussagen zur Funktion der einzelnen Gemeinden im Siedlungsgefüge und Abgrenzungen von Funktionalräumen. Als ein solcher Funktionalraumtyp ist die Arbeitsmarktregion anzusehen. Solche

Funktionalräume sind nicht identisch mit politisch-administrativen Räumen. So können innerhalb einer politisch-administrativen Gebietseinheit mehrere Arbeitsmarktregionen enthalten sein, ebenso kann eine Arbeitsmarktregion auch Gemeinden einschließen, die in anderen politisch-administrativen Räumen liegen. Zudem kann sich die Zugehörigkeit einer Gemeinde zu einem Funktionalraum im Laufe der Zeit ändern.

Tab. 4-4: Dominierende Pendlerbeziehungen von Stuttgart 1970 - 1993 nach Anbindungsintensität

Quell-gemeinde	Anbin-dung in % 1970	Quell-gemeinde	Anbin-dung in % 1987	Quell gemeinde	Anbin-dung in % 1993
Gerlingen	88,9	Gerlingen	75,4	Gerlingen	66,2
Fellbach	88,3	Fellbach	74,9	Fellbach	65,6
Korntal-Münchingen	87,5	Leinfelden-Echterdingen	74,8	Leinfelden-Echterdingen	63,8
Kornwestheim	87,5	Korntal-Münchingen.	73,7	Korntal-Münchingen	63,2
Leinfelden-Echterdingen.	84,7	Esslingen	65,0	Esslingen	56,8
Esslingen	78,3	Kornwestheim	65,0	Kornwestheim	56,3
Ditzingen	76,4	Ditzingen	63,4	Ditzingen	53,9
Schwieberdingen	74,2	Filderstadt	58,7		
Leonberg	71,8	Schwieberdingen	58,2		
Filderstadt	67,7	Leonberg	57,6		
Hemmingen	66,6	Hemmingen	54,8		
Ludwigsburg	66,4	Ostfildern	54,3		
Waiblingen	64,1	Waiblingen	53,7		
Remseck	61,7	Ludwigsburg	52,1		
Eberdingen	58,5	Remseck	50,1		
Ostfildern	58,4				
Kernen	55,0				
Weinstadt	52,7				
Winnenden	51,2				
Möglingen	50,5				

Quellen: Regionalverband Mittlerer Neckar 1990, Bundesanstalt für Arbeit 1994, eigene Berechnungen

An Hand der Pendlerstatistik der Bundesanstalt für Arbeit von 1993 und den Pendlerstatistiken der Volkszählungen 1970 und 1987 konnte gezeigt werden, daß sich im Großraum Stuttgart der engste Verflechtungsraum von Arbeiten und Wohnen vergrößert hat. Die Kernstadt Stuttgart hat gemessen an der Zahl der Gemeinden an Arbeitszentralität gewonnen. So hat die Zahl der zur Arbeitsmarktregion Stuttgarts zählenden Gemeinden zwischen 1970 und 1993 von 48 auf 56 Gemeinden zugenommen, Sindelfingen, das 1970 und 1987 noch eindeutig zum Einzugsbereich Stuttgart zählte, hat jedoch an Eigenständigkeit gewonnen. Die Vergrößerung des Einzugsbereichs der Stadt Stuttgart ist nicht auf einen Arbeitsplatzzuwachs in der Kernstadt zurückzuführen. Die Zahl der sozialversicherungspflichtig Beschäftigten stagnierte zwischen 1987 und 1993. Der räumliche Ausdehnung des Einzugsbereiches von Stuttgart geht einher mit einer Verringerung der Verflechtungsintensität mit den Gemeinden der Arbeitsmarktregion aufgrund des zunehmenden Arbeitsplatzangebotes im Umland und der Verstärkung der Rand-Rand-Verflechtungen zwischen den Gemeinden des Arbeitsmarktes

Stuttgart. Die räumlichen Beziehungen innerhalb der Arbeitsmarktregion wurden vielfältiger, die Pendlerströme kleiner. Die Ausdifferenzierung der Pendlerbeziehungen innerhalb der Arbeitsmarktregion Stuttgart kommt auch darin zum Ausdruck, daß von den 48 Gemeinden der Arbeitsmarktregion Stuttgart im Jahr 1970 20 Gemeinden eine dominante Pendlerbeziehung zu Stuttgart aufweisen, 1993 von 56 Gemeinden aber lediglich sieben Gemeinden.

4.5   Literaturverzeichnis

BUNDESANSTALT FÜR ARBEIT (Hrsg.) (1994): Pendlerströme nach Gemeinden zum Stichtag 30.Juni 1993. Unveröffentlichte Statistik über Pendlerströme sozialversicherungspflichtig Beschäftigter. Nürnberg.

ECKEY, H.-F. (1990): Abgrenzung von regionalen Diagnoseeinheiten für die Zwecke der regionalen Wirtschaftspolitik. Beiträge zur Struktur- und Konjunkturforschung 29. Bochum.

GRAPKE, E. (1976): Die Pendlerverflechtungen zwischen der Stadt Stuttgart und dem Umland. Stuttgart Geburtenentwicklung, Wanderungsbewegungen, Pendlerverflechtungen. Stuttgart. (Statistische Blätter, Sonderbeiträge 33b). S. 104-123.

GROTZ, R. (1971): Entwicklung, Struktur und Dynamik der Industrie im Wirtschaftsraum Stuttgart. Eine industriegeographische Untersuchung. Stuttgart. (Stuttgarter Geographische Schriften 82).

LANDESHAUPTSTADT STUTTGART (Hrsg.) (1994): Stuttgart im Verband Region Stuttgart. Wahl- und Strukturdatenatlas. (Bearbeitet von T. Magdowski). Stuttgart. (Statistischer Informationdienst, Beiträge aus Statistik und Stadtforschung. Sonderh. 3).

MAGDOWSKI, T. (1994): Bevölkerungsentwicklung in der Region Stuttgart. Stuttgart. (Statistischer Informationsdienst, Beiträge aus Statistik und Stadtforschung). S. 5-12.

– (1995): Abgrenzung der Arbeitsmarktregion Stuttgart auf der Grundlage der Pendlerstatistik der Bundesanstalt für Arbeit 1993. Ein Beitrag zur Dynamik der Stadt-Umland-Verflechtungen. (Unveröffentlichte Diplomarbeit, Institut für Geographie der Universität Stuttgart).

MARTIN, H. H. (1990): Ein- und Auspendler in Stuttgart 1987. Stuttgart. (Statistischer Informationsdienst, Beiträge aus Statistik und Stadtforschung H. 3) S. 1-13.

PAESLER, R. (1992): Pendlerverflechtungen zwischen Stadt und Umland. In: H. Köck (Hrsg.): Städte und Städtesysteme. Köln S. 75-81. (Handbuch des Geographieunterrichts 4).

REGIONALVERBAND MITTLERER NECKAR (Hrsg.) (1990): Berufspendler-Verflechungen. Darstellung der Pendlerverflechtungen 1987 in der Region Mittlerer Neckar und Vergleich mit den Pendler-Verflechtungen 1970. Stuttgart. (Schriftenreihe 26)

SCHMITZ, S. (1993): Verkehr und Umwelt an der Schwelle zum nächsten Jahrtausend. In: Informationen zur Raumentwicklung H. 12. S. 853-876.

STATISTISCHES LANDESAMT BADEN-WÜRTTEMBERG (Hrsg.) (1994): Lange Reihen - zur demographischen, wirtschaftlichen und gesellschaftlichen Entwicklung 1950 bis 1993. Stuttgart. (Statistik von Baden-Württemberg 488).

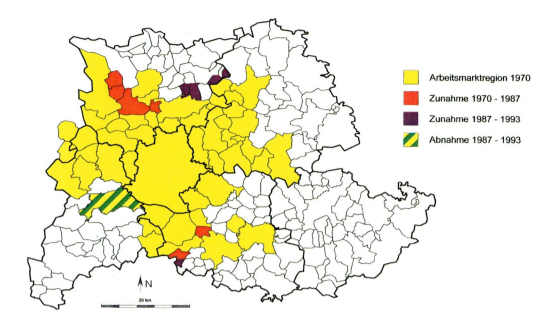

Farbkarte 4-1: **Veränderung der Arbeitsmarktregion Stuttgart 1970 - 1993**
Kartographische Darstellung: Magdowski

5 Deindustrialisierungsprozesse in der Region Stuttgart? Ein Beitrag zur Diskussion um den aktuellen Strukturwandel

Roland Hahn

Die Diskussion um die Entwicklungspotentiale des Wirtschaftsraumes Stuttgart konzentriert sich seit Ende der 80er Jahre auf das spezifische Branchengefüge der Region: die „Überrepräsentation" des Produzierenden Gewerbes bzw. des Verarbeitenden Gewerbes und die „Unterrepräsentation" der Dienstleistungen. Die Region Stuttgart erfährt im Vergleich mit anderen bundesdeutschen Regionen eine Sonderstellung durch eine überdurchschnittliche Beschäftigung im Verarbeitenden Gewerbe: 42 Prozent aller sozialversicherungspflichtig beschäftigten Arbeitnehmer (VBA) waren hier (1991) im Verarbeitenden Gewerbe tätig, in Regionen wie Hamburg, München, Frankfurt, Düsseldorf und Köln waren dies nur 20 Prozent bis 31 Prozent (REGIONALVERBAND STUTTGART 1994). Der Industriebesatz lag in der Region Stuttgart bei 189 Industriebeschäftigten pro 1000 Einwohner, in Hamburg bei 77, in Köln bei 115, in München bei 109 und in Frankfurt bei 116. Die hohe Industriebeschäftigung, insbesondere im Investitionsgütergewerbe wurde jahrzehntelang als Stärke der Wírtschaftsregion Stuttgart und des Landes Baden-Württemberg angesehen. Seit dem Abbau der Arbeitsplätze in der Industrie, zunächst in den sog. Schrumpfungsbranchen Holz, Textil, Bekleidung, dann auch im Maschinenbau und seit 1991 deutlich in den klassischen Wachstumsbranchen der Investitionsgüterindustrie Werkzeugmaschinen, Feinmechanik, Optik, Elektrotechnik und im Straßenfahrzeugbau wird von der Strukturkrise gesprochen.

Nachdem gleichzeitig in verschiedenen Dienstleistungszweigen, besonders in den sonstigen, den unternehmensorientierten Dienstleistungen, neue Arbeitsplätze entstehen, spricht man in Stuttgart vom Defizit an Dienstleistungen, vom dringenden Nachholbedarf, von der Standortschwäche. Dies wird noch verschärft durch die Diskussion um die Deindustrialisierung im Zusammenhang mit dem Übergang zur Dienstleistungs- und Informationsgesellschaft, zur postindustriellen oder postmodernen Wirtschaftsentwicklung mit den neuen postfordistischen Organisations- und Produktionsstrukturen. Der Begriff der Deindustrialisierung geht zurück auf BLUESTONE und HARRISON (1982), die sich mit dem massiven Abbau von Arbeitsplätzen im Industriesektor des Manufacturing Belts der USA beschäftigt haben. Eine weitere Auffassung verbindet mit dem Begriff „Deindustrialisierung" die Steigerung der Produktion mit weniger Arbeitskräften (jobless growth). Schließlich wird der Begriff mit Entindustrialisierung übersetzt, das bedeutet eine enorme Produktivitätssteigerung mit massivem Abbau von Arbeitsplätzen.

Andererseits verweisen zahlreiche Autoren auf die fruchtbare Wechselwirkung von Investitionsgüterindustrie und der Entwicklung spezifischer Dienstleistungen. Die Akteure beider Sektoren seien auf die Zusammenarbeit angewiesen. Ohne Industrie in der Region werde es auch keine erfolgreiche Forschung und Entwicklung und anderer unternehmensorientierter Dienstleistungen geben (INDUSTRIE- UND HANDELSKAMMER 1990, VOLKERT 1994).

Welchen Stellenwert soll die Industrie im Wirtschaftsraum Stuttgart in Zukunft haben? Wie sind das Strukturgefüge und die aktuell ablaufenden Veränderungen und Prozesse zu interpretieren und zu bewerten?

Zur Klärung dieser Fragen werden im einzelnen betrachtet:

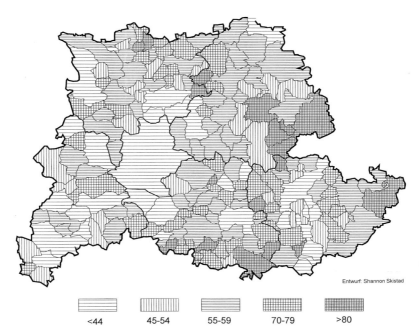

<44   45-54   55-59   70-79   >80

Abb. 5-1:   Industrialisierungsgrad der Gemeinden in der Region Stuttgart 1995 (Anteil der Beschäftigten im Produzierenden Gewerbe an den sozialversicherungspflichtig Beschäftigten insgesamt)
Quelle: Statistisches Landesamt Baden-Württemberg

1. Das industrieräumliche Gefüge innerhalb der Region, Branchen und Produkte, Industrialisierungsgrad, räumliches Grundmuster und Absatzreichweiten, lokale Besonderheiten,
2. Die Veränderungen im Zeitraum 1984-1994, dargestellt anhand von Beschäftigtenzahlen bzw. deren räumliche Differenzierung, und
3. Die Interpretation der Strukturen und Strukturveränderungen anhand der Vorstellungen von fordistischen und postfordistischen Organisations- und Produktionsprinzipien.

Die Informationen basieren auf der Beschäftigtenstatistik für die Jahre 1987 bis 1995, wobei bekanntermaßen rund 80 Prozent aller Erwerbstätigen am Arbeitsort erfaßt sind. Eine differenzierte Statistik zum Verarbeitenden Gewerbe ist dankenswerterweise vom Statistischen Landesamt für den Zeitraum 1984-1994 zur Verfügung gestellt worden, jedoch aus Datenschutzgründen nicht auf Gemeindeebene, sondern auf Mittelbereichsebene. Die branchenspezifische Differenzierung mußte deshalb begrenzt werden. Außerdem wurden die Landesfirmenverzeichnisse (Hoppenstedt und Kompass) ausgewertet.

5.1   Das industrieräumliche Gefüge der Region

Die hohe Industriebeschäftigung der Region ist bereits angesprochen worden, sie beträgt nach der Beschäftigtenstatistik der Bundesanstalt für Arbeit (versicherungspflichtig beschäftigte Arbeitnehmer) für 1994 49 Prozent. Im einzelnen schwanken die Werte zwischen 35 und 80 Prozent. Relativ niedrig ist die Industriebeschäftigung in der Kernstadt Stuttgart, der Dienstleistungsmetropole der Region, mit 35 Prozent der Beschäftigten im Produzierenden Gewerbe. Die größeren und kleineren Umlandgemeinden sind mit wenigen Ausnahmen auch heute noch durch die Industrie bestimmt mit einem sehr hohen Beschäftigtenanteil in der In-

Tab. 5-1: Ausgewählte Strukturdaten zur Beschäftigung in der Region Stuttgart 1994

	Ein-wohner	Sozialver-sicherungs-pflichtig Beschäftigte	davon produ-zierendes Gewerbe	„Indu-strie-besatz" pro 1.000 Ein-wohner	Anteil des sekun-dären Sektors
		1.000			%
Region Stuttgart	2561,0	1057,5	514,1	201	48,7
Stadt Stuttgart	590,1	356,1	124,7	211	35,0
Kreis Böblingen	347,9	144,9	82,4	237	56,8
Aidlingen	8,8	0,9	0,3	33	34,9
Stadt Böblingen	46,6	28,9	11,3	243	39,2
Herrenberg	28,3	8,1	3,1	111	39,0
Sindelfingen	60,0	56,2	43,2	723	76,8
Kreis Esslingen	490,0	182,1	101,4	207	55,7
Altbach	5,6	1,5	1,3	227	84,2
Baltmannsweiler	5,3	0,6	2,0	323	57,8
Deizisau	6,1	46,5	26,9	296	57,8
Stadt Esslingen	90,9	46,5	26,9	296	57,8
Filderstadt	41,0	13,2	5,4	132	41,1
Kirchheim/Teck	37,7	16,3	8,8	233	53,8
Leinfelden-Echterdingen	35,1	19,0	7,5	213	39,4
Ostfildern	30,2	10,6	5,0	167	47,4
Kreis Göppingen	253,8	83,9	47,9	189	57,1
Böhmenkirch	5,3	1,2	1,0	184	81,5
Deggingen	5,7	1,1	0,6	100	49,7
Donzdorf	11,5	2,9	1,7	250	56,4
Ebersbach/Fils	15,8	5,1	3,8	242	75,0
Geislingen	28,2	11,1	7,2	257	65,2
Stadt Göppingen	57,9	29,0	12,1	210	41,8
Kreis Ludwigsburg	48,3	160,0	83,0	172	52,0
Bietigheim-Bissingen	39,6	19,0	11,8	298	62,1
Ditzingen	23,5	9,9	6,3	266	63,4
Gerlingen	17,9	6,6	4,1	230	62,5
Kornwestheim	29,9	10,7	4,0	133	37,1
Stadt Ludwigsburg	86,3	41,8	14,2	165	34,0
Vaihingen/Enz	26,1	7,0	4,0	155	57,6
Rems-Murr-Kreis	396,3	129,8	74,7	189	57,6
Alfdorf	6,6	2,6	2,3	345	86,7
Aspach	7,5	1,5	1,0	139	69,7
Auenwald	2,0	0,6	0,4	184	62,7
Backnang	33,7	13,8	7,4	221	53,8
Berglen	5,9	0,5	0,3	49	50,4
Fellbach	42,3	21,4	11,1	263	51,9
Murrhardt	14,4	4,6	3,1	215	66,8
Sulzbach/Murr	10,8	1,4	0,9	83	66,0
Waiblingen	50,2	20,9	10,3	205	49,2
Welzheim	10,8	2,9	1,7	160	60,3

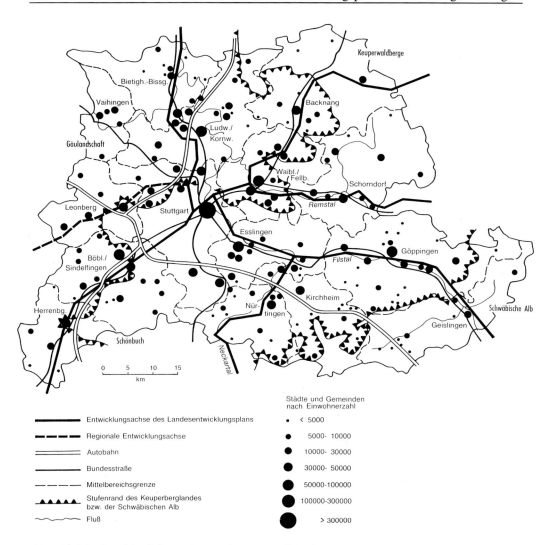

Abb. 5-2: Mittelbereiche, Infrastruktur und naturräumliche Ausstattung in der Region Stuttgart

dustrie, bis über 80 Prozent der Beschäftigten. Wie Abb. 5-1 zeigt, sind die Gemeinden in der nordwestlichen Gäulandschaft um Vaihingen/Enz und Bietigheim von der Industrie ebenso geprägt wie das im Osten gelegene Keuperbergland mit dem Remstal um Schorndorf, Rudersberg, Alfdorf und den meisten Gemeinden im Filstal (Reichenbach, Ebersbach, Eislingen, Salach), im Albvorland (Lenningen, Owen) und sogar auf der Schwäbischen Alb (Böhmenkirch) (Abb.5-2). Bei dieser hohen Industriebeschäftigung, d. h. einem Industriebesatz von 200 bis 300 Beschäftigten pro 1000 Einwohnern in den Umlandgemeinden ist angesichts des aktuellen Strukturwandels in den nächsten Jahren mit weiteren tiefgreifenden Veränderungen zu rechnen. Der bekannte Wettbewerbsdruck zwingt die Unternehmen zur Produktivitätssteigerung durch weitere Modernisierung der Produktion, Veränderung der Einstellung der Mitarbeiter, Externalisierung von Produktions- und Dienstleistungsaufgaben in andere kostengünstigere Regionen. Je nach Branche und der Zahl und Größe der Betriebe wird es von Gemeinde zu Gemeinde große Unterschiede in der künftigen Beschäftigtenentwicklung geben. Im Regionalverband Stuttgart 1994 wird von Entkoppelung von „Wirtschaftswachstum und Arbeitsplatzentwicklung" gesprochen.

Im industriereichen Umland heben sich nur die Mittel- und Unterzentren mit einem ausgeglicheneren Beschäftigungsgefüge, sowie wenige Erholungsorte als Dienstleistungsgemeinden ab. Der Kernbereich der Region umfaßt Stuttgart und die nördliche Ausweitung in Richtung Ludwigsburg bzw. in den Filderraum (Leinfelden-Echterdingen und Filderstadt)sowie in südwestlicher Richtung Böblingen, Ehningen und Herrenberg. Hier ist die Dienstleistungsbeschäftigung höher, insbesondere mit einem größeren Anteil an unternehmensorientierten und hochwertigen Dienstleistungen. Hier könnte das Steuerungszentrum der künftigen Regionalentwicklung entstehen. Die Mittelzentren im Umland wie Schorndorf, Backnang oder Vaihingen/Enz werden Entscheidungsfunktionen verlieren.

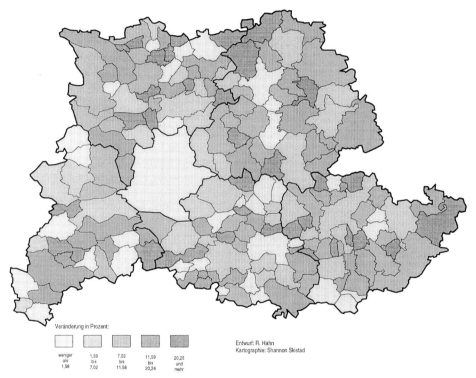

Abb. 5-3: Entwicklung der sozialversicherungspflichtig Beschäftigten im Verarbeitenden Gewerbe in der Region Stuttgart 1987 - 1991
Quelle: Statistisches Landesamt Baden-Württemberg

Die Ausgliederung des Investitionsgütersektors (Abb. 5-3), der inzwischen zu mehr als 40 Prozent durch Dienstleistungstätigkeiten bestimmt wird, unterstreicht die oben aufgezeigte räumliche Struktur: in den Mittelbereichen Stuttgart, Böblingen, Ludwigsburg dominieren mit überdurchschnittlichen Anteilen die Investitionsgüterzweige des Straßenfahrzeugbaus, Maschinenbaus und der Elektronik - im Mittelbereich Böblingen mit mehr als zwei Drittel der Beschäftigten, in Stuttgart mit über 70 Prozent, in Ludwigsburg mit über 60 Prozent. Im Landkreis Böblingen sind allein im Straßenfahrzeugbau rund 28 Prozent, in der Elektrotechnik 20 Prozent und im Maschinenbau 18 Prozent aller Beschäftigten des Verarbeitenden Gewerbes der Region tätig. Hier handelt es sich um die wissens- und forschungsintensiven Un-

ternehmen, die immer mehr mit Dienstleistungsbetrieben, insbesondere mit unternehmensorientierten Diensten zusammenarbeiten werden. Dies zeigt sich bereits an dem jetzt schon vorhandenen hohen Anteil an Forschungspersonal, denn rund 40 Prozent des FuE-Personals der
Industrie sind in der Region beschäftigt. Damit werden die höheren Tertiärisierungsgrade im
Kernbereich verständlich.

Zusammen genommen beschäftigt das Produzierende Gewerbe in der Region 49 Prozent
der versicherungspflichtig beschäftigten Arbeitnehmer, im Land Baden-Württemberg sind es
ebenfalls 49 Prozent (1994). Hier liegen auch die Wurzeln für die zukunftsträchtigen neuen
Unternehmenszweige wie der Mikrosystemtechnik, der Steuerungstechnologien und der Pho-
tovoltaik.

Dieser Kernbereich mit Investitionsgüterindustrie dehnt sich in Richtung Esslingen aus; im
Landkreis Esslingen sind 77 Prozent, in der Stadt Esslingen 90 Prozent aller Beschäftigten des
Verarbeitenden Gewerbes im Investitionsgütersektor tätig. Die Landkreise Waiblingen und
Leonberg verzeichnen ebenfalls einen Anteil von rund 60 Prozent der Beschäftigung in der
Investitionsgüterindustrie. In den Landkreisen liegen die Anteilswerte für die Investitionsgüterindustrie zwischen 72 Prozent und 53 Prozent. In den übrigen Mittelbereichen der Region
sind die Anteile der Investitionsgüterzweige etwas niedriger als im Kernbereich. Die Werte
liegen im Umland zwischen 40 und 60 Prozent des Verarbeitenden Gewerbes im Investitionsgütersektor.

Die besondere Rolle der Automobilindustrie zeigt sich in dem umfangreichen Netz von
unmittelbaren und mittelbaren Zulieferern. Allein im Fahrzeugbau waren in der Region 1994
rund 130 000 Beschäftigte tätig. Mit dieser eindeutigen Dominanz einer Branchengruppe kann
von einer Monostruktur gesprochen werden, die auf Schwächemomente der Region hindeutet.
ENKE 1991 bezeichnet diesen hohen Investitionsgüteranteil als „janusköpfig". Weitere allgemeine Kennzeichen waren in den 80er Jahren hohe Umsätze und hohes Arbeitsplatzpotential.

Betrachtet man das Firmengefüge im einzelnen, z. B. nach Firmenverzeichnissen, so ergibt
sich eine vielfältige Spezialisierung der Unternehmen. Sowohl bei Fahrzeugzulieferungen als
auch im Maschinenbau und in der Elektrotechnik gibt es viele Spezialisten, die nicht nur auf
die Unternehmen innerhalb der Region ausgerichtet sind, sondern national und z. T. international orientiert sind. Nach zahlreichen Firmengesprächen sind die Liefernetze eher überregional als intraregional ausgerichtet. Bekannt sind die hohen Exportraten der Maschinenbau-
unternehmen mit 47 Prozent ihrer Produktion: das Verarbeitende Gewerbe erzielt einen mittleren Exportanteil von 30 Prozent der Produktion. Dies heißt, das Investitionsgütergewerbe
zeichnet sich aus durch ein vielfältig diversifiziertes Gefüge, das primär überregional und
großenteils auch branchenübergreifend ausgerichtet ist. Die branchenübergreifende Ausrichtung der Zulieferer mindert die Probleme der Monostruktur, was vielfach nicht beachtet wird.

Das Betriebsgrößengefüge des Verarbeitenden Gewerbes liegt in der Region zwischen 20
und 250 Beschäftigten, dies gilt besonders für die vor 1940 erfolgten Firmengründungen. Bei
den zwischen 1945 und 1980 gegründeten Unternehmen dominiert die Betriebsgröße zwischen 20 und 100 Beschäftigten. Die Großbetriebe mit mehr als 500 bzw. 1 000 Beschäftigten
sind in der Regel vor 1945 entstanden. 1991 zählte man in der Region 72 Unternehmen mit
mehr als 1 000 Beschäftigten. Da Fahrzeugbau und Elektrotechnik durch Großbetriebe geprägt sind, dominieren die wenigen Großbetriebe im Landkreis Böblingen mit 71 Prozent aller
Beschäftigten des Verarbeitenden Gewerbes, in Esslingen sind es nur 40 Prozent, im Rems-
Murr Kreis nur 32 Prozent (DI IORIO 1995). Damit wird die Rolle der Großunternehmen un-
terstrichen. In den Großunternehmen mit mehr als 500 Beschäftigten arbeiten 60 Prozent der
Erwerbstätigen.

Im Durchschnitt beschäftigen die Betriebe der Region Stuttgart 178 Personen, im Land Baden-Württemberg sind es 139 Beschäftigte pro Betrieb. Die Mehrbetriebsunternehmen haben
großenteils ihren Firmensitz innerhalb der Region, was einen höheren Angestelltenanteil mit

höheren Qualifikationen ergibt. Der Forschungsanteil erreicht einen Wert von 5,4 Prozent und liegt damit über dem Landeswert von 4 Prozent.

5.2 Ausmaß der Dynamik, insbesondere die Rolle der Investitionsgüterindustrie

Die jüngere Entwicklung der Industriebeschäftigung im Verarbeitenden Gewerbe der Region Stuttgart kann anhand der Beschäftigtenstatistik auf Mittelbereichsebene für ausgewählte Industriezweige aufgezeigt werden, in entsprechender Weise für die flächenmäßig größeren Landkreise. Außerdem ermöglicht die Beschäftigtenstatistik auf Gemeindeebene eine Aussage zur Entwicklung der Industriebeschäftigung bzw. des Produzierenden Gewerbes, jedoch ohne eine Differenzierung in einzelne Wirtschaftszweige.

Auf Mittelbereichsebene zeigt Abb.5-3 den für die 80er und 90er Jahre bekannten Entwicklungsverlauf im Verarbeitenden Gewerbe: ein deutliches Wachstum der Beschäftigung in nahezu allen Mittelbereichen zwischen 1984 und 1991, insbesondere im Kernbereich Stuttgart-Böblingen-Ludwigsburg-Esslingen; der Beschäftigungshöhepunkt war im Juli 1991 als Folge des 1990 einsetzenden Wiedervereinigungsbooms (nach REGIONALVERBAND 1994 „Sonderkonjunktur 1989-1991"). Beachtenswert ist gleichzeitig auch ein Beschäftigtenabbau bei einzelnen Investitionsgüterzweigen bzw. einzelnen Standorten in der Wachstumsphase. Hier wirken sich nicht nur die wachsende internationale Konkurrenz aus, z. B. der japanischen

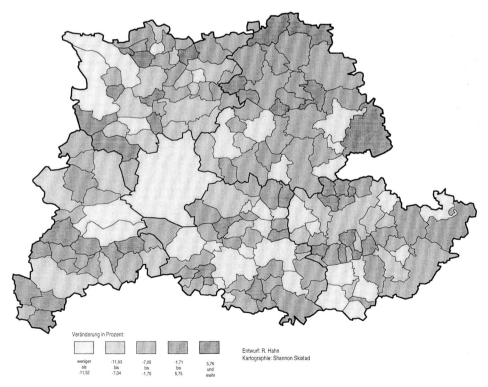

Abb. 5-4: **Entwicklung der sozialversicherungspflichtig Beschäftigten im produzierenden Gewerbe 1991 - 1993**

Quelle: Statistisches Landesamt Baden-Württemberg

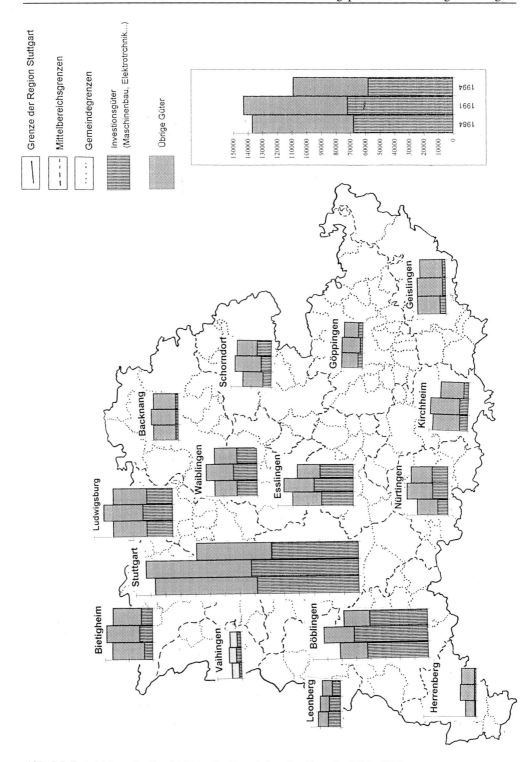

Abb. 5-5: Entwicklung der Beschäftigten im Verarbeitenden Gewerbe 1984 - 1994
Quelle: Statistisches Landesamt Baden-Württemberg

Unternehmen im Werkzeugmaschinenbau, sondern auch die wachsenden speziellen Ansprüche der Kunden. Eine Reihe von Betrieben konnte diesen nicht mehr gerecht werden. Absatzverluste hatten einen Beschäftigtenabbau zur Folge.

Die Abnahme von Arbeitsplätzen in den 80er Jahren beschreiben DECKARM und SCHWARZ-BRACHAT in diesem Band. Die Daten zeigen die anhaltende Schrumpfung der Wirtschaftszweige Textil und Bekleidung mit Arbeitsplatzverlusten 1984-1991.

Spitzenwerte des Wachstums erzielte der Mittelbereich Böblingen mit absoluten Werten von 10 740 Arbeitsplätzen (+ 17 Prozent), im Mittelbereich Stuttgart waren es nur 6726 zusätzliche Arbeitsplätze (+ 4,9 Prozent).

In der Rezessionsphase 1991 - 1994 wurden dann z. T. mehr Arbeitsplätze abgebaut, als in der Wachstumsphase zuvor entstanden sind: im Mittelbereich Böblingen 15 100 (- 21 Prozent). Interessant ist der Vergleich von Mittelbereich und Region: in der Region nahm die Beschäftigung im Verarbeitenden Gewerbe in der Wachstumsphase um 12,2 Prozent zu, danach um 20 Prozent ab, im Mittelbereich Böblingen waren dagegen die Veränderungen jeweils deutlich stärker, sowohl die Zunahme in der Wachstumsphase als auch die Abnahme in der Rezessionsphase. Auch Stuttgart weist eine weit stärkere Abnahme (- 24 Prozent) auf nach schwacher Wachstumsphase (+ 4,9 Prozent), Belege für die überdurchschnittliche Abnahme des Verarbeitenden Gewerbes im Kernbereich Stuttgart. Die Branchendifferenzierung zeigt eine hohe Abnahme in der Feinmechanik, in der Elektrotechnik, im Fahrzeugbau und auch im Maschinenbau. Der Mittelbereich Esslingen fügt sich in das Bild, die Abnahmen im Maschinenbau (- 25,1 Prozent) und in der Feinmechanik (- 37,4 Prozent) sind jedoch viel stärker, nach einer Zunahme von 32,2 Prozent in der Wachstumsphase. Damit zeigen benachbarte Mittelbereiche im Branchengefüge unterschiedliche Entwicklungen.

Die einzelnen Mittelbereiche zeigen eine ganz unterschiedliche Entwicklungsdynamik, eine Regelhaftigkeit ist nur schwer zu erkennen. Dies hängt mit der vielfältigen Spezialisierung der Betriebe zusammen. Die für die 80er Jahre genannten Standortdefizite wie fehlende Flächen und hohe Mieten sind heute nicht mehr entscheidend.

In der Wachstums- bzw. Rezessionsphase wird auf Gemeindeebene das räumliche Muster differenziert. In der Wachstumsphase hebt sich der Kernbereich Stuttgart mit der Kernstadt und den unmittelbar angrenzenden Gemeinden mit einem geringeren Industriewachstum ab, nur die Gemeinden Gerlingen und Ditzingen zeigen ein überdurchschnittliches Wachstum.

Alle Mittelzentren weisen geringere Wachstumsraten im Verarbeitenden Gewerbe auf. Das Industriewachstum konzentrierte sich vor allem auf die Gemeinden mit 5 000-10 000 Einwohnern, sowohl entlang der Entwicklungsachsen als auch in den Achsenzwischenräumen.

Die Rezession (1991 - 1994) wirkt sich in den einzelnen Gemeinden sehr unterschiedlich aus. Die Kontraste sind deutlich ausgeprägt, Gemeinden mit Wachstumsraten von über 5,7 Prozent liegen neben solchen mit Verlusten von über 11,5 Prozent, z. B. entlang der Achse Böblingen-Herrenberg oder in der Gäulandschaft bei Markgröningen. Sie lassen außerordentlich unterschiedliche Strukturen auf lokaler Ebene erkennen trotz dominanter Investitionsgüterindustrie und hohen Besatzziffern.

5.3 Erklärungen der Strukturveränderungen

Die Strukturdaten ergaben folgenden Sachverhalt:
- Kernbereich mit dominanter Investitionsgüterindustrie, im Umland Mittelzentren mit ausgeglichenerem Branchengefüge im Verarbeitenden Gewerbe,
- größere Städte im Kernbereich haben höhere Beschäftigungsanteile im Dienstleistungssektor, kleinere Umlandgemeinden (5 000 bis 10 000 Einwohner) werden durch hohe Industrialisierungsgrade geprägt,

- viele Betriebe sind stark spezialisiert und auf überregionale Märkte ausgerichtet, meist national, z. T. international,
- das Betriebsgrößengefüge besteht überwiegend aus Unternehmen mit 20 bis 250 Beschäftigten und wenigen Großbetrieben mit über 500 Beschäftigten,
- die Strukturveränderungen zeigen deutliche Phasen: Wachstum 1984 bis 1991 mit hohen Zuwachsraten und Rezession 1991 bis 1994, z. T. mit höheren Beschäftigungsverlusten als Gewinne in den 80er Jahren,
- die Zentren zeichnen sich durch eine geringere Zunahme an Industriebeschäftigung aus als die Randbereiche, Regelmäßigkeiten der Veränderung sind kleinräumig nicht zu erkennen.

Strukturen und Veränderungen erklären die wirtschaftlichen Rahmenbedingungen:
- Weltwirtschaftskonjunktur mit der Sonderentwicklung durch die Wiedervereinigung, Ausrüstungsinvestitionen brachten der Investitionsgüterindustrie außerordentliche Produktions- und Absatzchancen.
- Wachsende internationale Konkurrenz durch Anbieter, die technologische Führung mit geringeren Kosten verbinden können, z. B. japanische Werkzeugmaschinenhersteller, gleichzeitig wachsen die Ansprüche der Kunden an eine bedarfsspezifische Fertigung und an Dienstleistungen. Die Produktlebenszyklen werden immer kürzer, was die Betriebe einem erheblichen Anpassungsdruck aussetzt. Der Landesentwicklungsbericht 1994 spricht hier von einer „Kosten- und Technologiekrise in den Leitbranchen des Landes".
- Internationalisierungs- und Globalisierungsstrategien führen zur Verlagerung standardisierter Produktionsprozesse in Niedriglohngebiete und zu wachsenden Investitionen in den Märkten, insbesondere in der Triade (Westeuropa, Nordamerika, Ostasien).
- Veränderte Welthandelsbedingungen beeinflussen erheblich stark exportorientierte Unternehmen.
- Der technologische Fortschritt äußert sich in einer „Informatisierung" mit wachsendem Aufwand für FuE und wachsendem Bedarf an unternehmensorientierten Dienstleistungen.
- Postfordistische Arbeits- und Produktionsorganisationen forcieren Externalisierungsprozesse von Produkten und Dienstleistungen. Die Entkoppelung der Unternehmensfunktionen führt zur Ausgliederung zuvor unternehmensintern erbrachter Dienstleistungen, zur Zunahme von Lohnfertigung durch preisgünstigere und flexiblere Fremdfirmen, insbesondere durch entwicklungsintensive Investitionsgüterbranchen.

Wie sind die wirtschaftsräumlichen Strukturen der Region unter den neuen Rahmenbedingungen zu bewerten?

Die vielseitige und hochentwickelte Investitionsgüterindustrie verfügt in den Branchen Elektrotechnik, Maschinenbau, Fahrzeugbau, Feinmechanik, Optik über differenzierte Wurzeln zur Entwicklung zukunftsträchtiger Wirtschaftszweige, z. B. der Mikrosystemtechnik und der Mechatronik, einschließlich Hard- und Software. In Verbindung damit entstehen spezialisierte unternehmensorientierte Dienstleistungen. Voraussetzung für eine fortschrittliche Produktion ist das Zusammenwirken von Hard- und Softwareproduzenten.

Mehrländerunternehmen entwickeln sich zu „global players". Die Investitionen im Ausland haben positive Rückwirkungen auf dienstleistungsintensive Produktionen in der Region. Die vielen Klein- und Mittelunternehmen mit ihren oft seit langem bestehenden national und international orientierten Zuliefer- und Kundenbeziehungen haben bereits differenzierte Netzwerke aufgebaut, partnerschaftliches Verhalten wird teilweise praktiziert. Angesichts der wachsenden Herausforderungen der Weltkonkurrenz wird von manchen Autoren noch mehr Kooperation auf regionaler Ebene verlangt, verbunden mit permanentem Lernen, Bekämpfen von „Verkrustungen" nach dem Vorbild des 3. Italien, z. B. durch Ausbau der informellen Beziehungen der verschiedenen Akteure. Andere Autoren verweisen mehr auf die von außen kommenden Impulse und die unterschiedliche Reaktionsfähigkeit der Unternehmen. Ausschlaggebend sind hierbei sorgfältig entwickelte „Kunden-Produzenten-Beziehungen".

Unter dem von außen kommenden Anpassungsdruck bietet die räumliche Konzentration an hochentwickelter Investitions- und Konsumgüterindustrie sowie entsprechende unternehmensorientierte Dienstleistungen differenzierte Voraussetzungen für die anstehende Herausforderung; das Wirtschaftsgefüge wird sich weiter entwickeln.

5.4   Literaturverzeichnis

BERGEN, D. (1994): Das Bruttinlandsprodukt 1993. In: BW in Wort und Zahl, H.7, 360-363

BRACZYK, H.-J., SCHIENSTOCK, G. (1995): Lean Production in Baden-Württemberg - Erwartungen, Wirkungen und Folgen. In: Chancen und Probleme neuer Technologien im 21. Jahrhundert. Universität Stuttgart, 165-201

BRECHT, R. (1994): Zur Problematik des Im- und Exports von Arbeitsplätzen über Direktinvestitionen. In: BW in Wort und Zahl H.10, 470-476

– (1993): Wachstumsregion Ost- und Südostasien. Exporte und Direktinvestitionen aus Baden-Württemberg. In: BW in Wort und Zahl, H.10, 370-382

CLEMENT, W., HAMMERER, G., MIKULITS, R., SCHNEIDER, B. (o.J.): Unternehmensbezogene Dienstleistungen - Zukunftschance des Industriestandortes Region Stuttgart. 36 S.

DECKARM, M., BRACHAT-SCHWARZ, W. (1996): Beschäftigungsentwicklung in der Region Stuttgart. In: BW in Wort und Zahl, 376-382

DI IORIO, A. (1995): Die Bedeutung unternehmensorientierter Dienstleistungen im Rahmen des wirtschaftsräumlichen Struktur-wandels am Standort Böblingen/Sindelfingen. Diplomarbeit Geographisches Institut Universität Stuttgart

ENKE, H., KÖRBER-WEIK, M. (1991): Die sektorale Entwicklung der Wirtschaft Baden-Württembergs in den 70er und 80er Jahren. Strukturwandel, Wachstum und Beschäftigung. Tübingen

INDUSTRIE- UND HANDELSKAMMER REGION STUTTGART (1990): Die Wirtschaftsregion Stuttgart. Strukturen und Entwicklungen. Stuttgart

KOTTE, J. (1994): Konjuktureinbruch beendet 1992 die mehrjährige Investitionsdynamik im Verarbeitenden Gewerbe. In: BW in Wort und Zahl, H. 2, 71-76

KOTTER, J., STEIGER, H.-H. (1994): Verarbeitendes Gewerbe: Konjunkturelle Lichtblicke nach schärfster Nachkriegsrezession. In: BWiWZ, 8, 401-413

LANDESENTWICKLUNGSBERICHT BADEN-WÜRTTEMBERG 1994. Stuttgart 1995

REGIONALVERBAND STUTTGART (1994): Region Stuttgart. In: Schriftenreihe H. 32

SAUEREISEN, J. (1991): Zur Dynamik des tertiären Sektors und der Industrie in der Kernstadt Stuttgart, ein Beitrag zu Fragen der Tertiärisierung und zur Umstrukturierung der Industrie. Diplomarbeit, Geographisches Institut der Universtität Stuttgart

VOLKERT, B. (1994): Junge Industrie in entwickelten Volkswirtschaften. Stuttgart

WARNECKE, H.-J. (1995): Produktionsstrategien für das 21. Jahrhundert. In: Chancen und Probleme neuer Technologien im 21. Jahrhundert. Universität Stuttgart

WERNER, J. (1992): Das industrielle Zentrum des Landes: Die Region Stuttgart.In: Baden-Württemberg in Wort und Zahl, H.11, 543-554

6 Die Rolle wissensintensiver unternehmens-orientierter Dienstleistungen im Strukturwandel der Region Stuttgart

Simone Strambach

6.1 Einleitung

Seit Mitte der 80er Jahre wird deutlich, daß die kontinuierliche Verschiebung des Beschäftigungsanteils von der Industrie zu Dienstleistungen, die in allen hochindustrialisierten Ländern festzustellen ist, zunehmend differenzierter erfolgt. Wachsenden Dienstleistungsfeldern stehen stark schrumpfende und stagnierende Bereiche gegenüber. Innerhalb der Dienstleistungen stellen die unternehmensorientierten Dienstleistungen jenes Segment mit der stärksten Wachstumsdynamik dar. Sie sind Indikator dafür, daß die Trennung zwischen Produktion und Dienstleistungen, die das klassische „Drei-Sektoren-Schema" impliziert, die gegenwärtige Arbeitsteilung und funktionale Differenzierung nur unzureichend widerspiegelt. Nicht die Substitution, sondern gerade das Zusammenspiel und die Interaktion zwischen industrieller Produktion und darauf bezogenen Dienstleistungen kennzeichnet den ökonomischen und technologischen Strukturwandel.

Angesichts der massiven Arbeitsplatzverluste in der Industrie, die auch die Region Stuttgart seit Anfang der 90er Jahre kennzeichnen, finden unternehmensorientierte Dienstleistungen wenig Eingang in die Diskussion um die Innovations- und Wettbewerbsfähigkeit der Region, ihre strategische Bedeutung für die zukünftige wirtschaftliche Entwicklung wird kaum thematisiert. Der vorliegende Beitrag untersucht die Rolle wissensintensiver unternehmensorientierter Dienstleistungen im sozioökonomischen Strukturwandel der Region Stuttgart.

6.2 Dominanz der Industrie versus Entwicklungsdefizit der Dienstleistungen: Baden-Württemberg und die Region Stuttgart im überregionalen Vergleich

Baden-Württemberg und die Region Stuttgart als das „industrielle Zentrum" des Landes werden durch eine vergleichsweise hohe Industriedichte bestimmt. Nur wenige Branchen prägen die Region: der Fahrzeugbau, die Elektrotechnik/Elektronik und der Maschinenbau. Sie bilden den industriellen Kern der Region und mehr als die Hälfte der Industriebeschäftigten arbeitet in diesen Branchen. Die Präsenz namhafter Großkonzerne, die ihre Zentrale in der Region Stuttgart haben und von hieraus weltweit agieren, bestimmen die Wirtschaftsstruktur der Region. Sie strukturieren durch lokale und regionale Zuliefernetzwerke den Produktionsbereich. In den zurückliegenden Jahren zeichnete sich die wirtschaftliche Entwicklung Baden-Württembergs und insbesondere der Region Stuttgart durch ein stetiges überdurchschnittliches Wachstum aus, das sich in einer hohen Beschäftigungsquote und in einer über lange Zeit geringen Arbeitslosigkeit manifestierte.

Nicht allein die Wirtschaftsstruktur, sondern das spezifische institutionelle Beziehungsgeflecht zwischen Unternehmen und die Verflechtungen von Unternehmen und politischen Akteuren, die im Laufe der Jahre entstanden sind, werden für den wirtschaftlichen Erfolg Baden-Württembergs und der Region Stuttgart verantwortlich gemacht. In zahlreichen regionalwissenschaftlichen Arbeiten wird die spezielle Regulationsstruktur Baden-Württembergs, die eine flexible und effiziente Koordination innerhalb und zwischen Wirtschaft, Politik und Wissenschaft ermöglicht, als ein wesentliches Element des Erfolges der Region hervorgehoben (BRACZYK 1994, COOKE/MORGAN 1994, SCHMITZ 1992, SABEL et al 1987).

Zu Beginn der 90er Jahre scheint sich die industrielle Stärke des Landes und der Region als Schwäche zu erweisen, die weltweite Rezession erfaßt auch Baden-Württemberg. Sättigungstendenzen und die Verschärfung des internationalen Wettbewerbs, vor allem durch die exportorientierten Schwellenländer Südostasiens in den dominierenden Branchen der Investitionsgüterindustrie, führen zum Verlust angestammter Marktanteile. Die klassischen Schlüsselindustrien des Landes und der Region wurden von einem gravierenden konjunkturellen und strukturellen Einbruch erfaßt, der sich in einem starken Beschäftigtenabbau in den exportintensiven Branchen des Verarbeitenden Gewerbes niederschlägt. In Baden-Württemberg haben die strukturellen Veränderungen zwischen den Jahren 1991 und 1995 bei den sozialversicherungspflichtig Beschäftigten zu einem Verlust von 168 117 Arbeitsplätzen (- 4,3 Prozent) geführt. Die Region Stuttgart trifft der Einbruch in einem erheblich höheren Ausmaß. Hier fand über die Hälfte des landesweiten Arbeitsplatzverlustes statt. Von 1991 bis 1995 sind beinahe 90 000 Arbeitsplätze (- 7,8 Prozent) verloren gegangen. Betrachtet man die absoluten Zahlen, dann hat die Region 1995 fast wieder den Beschäftigungsstand von 1987 erreicht.

Der über dem Bundesdurchschnitt liegende Rückgang kann weder in Baden-Württemberg noch in der Region Stuttgart durch den Zuwachs im Dienstleistungsbereich ausgeglichen werden. In der aktuellen Diskussion um die krisenhafte Entwicklung in den 90er Jahren werden die Gründe insbesondere in der späten Reaktion auf neue technologische Entwicklungen gesehen. Die schwache Position in neuen zentralen Schlüsseltechnologien und industriellen Feldern wie der Mikroelektronik, in Teilbereichen der Informationstechnik, in wichtigen neuen Werkstoffen sowie in der Querschnittsindustrie Biotechnik, werden als Defizite hervorgehoben (vgl. STAATSMINISTERIUM BADEN-WÜRTTEMBERG 1993, WIRTSCHAFTSMINISTERIUM BADEN-WÜRTTEMBERG, 1995). Dazu kommen hohe Produktionskosten, die in Verbindung mit der Aufwertung der D-Mark Ende 1992 bei hoher Exportorientierung noch stärker ins Gewicht fallen.

Die Diskussion um die Wettbewerbsfähigkeit der Region Stuttgart konzentriert sich in hohem Maße auf die Schwächen und Anpassungsdefizite des Produktionssektors sowie auf technologische Lücken, die aufzuholen seien. Dienstleistungen finden dabei in der Diskussion nur wenig Beachtung.

Augenfällig ist jedoch die strukturelle Schwäche des Landes und der Region im Dienstleistungsbereich. Der Anteil der Beschäftigten im Dienstleistungssektor in Baden-Württemberg und auch in der Region Stuttgart erreicht weder Ende der 80er Jahre noch Mitte der 90er Jahre den Bundesdurchschnitt. Während in Deutschland schon 1987 über die Hälfte der sozialversicherungspflichtig Beschäftigten im Dienstleistungssektor tätig waren, erlangten beide - das Land und die Region - diesen Anteil erst im Jahre 1995.

Entgegengehalten wird dieser Strukturschwäche das Argument, daß unter der funktionalen Perspektive gesehen der Tertiärisierungsgrad erheblich höher liegt, da ein Teil der Dienstleistungsbeschäftigten, diejenigen in den großen Industrieunternehmen, rein statistisch gesehen dem Produktionsbereich zugeordnet werden. Zu berücksichtigen ist jedoch, daß nur noch ein Drittel dieser Beschäftigten Fertigungstätigkeiten ausübt, wie Analysen zum intrasektoralen Strukturwandel zeigen. Die innerbetrieblichen Dienstleistungstätigkeiten im Produktionsbereich werden von der amtlichen Statistik nur unzureichend wiedergegeben. Diese Argumentation ist zwar richtig, trifft jedoch nicht den Kern des Problems. Entscheidender als der Tertiärisierungsgrad ist der dahinter stehende Tatbestand, daß sowohl in Baden-Württemberg als

Tab. 6-1: Anteil der sozialversicherungspflichtig Beschäftigten im Dienstleistungssektor 1987-1995

	1987	1989	1991 %	1993	1995
Deutschland	51,0	51,9	52,9	55,3	57,8 (1)
Baden-Württemberg	43,7	44,7	45,7	48,5	50,6
Region Stuttgart	43,6	44,7	45,6	49,0	51,6
(1) alte und neue Bundesländer					

Quelle: Bundesanstalt für Arbeit, eigene Berechnung

auch in der Region Stuttgart im Vergleich zum Bundesdurchschnitt weniger Personen in selbständigen Dienstleistungsunternehmen beschäftigt sind. Von der negativen Entwicklung in der Industrie ist folglich gleichzeitig auch ein erheblicher Teil an Dienstleistungsbeschäftigten betroffen, die innerhalb der Industrie tätig sind.

Internationale Entwicklungen zeigen, daß im soziökonomischen Strukturwandel insbesondere die Verbindung zwischen Produktion und unternehmensorientierten Dienstleistungen zunehmende strategische Bedeutung gewinnt. Zum einen beinhalten unternehmensorientierte Dienstleistungen ein großes Wachstumspotential, zum anderen scheint diese Verflechtung ein entscheidendes Element für ökonomische Innovationen darzustellen, aufgrund indirekter Effekte und positiver Rückkopplungswirkungen, die von wissensintensiven unternehmensbezogenen Dienstleistungen für die Nachfrageseite ausgehen können. Von diesen Voraussetzungen ausgehend liegt der Schluß nahe, daß der geringe sektorale Dienstleistungsanteil der Region Stuttgart sich in einer reduzierten regionalen Anpassungsfähigkeit niederschlagen kann.

Im folgenden wird analysiert, wie sich das Entwicklungsmuster dieses Dienstleistungssegmentes in der durch die Produktion geprägten Region Stuttgart darstellt und wie diese Entwicklungen im Rahmen des regionalen Strukturwandels bewertet werden können, welche Schlußfolgerungen im Rahmen des regionalen Strukturwandel daraus gezogen werden können.

6.3 Produktionsorientierte, industrienahe und wissensintensive unternehmensorientierte Dienstleistungen – Einige Anmerkungen zur Begriffsklärung

Unter unternehmensorientierten Dienstleistungen sind Dienstleistungen zu verstehen, die nicht für den privaten Konsum produziert werden, sondern von Unternehmen nachgefragt werden. Die Entwicklung dieses Dienstleistungssegmentes, ist ein relativ junges empirisches Phänomen, dem das amtliche statistische Informationssystem aktuell nur mehr in begrenztem Maße gerecht wird. Eine einheitliche Definitionen oder Klassifikation von Unternehmen, die diesem Dienstleistungssegment zuzuordnen sind, ist trotz aller Bemühungen bis heute nicht vorhanden. Überwiegend werden die Wirtschaftsgruppen der Rechts- und Steuerberatung, Unternehmensberatung, Wirtschaftsprüfung, technische Beratung und Planung, Werbung und die „sonstigen Dienstleistungen für Unternehmen" dem unternehmensorientierten Dienstleistungsbereich zugeordnet. Der letzteren Gruppe gehören beispielsweise die Datenverarbeitung, mit Softwareentwicklung und -beratung sowie Markt-, Meinungsforschung und Organisationsberatung an. [1]

Reinigungsdienstleistungen oder Wartungs- und Instandhaltungsdienstleistungen sind ebenfalls Dienstleistungen, die von Unternehmen nachgefragt werden. Diese eher „Routinedienstleistungen" sind jedoch nicht Untersuchungsgegenstand der Analyse, da sie für Innovationsimpulse oder qualitative „Spill-over-Effekte" in den Anwenderbereichen nur wenig Bedeutung haben. Im anglophonen Sprachraum werden diese Dienstleistungssparten als „producer services" bezeichnet im Gegensatz zu „business services", die die oben angeführten Arten wissensintensiver unternehmensorientierter Dienstleistungen beinhalten. Diese Dienstleistungsunternehmen sind durch humankapitalintensive und know-how-intensive Leistungen gekennzeichnet. Ein weiteres Charakteristikum ist der intensive Interaktionsprozeß zwischen Anbieter und Nachfrager, der für die Erstellung ihrer Leistungsprodukte erforderlich ist (vgl. STRAMBACH 1993, 1995).

In Deutschland sind die Analysemöglichkeiten, um Entwicklungen des Bereichs der selbständigen wissensintensiven unternehmensbezogenen Dienstleistungen herauszuarbeiten, aufgrund der fehlenden amtlichen Dienstleistungsstatistik äußerst begrenzt. Die Arbeitsstättenzählung von 1987 ist die einzige vollständige Datenquelle auf Unternehmensebene. Sie hat jedoch den entscheidenden Nachteil, daß sie besonders vor dem Hintergrund der rasanten Entwicklung wissensintensiver Dienstleistungen schnell an Aktualität verliert und nur einen zeitpunktbezogenen Einblick gewährt. Entwicklungen in den 80er und 90er Jahren können nicht nachvollzogen werden.

Daher wird hier auf die Statistik der sozialversicherungspflichtig Beschäftigten als Informationsquelle zurückgegriffen [2]. Diese Datenquelle setzt zwar nicht auf der institutionellen Ebene des Unternehmens an, sondern bezieht sich auf Personen, aber der institutionelle Ansatz kann dennoch durch den Umweg der Zuordnung der Beschäftigten auf die Zweige der Wirtschaftssystematik (WZ) bzw. auf die NACE-Zweige, der europaweiten Wirtschaftszweigsystematik, erzielt werden. Dieser Weg liegt der folgenden sektoralen Analyse zugrunde, die im wesentlichen auf Sonderauswertungen der sozialversicherungspflichtig Beschäftigtenstatistik der Bundesanstalt für Arbeit zurückgreift [3].

6.4 Die Entwicklung wissensintensiver unternehmensorientierter Dienstleistungen in der Region Stuttgart

Die Abbildung 6-1 zeigt die negative Entwicklung der Zuwachsraten der Beschäftigung zu Beginn der 90er Jahre in der Region Stuttgart. Bezogen auf die Gesamtbeschäftigung setzen die Arbeitsplatzverluste in der Region 1991 ein. Der Dienstleistungssektor, der zwischen 1991 und 1993 noch über 4 Prozent gewachsen ist, stagniert ebenfalls in den jüngsten Jahren. Innerhalb des Dienstleistungssektors entwickeln sich einzelne Segmente und Branchen unter-

---

1 Zu berücsichtigen bleibt, daß einige Dienstleistungen wie beispielsweise Rechts- und Steuerberatung oder technische Planung durch Architekurbüros auch von Haushalten in Anspruch genommen wird. Eine überschneidungsfreie Zuordnung anhand der amtlichen Statistik ist nicht möglich.

2 Die Darstellung statistischer Defizite und die statistischen Möglichkeiten der Analyse unternehmensorientierte Dienstleistungen wurde an anderer Stelle ausführlich beschrieben (Reim 1988, Strambach 1995) und werden hier nicht näher ausgeführt.

3 Zu berücsichtigen bleibt, daß die Statistik der sozialversicherungspflichtig Beschäftigten keine Selbständigen, keine Freien Berufe und keine Beamte erfaßt. Die beiden ersten Gruppen haben jedoch eine erhebliche Bedeutung in den Sparten der wissensintensiven unternehmensbezogenen Dienstleistungen, daher werden anhand dieser Datenquelle die ablaufenden Entwicklungen noch unterschätzt. Eine allgemeingültige Abgrenzung der unternehmensorientierten Dienstleistungen auf der Basis der sozialversicherungspflichtig Beschäftigten ist gegenwärtig noch nicht vorhanden.

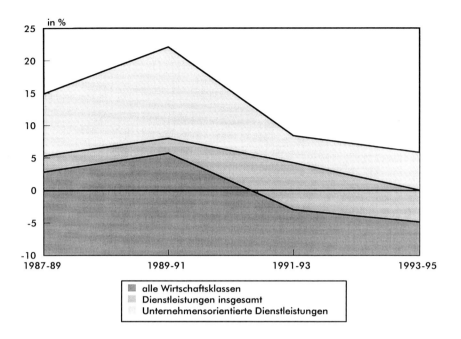

Abb. 6-1:   Entwicklung der sozialversicherungspflichtig Beschäftigten in der Region Stuttgart von
1987-1995
Quelle: Bundesanstalt für Arbeit, eigene Berechnung

schiedlich. Die wissensintensiven unternehmensbezogenen Dienstleistungen haben zwischen 1993 und 1995 immer noch ein beinahe 6 prozentiges Wachstum. Entsprechend dem bundesdeutschen Trend weist dieser Dienstleistungsbereich auch in der Region die höchste Wachstumsdynamik auf.

In Deutschland entstanden zwischen 1987 und 1995 in unternehmensorientierten Dienstleistungen 753 669 neue Arbeitsplätze, davon 478 652 in den alten Bundesländern. Das entspricht einer Zuwachsrate von rund 103 Prozent in diesem Zeitraum. Auf Baden-Württemberg entfielen 77 344 Arbeitsplätze (70 Prozent) und auf die Region Stuttgart 26 235 (61 Prozent).

In der Entwicklungsdynamik des unternehmensorientierten Dienstleistungssegmentes erreicht die Region nicht das bundesdurchschnittliche Niveau. Das verdeutlichen sowohl der Gesamtzuwachs zwischen 1987 und 1995, der hinter Baden-Württemberg und Deutschland zurück bleibt, als auch die zweijährigen Zuwachsraten. Sie liegen Ende der 80er Jahre zwar noch geringfügig über denjenigen von Gesamtdeutschland, aber schon unter den Wachstumsraten von Baden-Württemberg und ab 1991 fällt die Region auch hinter den Bund zurück. Für einen Verdichtungsraum ist die Wachstumsdynamik unternehmensorientierter Dienstleistungen vergleichsweise gering (vgl.Tab. 6-2).

Wissensintensive unternehmensorientierte Dienstleistungen konzentrieren sich in Regionen mit großen Verdichtungsräumen. Ein überregionaler Vergleich der Beschäftigungskonzentrationen in diesen Dienstleistungssparten in Deutschland auf der Basis der Regierungsbezirke im Jahre 1991 verdeutlicht, daß Stuttgart zwar zu der Gruppe der Regionen mit etwas über dem Bundesdurchschnitt liegenden Konzentrationen gehört, jedoch hinter anderen Verdichtungsräumen wie Frankfurt, München, Hamburg, Köln und Düsseldorf zurückbleibt (vgl. STRAMBACH 1995, S. 48). Zu einem ähnlichen Resultat kommen auch CLEMENT et al 1994), die überregional unternehmensbezogene Dienstleistungen allgemein vergleichen, d. h. auch Routinedienstleistungen wie beispielsweise Reinigungs-, Wartungs- und Bewachungsdienste mit einbeziehen. Auch hier wird ein erheblicher Rückstand Stuttgarts zu anderen Verdichtungsräumen deutlich. Im Jahre 1995 lag der Anteil der Beschäftigten in unternehmensorientierten Dienstleistungen in der Region Stuttgart gemessen an der Gesamtbeschäftigung nur geringfügig über dem Niveau von Gesamtdeutschland.

Tab. 6-2: **Entwicklung der sozialversicherungspflichtig Beschäftigten in unternehmensorientierten Dienstleistungen in den Jahren 1987-1995**

	1987-1989	1989-1991	1991-1993 %	1993-1995	1987-1995
Deutschland	13,9	21,5	10,3	9,2	102,5 (1)
Baden-Württemberg	15,8	23,2	5,7	12,7	70,1
Region Stuttgart	14,9	22,1	8,4	5,8	60, 9
(1) alte und neue Bundesländer					

Quelle: Bundesanstalt für Arbeit, eigene Berechnung

Zusammenfassend bleibt festzuhalten, daß das Segment der wissensintensiven unternehmensorientierten Dienstleistungen ein bis jetzt noch relativ kleines, aber expansives Segment der Dienstleistungsbeschäftigung darstellt. In der Region Stuttgart waren 1995 von allen sozialversicherungspflichtig Beschäftigten des Dienstleistungssektors 13 Prozent in wissensintensiven Dienstleistungsbranchen tätig. Nicht nur in Deutschland sondern auch in Baden-Württemberg und der Region Stuttgart wird deutlich, daß der positive Zuwachs in unternehmensorientierten Dienstleistungen anhält, obwohl zu Beginn der 90er Jahre massive Arbeitsplatzverluste in der Industrie einsetzten. Für die Region Stuttgart zeigt die Analyse, daß relativ gesehen zu Deutschland und Baden-Württemberg in den jüngsten Jahren nicht nur ein stärkerer Rückgang der Gesamtbeschäftigung stattgefunden hat, sondern daß auch die Dynamik im Wachstum wissensintensiver unternehmensorientierter Dienstleistungen deutlich geringer ausgefallen ist.

6.5 Das spezifische Profil wissensintensiver unternehmensorientierter Dienstleistungen in der Region Stuttgart

Untersuchungen der räumlichen Organisation unternehmensbezogener Dienstleistungen zeigen nicht nur erhebliche regionale Disparitäten, sondern auch die unterschiedliche regionale Bedeutung einzelner Zweige in den verschiedenen Verdichtungsräumen Deutschlands. Für die Regionen wird ein spezifisches Profil der Zusammensetzung und Ausprägung der verschiedenen unternehmensorientierten Branchen erkennbar. Beispielsweise hat die Region Hamburg ihre eindeutige Stärke in der Werbung. Die Konzentration an Beschäftigten ist in dieser Sparte um ein dreifaches höher als im Bundesdurchschnitt und keine andere Region erreicht einen solch hohen Wert.

In der Region Stuttgart wird das Segment der wissensintensiven unternehmensorientierten Dienstleistungen im wesentlichen von drei Branchen, die fast 85 Prozent der Beschäftigten einschließen, bestimmt: den technischen Diensten, den Wirtschaftsdiensten und den „sonstigen unternehmensorientierten Dienstleistungen". Diese letzte Gruppe beinhaltet Datenverarbeitung, Markt- und Meinungsforschung sowie Organisationsberatung.[1]

Das wissensintensive unternehmensorientierte Dienstleistungssegment in Stuttgart wird eindeutig dominiert von den technischen Dienstleistungen. Diese Branche enthält die Aggregation der Architektur- und Ingenieurbüros, biochemischen und physikalischen Labors und sonstiger Beratungsleistungen technischer bzw. technologischer Art. Im Jahre 1987 waren beinahe 44 Prozent der Beschäftigten in diesem Zweig tätig (vgl. Tab. 6-3). Der Anteil lag mit fast 11 Prozentpunkten erheblich über dem Bundesdurchschnitt und auch über demjenigen von Baden-Württemberg, das von allen Bundesländern den höchsten Anteil technischer Dienstleistungen aufwies.

Absolut haben über 18 500 Beschäftigte in dieser Branche gearbeitet. In den Wirtschaftsdiensten, die 1987 den zweit höchsten Anteil ausmachten, waren es lediglich die Hälfte. Bis auf die Werbung waren alle anderen wissensintensiven Dienstleistungssparten in der Region unterdurchschnittlich ausgeprägt, d. h. sie erreichten 1987 nicht das Bundesniveau (vgl. Tab. 6-3). Die Dominanz der technischen Dienstleistungen ging zu Lasten anderer unternehmensorientierter Dienstleistungssegmente. Strukturelle Entwicklungsdefizite sind 1987 vor allem in den Wirtschaftsdiensten und den „sonstigen unternehmensorientierten Dienstleistungen" festzustellen.

In den Jahren bis 1995 hat sich jedoch in der Region Stuttgart eine beachtliche Strukturveränderung innerhalb der wissensintensiven unternehmensorientierten Dienstleistungszweige vollzogen. Die technischen Dienstleistungen haben in Relation zu den anderen unter-

Tab. 6-3: **Beschäftigungsanteil der einzelnen unternehmensorientierten Dienstleistungsbranchen 1987 und 1995**

unternehmens- orientierte Dienstleistungen	Deutschland	Baden-Württemberg	Region Stuttgart	Deutschland	Baden-Württemberg	Region Stuttgart
	1987 %	1987 %	1987 %	1995 %	1995 %	1995 %
Rechtsberatung	11, 2	9, 9	7, 9	8, 9	7, 5	6, 0
Wirtschaftsdienste	27, 8	26, 1	22, 4	28, 6	29, 4	29, 8
Technische Dienste	32, 9	40, 9	43, 6	32, 4	35, 9	33, 2
Werbung	6, 5	6, 4	7, 5	6, 2	5, 7	7, 2
Sonstige Dienstleistungen für Unternehmen	21, 5	16, 7	18, 6	23, 8	21, 5	23, 8
Unternehmens- orientierte Dienstleistungen insgesamt	100, 0	100, 0	100, 0	100, 0	100, 0	100, 0

Quelle: Bundesanstalt für Arbeit, eigene Berechnung

---

[1]   Die Aggregation der Branchen entspricht in der europäischen Wirtschaftszweigsystematik (NACE–1970) den Branchen: 835 Rechtsberatung/ 836 Wirtschaftsdienste/ 837 Technische Dienste/ 838 Werbung/ 839 'Andere unternehmensorientierte Dienstleistungen', wie Datenverarbeitung, Markt– und Meinungsforschung und Organisationsberatung.

Tab. 6-4: **Wachstumsraten der wissensintensiven unternehmensorientierten Diensleistungsbranchen in der Region Stuttgart zwischen 1987 und 1995**

Unternehmensorientierte Dienstleistungen	1987-1989	1989-1991	1991-1993	1993-1995	1987-1995
			%		
Rechtsberatung	4,3	4,3	8,2	4,0	22,5
Wirtschaftsdienste	19,8	27,2	37,0	2,4	113,8
Technische Dienste	4,8	17,1	-0,1	0,0	22,5
Werbung	19,6	19,3	2,2	5,3	53,5
Sonstige Dienstleistungen für Unternehmen	35,5	26,9	-1,1	21,3	106,5
Unternehmensorientierte Dienstleistungen insgesamt	14,9	20,9	9,5	5,8	60,9

Quelle: Bundesanstalt für Arbeit, eigene Berechnung

nehmensorientierten Branchen erheblich an Bedeutung verloren. Das zeigt sich einerseits in der zwischen 1987 und 1995 vergleichsweise geringen Gesamtwachstumsrate von rund 22 Prozent und andererseits in dem kontinuierlich abnehmenden Anteil dieser Branche. Im Jahr 1995 gehörten nur noch rund 33 Prozent aller im Segment unternehmensorientierter Dienstleistungen Beschäftigten dem technischen Zweig an. Der Anteil hat sich um rund 10 Prozentpunkte verringert (vgl. Tab. 6-3). Dagegen haben die Wirtschaftsdienste zwischen 1987 und 1995 mit beinahe 114 Prozent den expansivsten Zuwachs, der weder in Baden-Württemberg noch in Deutschland erreicht wird. Den zweiten Rang nimmt die Gruppe der „sonstigen unternehmensorientierten Dienstleistungen" (Datenverarbeitung, Markt- und Meinungsforschung sowie Organisationsberatung) mit einer Wachstumsrate von knapp 107 Prozent ein. In der Region hat somit ein Nachholprozeß in der Entwicklung derjenigen wissensintensiven Dienstleistungssparten eingesetzt, bei denen strukturelle Defizite vorhanden waren.

Der Aufholprozeß der Wirtschaftsdienste und der „sonstigen unternehmensorientierten Dienstleistungen" spiegelt sich auch in der absoluten Beschäftigung wider. In den beiden Zweigen haben sich die Beschäftigtenzahlen 1995 mehr als verdoppelt. In den technischen Dienstleistungen sind allerdings mit rund 22 700 noch immer die meisten sozialversicherungspflichtig Beschäftigten des unternehmensorientierten Dienstleistungssegmentes tätig, da sie die Entwicklung 1987 von einem hohen Ausgangsniveau begonnen haben.

Man kann folgendes festhalten: Die technischen und technologischen Dienstleistungen stellen die Stärke der Region Stuttgart dar. Im Vergleich zu anderen Verdichtungsräumen kann in dieser Sparte nicht von einem Defizit gesprochen werden. Das Bild unternehmensorientierter Dienstleistungen im Strukturwandel der Region ist differenzierter zu sehen. Die industrielle Basis und deren Nachfrage förderte das Wachstum gerade dieses Dienstleistungszweiges. Mit der Einführung neuer Produktions- und Organisationstechnologien in der Fertigung entstand zunehmend Bedarf an spezialisierten Problemlösungen und ein Markt für externe Dienstleister, die solche innovativen, technologischen Problemlösungen für die Industrieunternehmen liefern. Die Herausbildung eines Angebots an externen technischen Dienstleistungen gab wiederum den regional ansässigen Industrieunternehmen die Möglichkeit, diese Dienstleistungen aus Kosten- oder Flexibilitätsgründen zu externalisieren, mit der Folge das Wachstum der technischen Dienstleistungsbranche in der Region weiter zu stimulieren.

Zu den Gründen, die zur verstärkten Ausprägung der technischen Dienstleistungssparte beigetragen haben, zählt auch das wissenschaftliche Umfeld. Technisch bzw. technologisch ausgerichtete Universitäten und Fachhochschulen mit den ingenieurwissenschaftlichen Studiengängen halten ein großes Potential an Wissen vor, das in Form von Unternehmensgründungen oder über Personaleinstellungen in die regionale Wirtschaft fließt und ebenfalls die Nachfrage anregt. Die forcierte Technologietransferpolitik Baden-Württembergs ist mit Sicherheit ein weiterer wichtiger Faktor, der das Wachstum gerade der technischen Dienstleistungen gefördert hat. In der Zwischenzeit gilt die Technologietransferinfrastruktur Baden-Württembergs international als modellhaft und die Zentrale der Steinbeis-Stiftung agiert von Stuttgart aus und exportiert ihre Dienstleistungen nicht nur in Gesamtdeutschland sondern auch in andere europäische Länder.

Das privatwirtschaftliche technische Dienstleistungsangebot in der Region zeichnet sich durch namhafte international arbeitende ingenieurwissenschaftliche Dienstleistungsunternehmen aus. Im Laufe der Jahre konnte ein großer Teil der Anbieter durch den Erwerb von spezifischem Know-How und von Erfahrungen, die in Verbindung stehen mit Branchen- und Produktspezialisierungen, überregionale und internationale Einzugsbereiche ausbilden. Das ist beispielsweise der Fall bei Dienstleistunganbieter, die hochspezialisierte verfahrenstechnische Dienstleistungsprodukte für den Bereich Maschinenbau international vertreiben.

Für andere wissensintensive Dienstleistungszweige, wie für die Wirtschaftsdienste, Unternehmens- und Managementberatungen, Datenverarbeitung, Softwareentwicklung und Organisationsberatung, war das regionale Umfeld nicht so günstig. Dies wird nicht nur aus den quantitativen Zahlen erkennbar, die zeigen, daß diese Sparten vor allem in den 80er Jahren in der Region nur in geringem Maße vertreten waren. Hauptsitze großer internationaler Dienstleistungsunternehmen in den oben genannten Branchen sind nicht im Raum Stuttgart zu finden, sondern in anderen Verdichtungsräumen, wie Frankfurt, Düsseldorf, Hamburg und München. Von dort werden hochspezialisierte Leistungen im Bereich Unternehmens- und Managementberatung, Personalentwicklung, Werbung und Finanzdienstleistungen überregional exportiert - auch an die Großunternehmen in der Region Stuttgart.

Allerdings hat in den letzten Jahren unter der quantitativen Perspektive betrachtet eine beachtliche Veränderung stattgefunden. Die technischen Dienstleistungen sind nicht mehr die Wachstumsträger unter den wissensintensiven Dienstleistungssparten. Seit Beginn der 90er Jahre wird das Wachstum wissensintensiver unternehmensorientierter Dienstleistungen in der Region vorwiegend von den Wirtschaftsdiensten, Unternehmens- und Managementberatungen, Datenverarbeitung, Softwareentwicklung und Organisationsberatung getragen. Im Vergleich zu diesen Branchen haben die technischen Dienstleistungen an Boden verloren, obwohl sie absolut 1995 noch das größte Segment darstellten.

6.6   Intraregionale Disparitäten wissensintensiver unternehmensorientierter Dienstleistungen

Innerhalb des Verdichtungsraumes sind auf lokaler Ebene erhebliche Unterschiede in der Bedeutung des Dienstleistungssektors festzustellen. 1995 lag der Durchschnittsanteil der Dienstleistungsbeschäftigung in der Region bei rund 52 Prozent. Dieser Wert wird eindeutig durch den Stadtkreis Stuttgart bestimmt. Während hier 66 Prozent der Beschäftigten dem Dienstleistungssektor angehörten, waren in den anderen fünf Kreisen der Region über die Hälfte im Produktionsbereich tätig. Keiner dieser Kreise erreichte folglich den regionalen Durchschnitt. In Rems-Murr und in Göppingen hatte der Dienstleistungssektor 1995 lediglich einen Anteil von rund 42 Prozent, er liegt damit beinahe 24 Prozent unter demjenigen von Stuttgart. Das Gefälle zwischen Stuttgart und den Kreisen ist für einen Verdichtungsraum erheblich. Deutlich wird die nach wie vor dominierende wirtschaftliche Bedeutung des Produktionssektors für die Kreise um Stuttgart. Stuttgart selbst vereinigt als Landeshauptstadt spezifische Dienstleistungsfunktionen, die den hohen Beschäftigungsanteil im tertiären Sektor mit bedingen.

Intraregionale Disparitäten sind ebenfalls bezogen auf wissensintensive unternehmensorientierte Dienstleistungen festzustellen. Im Jahre 1995 waren im regionalen Durchschnitt 12,8 Prozent aller sozialversicherungspflichtig Beschäftigten des Dienstleistungssektors in diesem Breich tätig. Während Stuttgart mit 13 Prozent nur knapp über dem Durchschnittswert liegt, weicht Böblingen mit 18 Prozent, dem höchsten Anteil unternehmensbezogener Dienstleistungen innerhalb der Region, signifikant ab. Esslingen erreicht gerade den Durchschnittswert, Rems-Murr liegt knapp darunter, lediglich in Ludwigsburg mit einem Anteil von 10 Prozent und Göppingen mit rund 9 Prozent haben unternehmensbezogene Dienstleistungen eine geringere Bedeutung (vgl. Farbkarte 6-1).

Analysiert man die Entwicklung wissensintensiver unternehmensbezogener Dienstleistungen im Zeitraum von 1987 bis 1995, dann gilt für alle Kreise, daß sie sich im Vergleich zu den Dienstleistungen insgesamt dynamischer entwickeln (Tab. 6-5). Die Gesamtzuwachsraten liegen in allen Kreisen außer Stuttgart und Ludwigsburg über dem regionalen Durchschnitt von 61 Prozent. Unternehmensorientierte Dienstleistungen sind in der Region stärker gewachsen als im Stadtkreis Stuttgart. Hierbei muß jedoch berücksichtigt werden, daß diese Dienstleistungen in Stuttgart schon 1987 ein höheres Niveau hatten.

Die Wachstumsraten allein sagen noch nichts über den Stellenwert unternehmensorientierter Dienstleistungen in den Kreisen aus. Der Vergleich unternehmensbezogener Dienstleistungen mit haushaltsorientierten Dienstleistungen kann hierfür Anhaltspunkte liefern. Quantitativ gesehen sind in haushaltsorientierten Dienstleistungen in Deutschland erheblich mehr tätig als in unternehmensorientierten Dienstleistungen. Entsprechend dem bundesdeutschen Entwicklungsmuster waren in allen Kreisen mit Ausnahme von Böblingen zwei- bis dreimal soviele Beschäftigte im haushaltsorientierten wie in unternehmensbezogenen Dienstleistungen tätig. Während dies im Jahre 1987 auch für Böblingen festzustellen ist, hat hier in der Zwischenzeit eine Annäherung der beiden Segmente stattgefunden. 1995 arbeiteten in wissensintensiven unternehmensorienten Dienstleistungen 11 200 sozialversicherungspflichtig Beschäftigte, in haushaltsorientierten 13 500. Die These einer Strukturschwäche im Bereich unternehmensbezogener Dienstleistungen kann auf der Kreisebene für Böblingen nicht aufrecht erhalten werden. Zwischen 1987 und 1995 entstanden hier mehr Arbeitsplätze in unternehmensorientierten als in haushaltsorientierten Dienstleistungen. Dies trifft auch für den Stadtkreis Stuttgart zu.

Betrachtet man Zusammensetzung und Entwicklung der einzelnen unternehmensorientierten Dienstleistungsbranchen auf der Kreisebene, so sind spezifische Profile erkennbar (vgl. Farbkarte 6-1). Der Stadtkreis *Stuttgart* zeichnet sich beispielsweise durch einen überdurchschnittlichen Anteil der Rechtsberatung in der Region aus, der vermutlich in Verbindung mit der Funktion als Landeshauptstadt steht. Die Gruppe der „Sonstigen unternehmensorientierten Dienstleistungen" und die Werbung weisen hier ebenfalls höhere Anteile auf als die übrigen Kreise. Im Untersuchungszeitraum haben die Wirtschaftsdienste stark aufgeholt. Sie lagen zwar 1995 noch anteilsmäßig geringfügig unter dem regionalen Durchschnitt, werden jedoch bei anhaltendem Wachstum die Lücke bald aufholen können. Die technischen Dienstleistungen haben dagegen für Stuttgart nicht mehr die Bedeutung wie noch 1987. Sie lagen 1995 unter dem regionalen Durchschnitt und konzentrieren sich in der jüngeren Industrieachse, besonders im Kreis Böblingen.

Technische Dienstleistungen und Wirtschaftsdienste bilden eindeutige Stärken des Kreises *Böblingen*; auf sie entfielen 1995 73 Prozent der unternehmensorientierten Dienstleistungen. Im Jahre 1987 lag der Anteil allein der technischen Dienstleistungen bei 67 Prozent. Diese einseitige Ausprägung hat sich zwar in der Zwischenzeit abgeschwächt, allerdings wird der hohe Anteil auch 1995 von keinem anderen Kreis erreicht. Er liegt beispielsweise noch um 10 Prozent über dem Anteil in Stuttgart. Strukturelle Schwächen sind dagegen in der Rechtsberatung und in der Werbung vorhanden. In der Rechtsberatung war der Anteil der Beschäftigten im Kreis Böblingen lediglich halb so groß wie der regionale Durchschnitt. Auf Kreisebene zeichnen sich intraregionale Spezialisierungen ab.

Über die räumlichen Entwicklungstendenzen innerhalb der Region läßt sich folgendes festhalten: Es bestehen nicht nur erhebliche Unterschiede in der Ausprägung und Bedeutung des Dienstleistungssektors insgesamt, sondern auch in den räumlichen Entwicklungen unternehmensorientierter Dienstleistungen. Stuttgart, Böblingen und Esslingen sind die Kreise in der Region, für die im Rahmen des Strukturwandels wissensintensive unternehmensorientierte Dienstleistungen bereits zu einem bedeutenden Teil der Wirtschaftsstruktur geworden sind. Dies wird am Anteil dieser Dienstleistungen sichtbar.

Am weitesten fortgeschritten ist der regionale Strukturwandel in Böblingen. Hier haben unternehmensorientierte Dienstleistungen die größte Bedeutung für die Wirtschaftsstruktur. Dies zeigt der hohe Anteil dieser Dienstleistungsbeschäftigten, der von keinem anderen Kreis der Region erreicht wird. Auch der hohe Zuwachs an Beschäftigten in den Jahren 1987 bis 1995, der entgegen dem bundesweiten Trend absolut sogar über der Zunahme haushaltsorientierter Dienstleistungen lag, unterstreicht die Bedeutung wissensintensiver Dienstleistungen für den Kreis Böblingen.

Die räumliche Entwicklung unternehmensorientierter Dienstleistungen in der Region spiegelt die Interdependenz und die enge Interaktion zwischen Industrie und know-how intensiven unternehmensorientierten Dienstleistung wider. In dem altindustrialisierten Raum Göppingen ist der Anteil unternehmensorientierter Dienstleistungen lediglich halb so groß wie derjenige

Tab. 6-5: Wachstum der unternehmensorientierten Dienstleistungsbranchen in der Region, 1987-1995

Unternehmens-orientierte Dienstleistungen	Stuttgart Stadt	Kreis Böblingen	Kreis Esslingen	Kreis Göppingen	Kreis Ludwigs-burg	Rems-Murr-Kreis
				%		
Rechtsberatung	15,3	28,0	33,9	26,3	37,8	42,5
Wirtschaftsdienste	82,1	274,5	129,0	63,8	54,2	236,7
Technische Dienste	11,7	11,3	29,5	40,9	50,3	33,5
Werbung	66,5	43,9	139,7	16,0	13,8	27,7
Sonstige Dienstleistungen für Unternehmen	62,7	647,6	129,1	457,7	88,9	116,3
Unternehmens-orientierte Dienstleistungen insgesamt	43,7	92,0	76,5	81,2	51,3	98,1
Dienstleistungen insgesamt	7,7	31,3	27,7	22,8	26,3	30,4

Quelle: Bundesanstalt für Arbeit, eigene Berechnung

in Böblingen. Der Strukturwandel ist in Göppingen nicht in dem Maße fortgeschritten, wie dies in den Gebieten entlang der jüngeren Industrieachse der Fall ist. Hier sind nicht nur moderne Industrieunternehmen wie IBM, Hewlett Packard und Daimler-Benz zu finden, sondern es haben hier ebenfalls vermehrte Ansiedlungen unternehmensorientierter Dienstleistungen stattgefunden. Dieses Ergebnis unterstreicht die zentrale Bedeutung unternehmensorientierter Dienstleistungen für eine wettbewerbsfähige Industrieproduktion. Die flexible Anpassung an die durch Internationalisierung und Globalisierung veränderten Wettbewerbsbedingungen erfordert organisatorische Umstrukturierungen, die durch den Einsatz neuer Informations- und Kommunikationstechnologien unterstützt werden. Im Zuge dieser Veränderungen, die durch Lean Production, Lean Management, prozeßorientiertes Reengineering und Konzentration auf Kernkompetenzen beschrieben werden können, werden von Unternehmen Dienstleistungsfunktionen aus Kosten-, aber auch aus Flexibilitätsgründen ausgelagert. Andererseits entsteht ein wachsender Bedarf an spezifischem externen Know how, nicht zuletzt durch kürzere Halbwertszeiten von Wissen sowie durch die im Vergleich zu früher dienstleistungs- und beratungsintensiveren Industrieprodukte. Die Bedeutung der engen Verknüpfung zwischen Industrie und Dienstleistungen schlägt sich im räumlichen Entwicklungsmuster nieder.

6.7 Zukunftsperspektiven: wissensintensive unternehmensorientierte Dienstleistungen - ein unbeachtetes Innovationspotential

Wissensintensive unternehmensorientierte Dienstleistungen zeichnen sich auch in der Region Stuttgart trotz der zu Beginn der 90er Jahre einsetzenden massiven Arbeitsplatzverluste in der Industrie durch ein anhaltendes Wachstum aus. Die Schlußfolgerung, diese Wachstumsdynamik könne die Arbeitsmarktprobleme der Region lösen, muß skeptisch gesehen werden. Die direkten Beschäftigungswirkungen sind eher gering einzuschätzen, da diese Dienstleistungen zwar ein sehr dynamisches, aber nur relativ kleines Segment ökonomischer Aktivitäten darstellen, das durch kleine Unternehmensgrößen bestimmt wird. Ein weiterer Faktor, der die Aufnahme freigesetzter Arbeitskräfte aus der Industrie weitgehend verhindert, ist das erforderliche hohe Qualifikationsniveau der Beschäftigten in diesen Dienstleistungssparten.

Die Bedeutung wissensintensiver unternehmensorientierter Dienstleistungen für regionale Entwicklungsprozesse liegt weniger in den direkten Beschäftigungswirkungen als in indirekten Effekten und positiven Rückkopplungswirkungen begründet, die von ihnen als regionales Wissens- und Problemlösungspotential ausgehen können. So wird die Verflechtung von Produktion und Dienstleistungen als ein wichtiges Element für Innovationen angesehen. Durch die Bereitstellung von externem Expertenwissen, das unternehmensintern nicht vorhanden ist, oder durch die Lösung komplexer Probleme, die organisationsintern nicht bewältigt werden können, ermöglichen sie der Nachfrage eine schnellere Anpassung an Strukturveränderungen. Dies wiederum kann zur Stärkung der Wettbewerbsposition und zur Entstehung von Innovationsimpulsen auf der Nachfrageseite beitragen, wenn ein erfolgreicher Wissenstransfer in der Interaktion zwischen Anbieter und Nachfrager stattfindet.

Vor diesem Hintergrund sind die in regionalen Analysen wissensintensiver unternehmensorientierter Dienstleistungen offensichtlich gewordenen strukturellen Schwächen bisher wenig beachtet worden. Feststellbar ist zwar eine Zunahme dieses Dienstleistungssegments, aber verglichen mit Bund und Land ist die Wachstumsdynamik in der Region Stuttgart deutlich geringer. Damit ist mit dem in jüngsten Jahren stärkeren Rückgang in der Gesamtbeschäftigung auch eine relativ schwächere Entwicklung wissensintensiver unternehmensorientierter Dienstleistungen verbunden. Dies drückt sich im Anteil dieses Dienstleistungssegmentes aus, der hinter anderen Verdichtungsräumen zurückbleibt. Das relativierende Argument - in der

Region Stuttgart wird ein hoher Anteil von Dienstleistungen innerhalb der Industrieunternehmen erbracht - trifft nicht den Kern des Problems. Nichtberücksichtigt wird, daß durch den geringeren Anteil selbständiger Unternehmen auf der Angebotseite die Möglichkeit von Multiplikatoreffekten und positiven Rückkopplungswirkungen auf die Nachfrageseite eingeschränkt sind. Zudem sind von negativen Entwicklungen in der Industrie Dienstleistungsbeschäftigte betroffen, was sich wiederum negativ auf die regionale Anpassungsfähigkeit auswirken kann.

Die Resultate der regionalen Analyse zeigen jedoch noch einen weiteren Aspekt: die strukturellen Schwächen treffen nicht auf alle Branchen wissensintensiver unternehmensbezogener Dienstleistungen gleichermaßen zu. Technologische Dienstleistungen sind eine Stärke der Region. Die technologische Focussierung in den Feldern der Wirtschafts-, Innovations- und Technologiepolitik sowie die technologische Ausrichtung der wissenschaftlichen Einrichtungen in der Region haben als günstige institutionelle Rahmenbedingungen diese Entwicklung gefördert.

Die regionale Stärke bei technischen Dienstleistungen ist jedoch durchaus ambivalent zu sehen, da seit Ende der 80er Jahre ein kontinuierlicher Bedeutungsverlust dieser Branche relativ gesehen zu anderen wissensintensiven Dienstleistungssparten festzustellen ist. Dies ist nicht nur in Deutschland der Fall, sondern trifft auch auf Großbritannien und Frankreich zu (GAEBE/STRAMBACH 1993). Der Bedeutungsverlust scheint auf einen veränderten Bedarf der Nachfrage im sozioökonomischen Strukturwandel hinzudeuten, der stärker auf integrierende Dienstleistungen zielt. Durch die steigende Spezialisierung und Differenzierung sowie durch den Einsatz von Informations- und Kommunikationstechnologien werden die Funktionsbereiche von Unternehmen zunehmend interdependenter. Veränderungen laufen nicht isoliert ab, sondern tangieren mehrere Bereiche in den Unternehmen. Sie sind oft mit organisatorischen und sozialen Umstrukturierungen verbunden und erfordern häufig ganzheitliche Problemlösungen für technologische Probleme. Unter diesen veränderten Rahmenbedingungen können bei einseitiger Spezialisierung auf technische Dienstleistungen auch negative Wirkungen bezogen auf die Anpassungsfähigkeit der Region ausgehen.

Die Bedeutung wissensintensiver unternehmensorientierter Dienstleistungen für regionale Entwicklungsprozesse beruht zum einen auf dem dargelegten Zusammenhang zwischen Industrie und Dienstleistungen und ihrer Funktion als externes Wissens- und Problemlösungspotential. Zum anderen tragen die Unternehmen dieses Dienstleistungssegmentes durch intensive überregionale, regionale und lokale Verflechtungen mit Kooperationspartnern und Kunden zu einer Erhöhung der Standortqualität bei.

In der Diskussion um die Innovations- und Anpassungsfähigkeit der Region Stuttgart wurden diese funktionalen Zusammenhänge bisher wenig wahrgenommen. Der Focus richtete sich primär auf Defizite der Industrie, auf die Kosten- und Technologiekrise und die Entwicklung von geeigneten Handlungskonzepten zu ihrer Überwindung. Für eine Steigerung der Flexibilität in der Region und für die Förderung endogener Potentiale ist jedoch eine gleichgewichtige Behandlung beider Komponenten, der Industrie und der unternehmensbezogenen Dienstleistungen, notwendig. Vernachlässigen regionale Akteure den Einfluß wissensintensiver Dienstleistungen auf regionale Entwicklungsprozesse, besteht die Gefahr des „lock in", des „verhaftet bleiben" in ausgetretenen Entwicklungspfaden (GRABHER 1993). Damit wird die Chance vergeben, neue Handlungsfelder zu erschließen. Ohne auf dezidierte Handlungskonzepte einzugehen, leitet sich aus der Analyse die Notwendigkeit ab, spezifische kleinräumige, an die lokalen Bedingungen angepaßte Konzepte zu entwickeln, die die Interaktion zwischen Anbieter und Nachfrager in ihrer sozioökonomischen Einbindung berücksichtigen.

6.8 Literaturverzeichnis

BRACZYK, H.-J. (1994): Organisationswandel und Regulationsstruktur. Das Beispiel Baden-Württemberg. In: H. Weber (Hrsg.): Lean Management. Wege aus der Krise. Organisatorische und gesellschaftliche Strategien. Frankfurt a. Main, S.103-122.

BRACZYK, H.-J., G. SCHIENSTOCK (Hrsg.) (1996): Kurswechsel in der Industrie. Lean Production in Baden-Württemberg. Stuttgart.

CLEMENT, W., G. HAMMERER, R. MIKULITS, B. SCHNEIDER (1994): Unternehmensbezogene Dienstleistungen. Zukunftschancen des Industriestandortes Stuttgart. Wien. (Industriewissenschaftliches Institut, Studien 21).

COOKE, P., K. MORGAN (1994): Growth Regions under Duress: Renewal Strategies in Baden-Württemberg and Emiglia-Romagna. In: A. Amin, N. Thrift (Eds.): Globalization, Institutions, and Regional Development in Europe. Oxford, S. 91-117.

GAEBE, W., S. STRAMBACH (1993): Employment in Business Related Services. An Intercountry Comparison of Germany, the United Kingdom and France. Report for the Commission of the European Community. Stuttgart.

GRABHER, G. (1993): The weakness of strong ties: the lock.in of regional development in the Ruhr area. In: G. Grabher. (Ed.): The embedded firm. On the Socioeconomics of industrial Networks, S. 255-277.

HAß, J.-J. (1995): Industrienahe Dienstleistungen - Ökonomische Bedeutung und politische Herausforderung. In: Institut der deutschen Wirtschaft (Hrsg.): Beiträge zur Wirtschafts- und Sozialpolitik. Köln.

LANDESHAUPTSTADT STUTTGART (Hrsg.) (1994): Stuttgart im Verband Region Stuttgart. Wahl- und Strukturdatenatlas. Stuttgart. (Statistischer Informationdienst. Sonderheft 3.)

LANDESREGIERUNG BADEN-WÜRTTEMBERG (Hrsg.) vorgelegt vom Statistischen Landesamt Baden-Württemberg (1994): Struktur und Entwicklung des Dienstleistungssektors. In: Statistisch-Prognostischer Bericht 1994, S. 25-65

MÜLLER, R. (1994): Die Region Stuttgart. Leistungsfähigkeit und Entwicklungschancen im Vergleich. Stuttgart.

REIM, U. (1988): Zum Ausbau statistischer Informationen über Dienstleistungen. In: Wirtschaft und Statistik H.12, S. 842-848.

SABEL, CH., HERRIGEL, G. B., DEEG, R., KAZIS, R. (1987): Regional Prosperities Compared: Massachusetts and Baden-Württemberg in the 1980`s. In: Discussionpaper, Wissenschaftszentrum Berlin, Berlin. (IIM/LP87-10b).

SCHMITZ, H. (1992): Industrial districts: Model and reality in Baden-Württemberg, Germany. In: F. Pyke, W. Sengenberger (Eds.): Industrial districts and local economic regeneration. Genf, S. 87-121.

STAATSMINISTERIUM BADEN-WÜRTTEMBERG (Hrsg.) (1993): Zukunftskommission Wirtschaft 2000: Aufbruch aus der Krise. Stuttgart.

STATISTISCHES AMT DER STADT STUTTGART (Hrsg.) (1994): Beiträge aus Statistik und Stadtforschung: Strukturdatenatlas Stuttgart.

– (1991): Struktur und Entwicklungstendenzen des Verdichtungsraumes Stuttgart 1970 bis 1987. Teil 2: Aspekte der Wirtschaftsstrukturen und ihren Veränderungstendenzen. Stuttgart. (Statistischer Informationsdienst, Beiträge aus Statistik und Stadtforschung Nr. 11).

STRAMBACH, S. (1996): Organisation versus Selbstorganisation des regionalen Wissens- und Informationstransfers. Die Beratungsbeziehungen kleiner und mittlerer Unternehmen im regionalen Kontext von Baden-Württemberg und Rhône-Alpes. In: Heinritz, G./Kulke, E./Wiesner, R. (ed.): Wettbewerbsfähigkeit und Raumentwicklung, Verhandlungsband 3, Stuttgart, S. 162-171.

– (1995): Wissensintensive unternehmensorientierte Dienstleistungen: Netzwerke und Inter-
    aktion. Münster. (Wirtschaftsgeographie 6).

– (1993): Die Bedeutung von Netzwerkbeziehungen für wissensintensive unternehmensorien-
    tierte Dienstleistungen. In: Geographische Zeitschrift 81, S. 35-50.

WERNER, J. (1992): Das industrielle Zentrum des Landes: Die Region Stuttgart. In: Baden-
    Württemberg in Wort und Zahl 11. Stuttgart, S. 543-554.

WIRTSCHAFTSMINISTERIUM BADEN-WÜRTTEMBERG (Hrsg.) (1995): Landesentwicklungsplan
    1994: Raumbedeutsame Entwicklungen in den Bereichen Bevölkerung, Wohnen und Ar-
    beiten. Stuttgart.

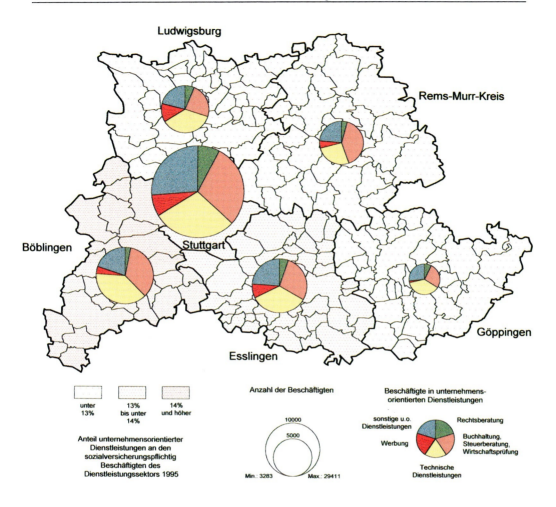

Farbkarte 6-1: Wissensintensive unternehmensorientierte Dienstleistungsbranchen in der Region Stuttgart
Quelle: Bundesanstalt für Arbeit (unveröffentlicht), eigene Berechnung

7 Die Attraktivität von Stadt und Region Stuttgart

Klaus Kulinat

7.1 Einleitung

Die Zahl der Arbeiten, die die Attraktivität von Städten oder Regionen ermitteln, hat in den letzten zehn Jahren erheblich zugenommen. Solche Versuche hat es auch früher gegeben. Erinnert sei z. B. an MACKENSEN und ECKERT (1970), die versuchten, die Attraktivität einer Großstadt nicht nur verbal zu fassen, sondern auch numerisch, indem sie den mehrdimensionalen Begriff Attraktivität in einzelne Komponenten bzw. Bedürfnisfelder auflösten. Die Attraktivität einer Großstadt wurde vor allem verstanden als Ausdruck der Reaktion der Bevölkerung auf die Gesamtheit der Lebensbedingungen in einer Stadt. Handelte es sich damals vornehmlich um eine wissenschaftliche Operationalisierung dieses Begriffs, so geht es heute in der Regel nicht allein um die Analyse von Attraktivität, sondern auch um die Herausarbeitung von Möglichkeiten, diese Attraktivität im Sinne von Standort-Vorteilen bzw. zur Verbesserung der Wettbewerbsfähigkeit einer Region zu stärken.

7.2 Konkurrenz zwischen Städten bzw. Regionen

Es muß davon ausgegangen werden, daß die Grundlagen der Wettbewerbsfähigkeit einer Stadt wirtschaftlicher Natur sind, d. h. die Konkurrenzfähigkeit zunächst grundlegend über die Zahl und Art der Betriebe bzw. über die Zahl und Qualität der bereitgestellten Arbeitsplätze bestimmt wird. Dabei sollte jedoch klar sein, daß der Begriff Attraktivität umfassender definiert werden muß.

Seit Mitte der 1980er Jahre ist festzustellen, daß Direktinvestitionen durch ausländische Firmen weltweit stark zugenommen haben, insbesondere in der Europäischen Union. Dieser Trend wurde offensichtlich durch den zunehmenden wirtschaftlichen Zusammenschluß Europas verstärkt. Die USA und Japan, aber auch andere Länder wollen von der EU profitieren, ohne durch Zollschranken behindert zu werden (vgl. ROSSI/STEIGER 1996, S. 11). Die Globalisierung der Wirtschaft hat sich signifikant beschleunigt, Deutschland weist jedoch seit Jahren einen Negativsaldo der Direktinvestitionen auf. Dies hat die Diskussion um den Standort Deutschland ausgelöst. Hinzu kommt die Öffnung zu den osteuropäischen Staaten, die mit ihren niedrigeren Löhnen den Standortwettbewerb verschärft haben. Der internationale Standort-Wettbewerb schlägt in Deutschland auf die regionale und schließlich auf die lokale Ebene durch, da der konkrete Verlust oder die Ansiedlung eines Betriebs hier wirksam wird.

Die Bemühungen um den Erhalt der Wettbewerbsfähigkeit sind überall in Deutschland zu spüren, u.a. durch hauptamtliche Wirtschaftsförderer bei den Kommunen, Landratsämtern und Regionalverwaltungen, „Wirtschaftsfördergesellschaften", „Existenzgründer-Initiativen" sowie „Stadt- und Regionalmarketing". Da inzwischen in Deutschland die infrastrukturellen Rahmenbedingungen ähnlich oder gleich sind - allerdings mit den bekannten Disparitäten zwischen Verdichtungsräumen und ländlichen Räumen -, kommt es zunehmend auf weitere Standortvorteile bzw. Angebote der Städte bzw. Regionen an. Es gilt die Attraktivität insgesamt zu erfassen, einschließlich der weichen Standortfaktoren, der regionalen Netzwerke und regionalen Milieus.

Am Beispiel der Stadt bzw. Region Stuttgart soll die nationale und regionale Attraktivität abgeschätzt werden, insbesondere die Attraktivität für Unternehmer, Einwohner und Besucher.

7.3 Rahmenbedingungen in einer Phase der Krise

Die traditionell produktions- und exportstarke Region Stuttgart wurde durch die wirtschaftliche Krise der letzten Jahre besonders hart getroffen, da der Arbeitskräfteabbau bei einer stark auf das Verarbeitende Gewerbe ausgerichteten Struktur sehr viel massiver und schneller erfolgt als prognostiziert wurde. Seit 1992 sind in der Region Stuttgart rund 100 000 Arbeitsplätze verloren gegangen. Lediglich bei den „sonstigen Dienstleistungen" hat es geringe Zuwächse an Arbeitsplätzen gegeben. Nach langer Zeit extrem niedriger Arbeitslosenquoten in der Region Stuttgart wurde im April 1997 in der Landeshauptstadt die bisherige Rekordmarke von 10,5 % registriert, während in den Landkreisen der Region die Arbeitslosenquoten zwischen 7,3 % (Landkreis Ludwigsburg) und 9,1 % (Landkreis Böblingen) lagen. Der Umbau in eine stärker auf Dienstleistungen ausgerichtete Arbeitswelt, der während der Boomjahre immer wieder angemahnt, aber nicht gelungen ist, muß jetzt notgedrungen unter schwierigeren Bedingungen nachgeholt werden. Immerhin sind in der Stadt Stuttgart bereits 65,9 Prozent, in der Region 51,6 Prozent der Arbeitskräfte im Dienstleistungssektor beschäftigt (30.06.95).

Es ist der Region Stuttgart gelungen, die politisch-administrativen Rahmenbedingungen zu verbessern. Es wurde zwar nicht der von der Stadt Stuttgart angestrebte Regionalkreis geschaffen, aber mit dem „Gesetz über die Stärkung der Zusammenarbeit in der Region Stuttgart" vom 24. Februar 1994 wurde am 1. Oktober 1994 der Verband Region Stuttgart (VRS) gegründet, der den „Regionalverband Stuttgart", vorher „Mittlerer Neckar", ablöste. Der Verband Region Stuttgart, dem 179 Städte und Gemeinden angehören, erhält Legitimation durch die direkt vom Volk gewählte Regionalversammlung, die einen Regionalpräsidenten wählt. Die Regionalversammlung hat 80 Sitze, jedoch haben sich bei der ersten Wahl am 12. Juni 1994 sieben Überhangmandate ergeben, so daß die derzeitige Regionalversammlung 87 Sitze zählt. 20 Sitze hat die Stadt Stuttgart, auf den Kreis Esslingen entfallen 16, den Kreis Ludwigsburg 15, den Rems-Murr-Kreis 14, den Kreis Böblingen 12 und den Kreis Göppingen 10 Sitze. Wichtig ist, daß dieser Verband nicht nur planen, sondern Planungen auch umsetzen soll in Form von Trägerschaften und Koordinierungen. So wurde zum 1. Januar 1996 die Trägerschaft der S-Bahn im Raum Stuttgart vom Verband übernommen. Das Gesetz sieht auch die Trägerschaften für eine regionale Messe oder für regionalbedeutsame Kongresse oder Veranstaltungen vor.

Im August 1995 wurde die Wirtschaftsförderungsgesellschaft Region Stuttgart (WRS) gegründet, an der der Verband die Mehrheit (51 Prozent) des Stammkapitals hält. Mit der WRS hat die Regio Stuttgart Marketing- und Tourismus GmbH im Mai 1996 einen Kooperationsvertrag abgeschlossen. Weiterhin unterstützen drei regionale eingetragene Vereine die Arbeit des VRS. Das 1994 gegründete Forum Region Stuttgart versteht sich als gesellschaftliche, überparteiliche Bürgerinitiative, die vor allem die Identität der Bürger mit ihrer Region stärken will. Sie tritt mit sogenannten Regionaltagen an die Öffentlichkeit. Der erste Regionaltag am 14. Juli 1996 stand unter dem Motto „Region auf Rollen und Rädern", d. h. Erkundung der Region mit Fahrrädern oder Rollerskates. Hinzu kommen die „Kultur-Region Stuttgart e. V." und die „Sport-Region Stuttgart e. V.", die die Zusammenarbeit bei Kultur- bzw. Sportaktivitäten in der Region verbessern wollen. Besonders zu erwähnen ist, daß der VRS in der Regionalplanung regionalbedeutsame Vorhaben gebietsscharf ausweisen und sich auf ein Planungsgebot gegenüber Städten und Gemeinden stützen kann.

Inwieweit die hohen Erwartungen an diese von der Bevölkerung gewählte Regionalversammlung erfüllt werden können, wird sich erweisen (KULINAT 1996, S. 126ff., INDUSTRIE-
UND HANDELKAMMER 1996, S. 33ff.).

7.4   Möglichkeiten der Operationalisierung und Messung
von Attraktivität

Die Attraktivität einer Stadt oder Region ist insgesamt nur schwer zu erfassen. Sie wird in der
Regel in mehrere Teil-Attraktivitäten aufzuspalten sein. Erst die Frage „attraktiv für wen?"
ergibt einen Ansatz. Da es in diesem Beitrag um Attraktivität im Zusammenhang mit der
Wettbewerbsfähigkeit von Städten geht, sollte eine Stadt nicht allein, sondern möglichst im
Vergleich mit anderen Städten betrachtet werden. Es gilt Indikatoren zu finden, mit denen
Komponenten von Attraktivität erfaßt werden können. Obwohl Arbeiten, die die Attraktivität
von Städten messen, lange zurückreichen, ist es bis heute nicht gelungen, allgemein aner-
kannte Verfahren zu finden. Es muß z. B. offen bleiben, ob ein internationaler Flughafen oder
eine international bedeutsame Universität wichtiger ist (ROSSI/STEIGER 1996, S. 12). Meist
werden Städte nach Indikatoren geordnet und dann durch Addition der Rangziffern die Gesamtattraktivität dargestellt. WALLA (1994, S. 175) berichtet, daß die Methoden zur Erstellung
von Indikatoren dann am ehesten akzeptiert werden, wenn diese linear, einfach nachvollzieh-
bar und verständlich sind. Wenn man davon ausgeht, daß sich die Attraktivität nicht allein aus
statistischen Meßziffern ableiten läßt, sondern auch Einschätzungen von außen (Fremdimage)
und innen (Eigenimage) eine Rolle spielen, so sind solche Image-Analysen notwendige Er-
gänzungen der Statistiken.

7.5   Stuttgart in ausgewählten Rangskalen und Imageanalysen

Arbeiten, die Rangskalen zur internationalen und nationalen Attraktivität von Städten enthalten, stellen die starke Bedeutung von Stadt und Region Stuttgart heraus. Eine bekannte
Rangskala im internationalen Vergleich ist die von der RECLUS-Gruppe in Montpellier erar-
beitete Skala, die allerdings bereits 1989 veröffenlicht wurde (BRUNET u. a. 1989). Hier wurden 16 Indikatoren berücksichtigt, darunter demographische Merkmale, multinationale Unternehmen, hochqualifizierte Arbeitskräfte, Forschungsstätten und Universitäten, Finanzdienstleistungen, Flughafen, kulturelle Ausstrahlung, Messen, Kongresse und sonstige Veranstaltungen, Presse und Verlage, Telekommunikation und Besonderheiten der Städte.
Als Summe der Rangplätze wurde eine Gesamtattraktivität ermittelt, die in Tab. 7-1 wiedergegeben ist. Die höchsten Rangplätze weisen nach dieser Klassifikation Ende der 80er Jahre London, Paris (Klasse 1), Mailand (Klasse 2) und Madrid (Klasse 3) auf vor München und
Frankfurt und mit einigem Abstand in Deutschland Berlin, Hamburg und Stuttgart.
Bei einer Rangskala nach sechs wirtschaftlichen Indikatoren folgt unter den zehn größten
Städten Deutschlands Stuttgart zusammen mit München nach Frankfurt/M., das den ersten
Platz einnimmt(Tab. 7-2). Ein Ranking der Großstädte innerhalb Baden-Württembergs nach
wirtschaftlichen Rahmenbedingungen (Datenbasis 1990) bringt Stuttgart auf den ersten Platz
knapp vor Karlsruhe (BIRKENFELD 1992, S. 30).
Im „Raumordnungspolitischen Handlungsrahmen", den die Ministerkonferenz für Raumordnung (MKRO) am 8. März 1995 beschlossen hat, gehört die Region Stuttgart zu den
sechs europäischen Metropolregionen in Deutschland.

Tab. 7-1: Städteattraktivität in Europa nach BRUNET (1989)

Klasse		Rangfolge (16 Kriterien)
1	London	83
	Paris	81
2	Mailand	70
3	Madrid	66
	München, Frankfurt	65
	Rom, Brüssel, Barcelona	64
	Amsterdam	63
4	Manchester	58
	Berlin, Hamburg	57
	STUTTGART, Kopenhagen, Athen	56
	Rotterdam, Zürich	55
	Turin	54
	Lyon	53
	Genf	52
5	Birmingham, Köln, Lissabon	51
	Glasgow	50
	Wien, Edinburgh	49
	Marseille	48
	Neapel	47
	Sevilla, Straßburg	46
	Basel, Venedig, Utrecht	45
	Düsseldorf, Florenz, Bologna, Den Haag, Antwerpen, Toulouse	44
	Valencia, Genua	43

Quelle: Brunet 1989 nach Rossi und Steiger 1996, S. 13.

Ein intraregionales Attraktivitätsprofil hat WALLA (1994, S. 186) erstellt, in dem Stuttgart (Abb. 7-1) mit dem unmittelbaren Umland verglichen wird. Neben der Auflistung von Einzelindikatoren werden aus diesen über Konzentrationsmaße und Meßziffern Gesamtindikatoren erarbeitet.

Auch in Image-Analysen, die die subjektive Einschätzung der befragten Personen widerspiegeln, werden einzelne Präferenzen erfaßt (z. B. „in welcher Stadt würden Sie am liebsten arbeiten?") oder Städte bewertet (z. B. die "Lieblingsstadt"). Aus einer Arbeit über den Tourismus in Stuttgart sollen einige Ergebnisse vorgestellt werden (JENTSCH 1996).

In dieser Image-Analyse wurden Einwohner aus Stuttgart, aus der Region Stuttgart, aus Baden-Württemberg und aus dem übrigen Bundesgebiet befragt. Die Ergebnisse zeigen, daß bei der Frage nach den fünf Städten, in denen die Befragten am liebsten wohnen bzw. arbeiten möchten (Tab. 7-3), in der gesamten Bundesrepublik Stuttgart hervorragende Plätze in den Rangskalen einnimmt. In der Regel wird Stuttgart nach München, Berlin und Hamburg an vierter Stelle genannt. Frankfurt/M., das bei der internationalen statistischen Rangskala eindeutig vor Stuttgart liegt, wird bezogen auf Wohnungen klar, bezogen auf Arbeitsplätze knapp Stuttgart nachgeordnet. Wegen der Vergleichbarkeit sind in den Befragungen im übrigen Bundesgebiet auch die Befragten in Stuttgart enthalten.

Tab. 7-2: Rangfolge der zehn größten Städte Deutschlands nach ausgewählten wirtschaftlichen Indikatoren 1995

Städte	Rang insges.	Brutto-wertschöp-fung je 1000 Einw. 1992	Arbeits-losen-quote (rezi-prok) %	Sozialver-sicherungs-pflichtig Besch. je 1000 Einw. im prod. Gewerbe	Sozialver-sicherungs-pflichtig Besch. je 1000 Einw. in den Dienstleist.	Gästeüber-nachtungen je 1000 Einw.	Gemein-desteuer-einnahmen (netto) je 1000 Einw.
Frankfurt/M	1	1	3	2	1	2	1
München	2/3	3	1	5	4	1	3
Stuttgart	2/3	2	2	1	3	5	4
Düsseldorf	4	4	5	4	2	3	2
Hamburg	5	5	4	8	5	6	5
Köln	6	6	7/8	6	6	4	6
Bremen	7	7	6	3	7	8	7
Essen	8	8	7/8	7	9	9	8
Berlin	9	10	9	9	8	7	10
Dortmund	10	9	10	10	10	10	9

Quelle: Landeshauptstadt Stuttgart 1996, eigenes Ranking

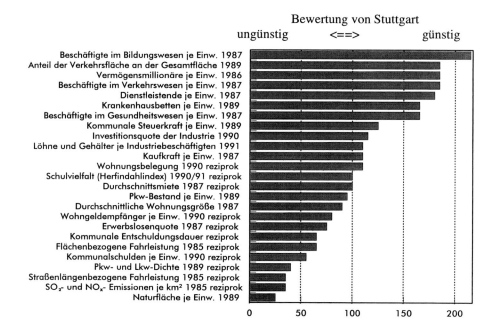

Abb. 7-1: Attraktivitätsprofil der Stadt Stuttgart um 1990 im Vergleich zum Umland.
Quelle: Walla 1994. S. 186

Befragt nach den Gründen der Bewertung, werden vor allem „Wohnort/ehemaliger Wohnort", „Freunde/Verwandte/Bekannte" sowie „Urlaub/Aufenthalt in der Nähe" genannt.

Aufschlußreich ist die Gegenüberstellung eines Polaritätsprofils von Begriffen, die mit Stuttgart assoziiert werden, und Begriffen, die bei der Bürgerumfrage 1995 den Bürgern Stuttgarts vorgelegt wurden. Beide Einschätzungen - sowohl von Befragten, die nicht in Stuttgart wohnen als auch von Stuttgartern - beruhen vorwiegend auf positiven Assoziationen. Zwei Begriffe, nämlich „teuer" und „hektisch" werden in beiden Befragungen negativ bewertet. Hier zeigt sich, daß Vorstellungen über eine Stadt auch von der eigenen Bevölkerung bestätigt werden können.

Da sich die Lebensbedingungen in einer Stadt nicht allein durch die vorhandenen Statistiken erfassen lassen, hat das Statistische Amt der Stadt Stuttgart 1995 eine Bürgerumfrage durchgeführt. Erstmalig war dies 1990 der Fall, 1995 wurde die Bürgerumfrage um einige Themen erweitert. Sie wird 1997 wiederholt, um notwendige Informationen zur gezielten Weiterentwicklung von Stuttgart zur Verfügung zu haben.

Tab. 7-3: Fünf deutsche Städte, in denen die Befragten gerne wohnen, arbeiten und die Freizeit verbringen möchten (Erhebungen 1991/92)

Befragungsgebiet	Rang	Wohnort[1]	Arbeitsort[1]	Freizeitort[1]
Baden-Württemberg		(n=1069)	(n=1061)	(n=1183)
	1	München (16,0)	München (16.5)	München (17,8)
	2	Hamburg (12,8)	**Stuttgart (13,2)**	Berlin (15,2)
	3	Nürnberg (12,2)	Hamburg (11,7)	Hamburg (13,7)
	4	**Stuttgart (10,4)**	Frankfurt (10,0)	Nürnberg (9,4)
	5	Berlin (8,6)	Berlin (9,9)	Köln (8,4)
	6	Köln (8,2)	Nürnberg (8,6)	**Stuttgart (7,3)**
	7	Düsseldorf (7,4)	Köln (7,0)	Düsseldorf (6,2)
	8	Bremen (7,1)	Düsseldorf (6,2)	Dresden (5,8)
Bundesrepublik Deutschland[2]		(n=4254)	(n=4154)	(n=4767)
	1	München (14,4)	München (14.3)	München (17,1)
	2	Hamburg (14,1)	Berlin (13,3)	Berlin (15,2)
	3	Berlin (11,8)	Hamburg (13,1)	Hamburg (13,7)
	4	Nürnberg (8,9)	**Stuttgart (8,9)**	Nürnberg (9,1)
	5	**Stuttgart (8,7)**	Frankfurt (7,8)	**Stuttgart (8,6)**
	6	Bremen (7,6)	Düsseldorf (7,6)	Köln (7,0)
	7	Köln (7,0)	Köln (6,7)	Dresden (6,9)
	8	Düssseldorf (6,9)	Nürnberg (6,5)	Düsseldorf (5,6)

[1]) in Prozent der Nennungen, [2]) einschl. Stuttgart

Quelle: Jentsch 1996, S. 50,52,53.

7.6 Die Attraktivität von Stuttgart für die Einwohner

In der Bürgerumfrage von 1995 bewertet die Bevölkerung die Lebensbedingungen in Stuttgart und die Stadtverwaltung überwiegend mit „gut". 83 Prozent der Stuttgarter leben gerne in der Stadt, nur 8 Prozent möchten lieber im Umland, 9 Prozent lieber woanders wohnen. Auf die Frage nach den größten Problemen in Stuttgart werden Sicherheit (Raub, Einbruch usw.), Mangel an Wohnungen und hohe Mieten am häufigsten genannt (Abb. 7-3). Abgesehen von

Wohnungen beurteilen die Stuttgarter wichtige Grundfunktionen wie Einkaufen, ärztliche Versorgung, öffentlicher Verkehr und die Arbeits- und Verdienstmöglichkeiten sehr positiv mit den Noten 1 und 2. Diese Bewertung erstaunt etwas, da sich z. B. das Einzelhandelsangebot in Stuttgart durch die steigende Konkurrenz im unmittelbaren Umland eher verschlechtert hat. Ein Zeichen dafür ist die Schließung einer Reihe von alteingesessenen Fachgeschäften, z. B. für Leder- und Haushaltswaren, Musikinstrumente und Herrenmode. Die Warenhäuser versuchen durch Zusammenschlüsse, Ausbau und Umbenennung (Galeria Kaufhof), z. B. Hertie durch Umbau zu einem höherrangigen Karstadthaus, Umsatzverlusten zu begegnen. Der Einzelhandelsumsatz ist von 1984 bis 1992 in Stuttgart im Vergleich zu anderen Groß-städten sehr viel weniger gestiegen (Tab. 7-4). Ähnlich wie die zu Einkaufszentren erweiterten Breuningerfilialen Breuningerland in Tamm/Ludwigsburg und Sindelfingen, gibt es im Umland wachsende Angebote im Einzelhandel. Hohe Parkhausgebühren bzw. S-Bahn-Preise halten zusätzlich von häufigen Einkaufsfahrten nach Stuttgart ab.

Nach der letzten Handels- und Gaststättenzählung 1993 waren in der Region Stuttgart in 19 000 Arbeitsstätten des Handels 146 000 Personen beschäftigt. Sie erzielten einen Umsatz von rund 64 Milliarden DM. Zwei Drittel des Umsatzes entfielen auf den Großhandel, die meisten Beschäftigten sind im Einzelhandel tätig. In Stuttgart ist der Einzelhandelsumsatz in den letzten Jahren zurückgegangen, in den umliegenden Landkreisen dagegen gestiegen (INDUSTRIE- UND HANDELSKAMMER REGION STUTTGART 1996, S. 29).

Die medizinische und schulische Infrastruktur der Region Stuttgart ist ausgezeichnet. Das Katharinenhospital in Stuttgart ist mit modernsten Großgeräten ausgestattet, eine neue Herz- und Transplantationsklinik wurde angegliedert. In jedem Landkreis gibt es nicht nur mindestens ein Kreiskrankenhaus sondern noch weitere leistungsfähige Krankenhäuser, in der Nachbarregion die Universitäts-Kliniken Tübingen.

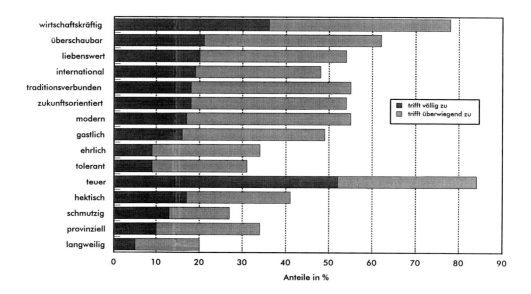

Abb. 7-2: Welche Eigenschaften sind typisch für Stuttgart?
Quelle: (Bürgerumfrage 1995) Landeshauptstadt Stuttgart (Statistisches Amt)

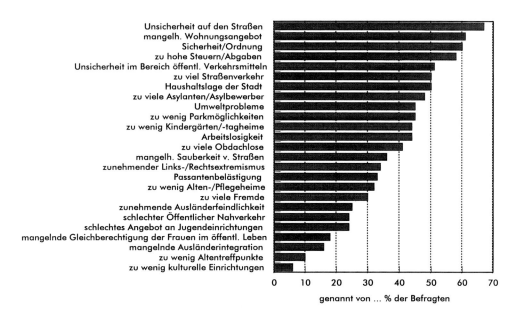

Unsicherheit auf den Straßen
mangelh. Wohnungsangebot
Sicherheit/Ordnung
zu hohe Steuern/Abgaben
Unsicherheit im Bereich öffentl. Verkehrsmitteln
zu viel Straßenverkehr
Haushaltslage der Stadt
zu viele Asylanten/Asylbewerber
Umweltprobleme
zu wenig Parkmöglichkeiten
zu wenig Kindergärten/-tagheime
Arbeitslosigkeit
zu viele Obdachlose
mangelh. Sauberkeit v. Straßen
zunehmender Links-/Rechtsextremismus
Passantenbelästigung
zu wenig Alten-/Pflegeheime
zu viele Fremde
zunehmende Ausländerfeindlichkeit
schlechter Öffentlicher Nahverkehr
schlechtes Angebot an Jugendeinrichtungen
mangelnde Gleichberechtigung der Frauen im öffentl. Leben
mangelnde Ausländerintegration
zu wenig Altentreffpunkte
zu wenig kulturelle Einrichtungen

0 10 20 30 40 50 60 70
genannt von ... % der Befragten

Abb. 7-3: Die größten Probleme in Stuttgart 1995
Quelle: Landeshauptstadt Stuttgart

Seit dem letzten Jahrhundert sind die Bad Cannstatter Mineralbäder überregional bekannt. Stuttgart besitzt nach Budapest die meisten Mineralquellen. Weitere Mineralbäder in der Region gibt es in Bad Boll, Bad Ditzenbach, Bad Überkingen und in Beuren (Erholungsort mit Heilquellenkurbetrieb). Die Mineraltherme in Böblingen (seit Dez. 1989) wird durchschnittlich von über 1 000 Besuchern je Tag genutzt.

In der Region bieten 18 Universitäten und Fachhochschulen ein sehr differenziertes Bildungsangebot, in Stuttgart u. a. die Universitäten Stuttgart und Hohenheim, die Staatliche Hochschule für Musik und Darstellende Kunst, die Staatliche Akademie der bildenden Künste und die Fachhochschulen für Bibliothekswesen, Druck sowie Technik. Auf Initiative Stuttgarter Unternehmer entstand 1974 die Berufsakademie Stuttgart, die Studium und Ausbildung in Betrieben verbindet. Stuttgart weist nach Berlin, München und Frankfurt/M. die meisten Hochschulen und Bildungseinrichtungen auf. Hinzu kommen in der Region u. a. in Ludwigsburg die Pädagogische Hochschule, die Fachhochschulen für Finanzen, für öffentliche Ver-

Tab. 7-4: Vergleich des Einzelhandels in Stuttgart mit anderen Großstädten im Bundesgebiet

Stadt	Arbeitsstätten			Beschäftigte			Umsatz		
	1985	1993	1985-1993	1985	1993	1985-1993	1984	1992	1984-1992
			%	1000		%	Mio DM		%
Stuttgart	3.268	3.183	- 2,60	24,5	25,3	3,32	5.193,9	6.487,2	24,90
Düsseldorf	4.566	4.459	- 2,34	25,1	25,8	3,05	4.895,5	6.768,1	38,25
Frankft./M.	4.444	3.988	- 10,26	32,2	33,6	4,55	7.076,6	10.759,5	52,04
Hamburg	11.798	11.397	- 3,40	78,6	80,9	2,94	17.311,6	27.118,6	56,65
München	10.082	8.989	- 10,84	56,5	59,9	5,99	12.132,0	16.121,6	32,88

Quelle: Kübler 1996, S. 15.

waltung sowie die Filmakademie Baden-Württemberg GmbH, in Esslingen die Fachhochschule für Technik und in Nürtingen die Fachhochschule für Landschaftspflege.

Das äußerst vielfältige kulturelle Angebot in Stuttgart und in der Region soll hier nicht im einzelnen erläutert werden. Es reicht von lokal wichtigen Ereignissen bis zu überregional bedeutsamen Einrichtungen und Veranstaltungen. Vor allem in der Landeshauptstadt Stuttgart haben eine Reihe von hochrangigen Einrichtungen, besonders auf dem Musik-, Theater- und Museumssektor, ihren Standort.

7.7 Attraktivität für Unternehmer

7.7.1 Lagefaktoren

Durch die deutsche Wiedervereinigung hat sich zwar die Lage Stuttgarts in der Europäischen Union nicht verschlechtert (vgl. LUTTER, PÜTZ und SPANGENBERG 1993), doch innerhalb Deutschlands verschieben sich die Gravitationszentren. Die Entscheidung für Berlin als Hauptstadt wird dort starke wirtschaftliche Impulse auslösen. Ost-West-Verbindungen haben bereits erheblich an Bedeutung gewonnen. Sie werden weiter vorrangig ausgebaut. Einen Hinweis auf Auswirkungen gibt der Immobilienmarkt. Zwar liegen die Immobilienpreise in der Region Stuttgart noch mit an der Spitze (Tab. 7-5 und Tab. 7-6), der Markt wird jedoch immer mehr zu einem geschlossenen Kreislauf, da er kaum Unternehmen von außen anzieht. Der Stuttgarter Raum muß sich vor allem aus eigener Kraft regenerieren und bedarf deshalb eines starken Produktionssektors. Die Chancen, überregional bedeutsame Dienstleistungsunternehmen nach Stuttgart zu bekommen, sind nicht sehr groß. Der Immobilienmarkt wird jedoch durch ansässige Großunternehmen stabilisiert, die nach Umstrukturierungen wettbewerbsstärker denn je sind.

Tab. 7-5: Preisspiegel für Wohn- und Anlageimmobilien in ausgewählten Städten 1995

Ort	Eigentumswohnungen DM/m² 60-90 m² Wohnfläche — Ausstattung			Einfamilienhäuser freist. ca 150-200 m² Wohnfläche in 1000 DM — Ausstattung			Baugrundstücke 1-Fam.-Häuser DM/m² einschl. Erschließung	Baugrundstücke Miet- + ETW DM/m² einschl. Erschließung
	einfach	normal	überdurchschnittlich	einfach	normal	überdurchschnittlich		
Berlin	3000	4900	3500-7500	400	1000	500-1500	280-2200	280-**2800**
Dresden	2000	4800	4000-6000	200	450	400-800	200-700	100-1200
Düsseldorf	2500	5500	5000-9000	500	900	800-1500	380-900	400-1600
Frankft./M.	2800	3700	3700-6500	470	780	700-1800	700- 150-	1400 2700
Hamburg	2200	6300	3500-7500	380	800	550-1000	350- 100-	500- 1000
Hannover	1800	3400	2750-5000	300	650	620-1000	250-650	250-800
Köln	2000	4000	4000-6500	400		500-1200	250-900	600-800
Leipzig	3200	4500	3600-7450	250	500	450-1000	150-400	350-1050
München	**4000**	**6500**	**6000-**9500	**800**	1200	**1150-**2200	**1000-**2000	700-2200
Stuttgart	3200	5500	4800-**11000**	780	**1600**	980-**2900**	900-**2500**	**1500-**2700

Quelle: Stuttgarter Zeitung (Nr. 255) vom 4. Nov. 1995, S. 92 (Auszüge aus dem VDM-Preisspiegel)

Die Lage Stuttgarts im überregionalen Straßennetz wird durch die Topographie geschwächt. Stuttgart besitzt nur eine leistungsfähige Ost-West-Autobahn, die A 8. Die Nord-Süd-Verbindungen laufen traditionell an Stuttgart vorbei, längs des Rheins durch die Schweiz nach Italien und über München nach Österreich und Südosteuropa. Der 1978 fertiggestellten Bodensee-Autobahn fehlt die Weiterführung in die Schweiz. Die A 8 wird nur sehr langsam sechsspurig ausgebaut. Auch der Ausbau des Leonberger Kreuzes und des Engelbergtunnels bei Leonberg dauert sehr lange. Die Weiterführung der Schnellbahntrasse über Ulm nach München ist in Planung, ebenso der Umbau des Stuttgarter Hauptbahnhofs zu einem Durchgangsbahnhof und der Bau eines neuen Bahnhofs am Flughafen. Freiwerdende Flächen am Bahnhof Stuttgart sollen überbaut werden (Projekt Stuttgart 21). Diese Projekte, die Milliarden kosten werden, sind nicht unumstritten, könnten jedoch dem Wirtschaftsraum Stuttgart starke Impulse geben. Es wären dann große Flächen im Zentrum für Dienstleistungen vorhanden. Eine attraktive Bebauung, die Urbanität erzeugt, bleibt, wie die bisher wenig überzeugenden Entwürfe zeigen, eine schwierige Aufgabe.

Die Modernisierung des Flughafens konnte inzwischen abgeschlossen werden. Die alte Landebahn war mit zweieinhalb Kilometern zu kurz und lag zu nahe an der Weidacher Höhe. Die neue Landebahn liegt 1380 m östlich und ist 3345 m lang. Dafür mußte die Autobahn verlegt werden. Mit dem neuen Instrumentenlandesystem sind die von der Pilotenvereinigung „Cockpit" genannten Sicherheitsmängel beseitigt. Nach dem neuen Terminal wird zur Zeit ein Parkhaus mit 4 000 Stellplätzen gebaut. Würde ein ICE-Bahnhof am Flughafen gebaut, wäre der Stuttgarter Flughafen auch von Mannheim, Heidelberg und Ulm gut erreichbar und ein Ausweichflughafen für Frankfurt und München. Die Passagierzahlen und Luftfracht des Stuttgarter Flughafens sind in den letzten Jahren kräftig gewachsen. Da alle deutschen Städte und viele wichtige europäische Städte angeflogen werden (fast 80 Verbindungen einschließlich Charterziele), gewinnt der Stuttgarter Flughafen für Unternehmer und Privatpersonen an Bedeutung. Seit Eröffnung der Häfen in Stuttgart und Plochingen ist die Region über den kanalisierten Neckar an das Binnenwasserstraßennetz angeschlossen.

Verbessert hat sich im letzten Jahrzehnt der öffentliche Nahverkehr im Raum Stuttgart durch den Ausbau der Straßenbahn- und S-Bahn-Linien, u. a. der Linien 2 und 3 der S-Bahn über Oberaichen, Leinfelden-Echterdingen zum Flughafen und der Linie 1 über Böblingen bis Herrenberg. Die Zugfolge wurde erhöht. Eine Reihe von Gewerbestandorten wurde für die Arbeitskräfte besser erreichbar. Ende 1996 wurde auch die Bahnverbindung zwischen Dettenhausen und Böblingen in Trägerschaft der Landkreise Böblingen und Tübingen wieder aufgenommen.

Tab. 7-6: Immobilienmarkt im Großraum Stuttgart 1996

Einfamilienhäuser	Einfamilienhäuser Kaufpreis in 1000 DM			Eigentumswohnungen Kaufpreis in DM/m²		
	von	bis	Höchst-preise	von	bis	Höchst-preise
Stuttgart - Höhenlagen	1200	2500	3500	4000	7500	10000
Stuttgart - Teilorte	750	2200	2800	2500	6500	7000
Filderraum	600	1500	1800	2500	5500	6000
Böblingen, Sindelfingen	500	1500	1800	2500	4500	5800
Gerlingen, Leonberg	650	1500	1900	2500	5500	5800
Ludwigsburg	600	1400	1700	2500	5300	5800
Rems-Murr-Kreis	530	1150	1400	1800	4900	5300
Esslingen	650	1350	1600	2000	5200	5500

Quelle: Ellwanger & Geiger nach Stuttgarter Zeitung (Nr. 219) vom 20. Sept. 1996, S. 14

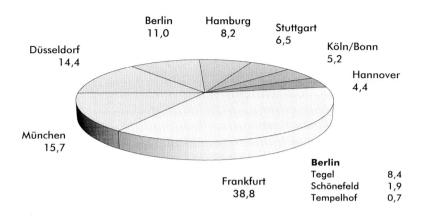

Berlin
11,0

Hamburg
8,2

Stuttgart
6,5

Düsseldorf
14,4

Köln/Bonn
5,2

Hannover
4,4

München
15,7

Frankfurt
38,8

Berlin
Tegel   8,4
Schönefeld   1,9
Tempelhof   0,7

Gesamt: 104,2 Mio.

Abb. 7-4: Fluggäste deutscher Großflughäfen 1996 in Mio.
Quelle: ADV-Arbeitsgemeinschaft Deutscher Verkehrsflughäfen. Stuttgart 1997.

7.7.2 Weitere Standortfaktoren

Die Gewerbeflächen in der Region Stuttgart werden seit der Gründung der Wirtschaftsförderungsgesellschaft übersichtlicher und professioneller angeboten. Es entsteht eine Datenbank.
Da über Jahrzehnte hinweg die Arbeitslosigkeit eher gering war, haben sich viele Kommunen
nicht sehr intensiv um Neuansiedlungen bemüht und mehr Wohngebiete als Gewerbegebiete
ausgewiesen.Obwohl die unbebauten und geplanten Gewerbegebiete in der Region zur Zeit
auf etwa 1.600 ha zu beziffern sind, fehlen insbesondere größere zusammenhängende Gewerbeflächen. In den letzten Jahren werden vor allem im südlichen Kreis Böblingen neue größere
Gewerbeflächen angeboten, z. B. in den Gewerbegebieten in Gültstein, einem Ortsteil von
Herrenberg (u.a. Hewlett u. Packard und Solectron), und in Bondorf. Hier baut die Handels-
kette Kriegbaum auf 17 ha ein neues Logistikzentrum mit zwei Hallen von 260 m Länge. Die
Dachflächen werden begrünt. Dieses nahe der Autobahn A 81 gelegene Logistikzentrum sollen täglich 600 Lastwagen anfahren. 500 der 900 Arbeitsplätze werden neu geschaffen. Dieses
Großprojekt zeigt, daß Flächen dieser Größe nur nach Änderungen der Flächennutzungsplanung gefunden werden, was nicht unproblematisch ist, und daß die Planungs- und Umwid-
mungsprozesse viele Jahre bis zur Realisierung erfordern. Interessenten außerhalb der Region
oder aus dem Ausland wären möglicherweise vorher abgesprungen. Eine Aufgabe der Wirtschaftsförderungsgesellschaft wird es sein, schnell nutzbare Flächen für umweltverträgliche
Projekte ausfindig zu machen. Daß Handlungsbedarf besteht, signalisiert auch der Beschluß
des Regionalparlaments vom März 1997, ein Förderprogramm mit jährlich 6 Mio. D-Mark zur
Einrichtung neuer interkommunaler Gewerbegebiete und zur Nutzung von Gewerbebrachen,
die auf etwa 360 ha geschätzt werden, einzurichten.

Sofort bebaubar, d. h. bereits in Bebauungsplänen ausgewiesen, sind rund 900 ha in der
Region (Abb. 7-5). Lediglich in Stuttgart gibt es kaum noch Flächen. Hier können jedoch Industriebrachen genutzt werden. Ein Beispiel ist das neue Motorenwerk der Mercedes-Benz

AG in Bad Cannstatt, das auf der 15 ha großen Fläche eines früheren Bahnausbesserungswerkes entstanden ist. Auf dem Dach der 464 m langen und 105 m breiten Halle wurden 5000 m² Solarzellen installiert. Von der Entscheidung, in Cannstatt zu bauen, bis zur Fertigstellung wurden nur dreieinviertel Jahre (1993-April 1997) benötigt. Mit einem weiteren Motorenwerk in Untertürkheim und dem Umbau von Hallen für die Motorenfertigung der neuen A-Klasse konzentriert Mercedes-Benz die gesamte Pkw-Motoren-Produktion in Stuttgart. Es werden

Abb. 7-5: Gewerbeflächen im Stadtkreis Stuttgart und in den Landkreisen der Region Stuttgart 1996
Quelle: Industrie- und Handelskammer Region Stuttgart 1996/97

zwar nur wenig Arbeitsplätze neu geschaffen, der Standort Stuttgart wird jedoch gestärkt und aufgewertet, auch für Zulieferbetriebe.

Die Gewerbesteuer-Hebesätze der Region sind insgesamt sehr hoch, doch schwanken diese erheblich zwischen den einzelnen Gemeinden. Der Spitzenwert wird in Stuttgart mit 445 erhoben. In den Landkreisen schwanken die Hebesätze von 300 bis 390, in der Mehrzahl liegen sie zwischen 330 und 360. Nach Stuttgart folgen Esslingen (390), Sindelfingen und Ditzingen mit je 380 (Stand 1996, IHK 1996/97)

Bei der Energie- und Wasserversorgung und der Entsorgung gibt es in der Region Stuttgart wenig Probleme. Rohöl-Fernleitungen und Raffinerien in Karlsruhe und Ingolstadt sind nicht weit entfernt, Erdgas ist flächendeckend vorhanden, Energie wird in der Region erzeugt und durch das Verbundnetz zugeführt. Die Strompreise sind jedoch im Land und in der Region Stuttgart relativ hoch. Die Wasserversorgung wird durch die Bodenseewasserversorgung und die Landeswasserversorgung aus dem Donautal gesichert.

Durch die vielen öffentlichen und firmeneigenen Ausbildungs- und Forschungsstätten gibt es in der Region Stuttgart ein hochqualifiziertes Arbeitskräftepotential. Beschäftigte in Forschung und Entwicklung haben hier seit 1976 überdurchschnittlich zugenommen (BADE 1996, S. 24). Für Existenzgründer gibt es im Land Baden-Württemberg eine Reihe von Initiativen, die u. a. von den Industrie- und Handelskammern, der Steinbeissstiftung und der Landeskreditbank getragen werden, und ein Informationszentrum für Existenzgründungen (ifex) beim Landesgewerbeamt in Stuttgart, daneben das Technologiezentrum in Stuttgart (seit 1984) und seit Anfang 1996 ein Software-Zentrum in Böblingen.

Alle wichtigen deutschen Banken sind in der Region Stuttgart vertreten. Allerdings sind die Versuche, große regionale Banken zu einer Großbank zu fusionieren, bisher gescheitert. Eine Stärkung des Bankenplatzes Stuttgart hätte auch eine positive Wirkung für die Stuttgarter Börse, die sich - wie alle Regionalbörsen - gegenüber der Frankfurter Börse nur schwer behaupten kann. An der Kooperation der Frankfurter Börse mit den Börsen in Düsseldorf, München und Berlin wollen auch die Börsen in Stuttgart, Hamburg, Hannover und Bremen teilhaben. Dies ist erst nach langen schwierigen Verhandlungen im Frühjahr 1997 gelungen. Es wird eine allgemeine Kooperation aller Börsen in Deutschland geben. Einheitliche Kurse sollen zeitgleich eingeführt werden.

7.8   Die Attraktivität für Besucher

Nach Fremdenübernachtungszahlen belegt die Region Stuttgart (Abb. 7-6) hinter der Region Südlicher Oberrhein den 2. Platz, dicht gefolgt von den Regionen Hochrhein-Bodensee und Nordschwarzwald. Hierbei sind allerdings die Übernachtungen in kleinen Beherbergungsbetrieben bzw. die Privatzimmervermieter mit weniger als 9 Betten nicht berücksichtigt. Bezieht man die Übernachtungszahlen auf die Einwohner, so wird klar, daß der Fremdenverkehr in der Region keine dominierende Rolle spielt. Dennoch ist er in Stuttgart und in einigen Orten des Verdichtungsraumes ein beachtlicher Wirtschaftsfaktor.

Hohe Überkapazitäten an Hotelbetten veranlaßten den Gemeinderat Stuttgart zu einer eher restriktiven Ansiedlungspolitik neuer Großhotels. Die Folge war, daß Nachbargemeinden, vor allem Sindelfingen, ihre Hotelkapaziäten stark ausgebaut haben. Schließlich wurden und werden auch in Stuttgart neue Großhotels gebaut bzw. umgebaut, u. a. das Intercontinental, das Fontana, das Maritim am Kultur- und Kongresszentrum Liederhalle, und in Verbindung mit der Musical Hall das SI-Hotel und das Copthorne-Hotel sowie das Hotel Zeppelin am Bahnhof. In Stuttgart und im Umland entstehen dadurch Überkapazitäten im Hochpreissektor, was gerade vermieden werden sollte. Es fehlen weiterhin preiswerte Hotels.

Die sprunghafte Zunahme der Übernachtungen in Stuttgart von 1,2 Mio auf 1,5 Mio im Jahr 1995 bzw. auf 1,6 Mio im Jahr 1996 hängt mit dem Musical „Miss Saigon" zusammen. Damit konkurriert Stuttgart mit Nürnberg um den siebten Platz in Deutschland im Städte-Tourismus nach Berlin, München, Hamburg, Frankfurt/M., Köln und Düsseldorf. MAIER (1996, S. 70 u. 85-88) zeigt den Zusammenhang zwischen der Auslastung der Hotels und dem Besuch von Musicals, Messen, Kongressen und anderen Großveranstaltungen. Neben den Städten um Stuttgart weisen die Bäder Bad Boll, seit 1945 mit Evangelischer Akademie, Bad Ditzenbach und Bad Überkingen höhere Übernachtungszahlen auf (Abb. 7-6 u. Tab. 7-8).

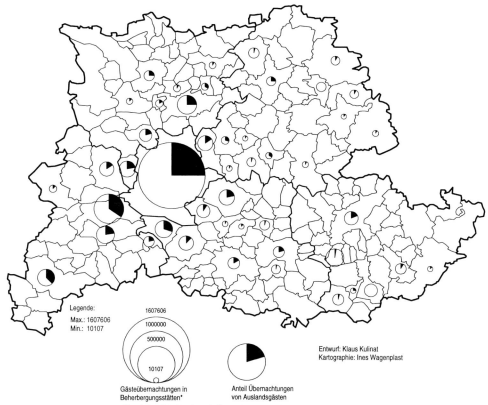

Abb. 7-6: Gästeübernachtungen, darunter von Ausländern, in der Region Stuttgart im Jahr 1996
Quelle: Statistisches Landesamt Baden-Württemberg

Tab. 7-7: Beherbergung im Reiseverkehr in den Kreisen der Region Stuttgart im Jahr 1996

Kreise	Ankünfte		Übernachtungen		Durchschnittliche	
	insge-samt	davon: Auslands-gäste	insge-samt	davon: Auslands-gäste	Betten-aus-lastung	Aufent-haltsdauer
	in 1000				%	Tage
Stuttgart	858,4	195,3	1607,6	406,8	38,0	1,9
Böblingen	329,5	63,0	761,4	211,9	32,7	2,3
Esslingen	339,7	54,8	644,3	105,3	28,6	1,9
Göppingen	159,7	15,6	450,8	38,5	32,2	2,8
Ludwigsburg	264,4	43,1	547,8	123,8	29,0	2,1
Rems-Murr	209,0	19,9	443,5	58,9	25,5	2,1
VR Stuttgart	2160,7	391,7	4455,4	945,2		2,1

Quelle: Statistisches Landesamt Baden-Württemberg

Tab. 7-8: Gemeinden mit den höchsten Fremdenübernachtungszahlen in der Region Stuttgart 1996

Gemeinde/ Gemeindegruppe[1]		Übernachtungen 1996		Bettenzahl Juli 1996	Durschnittliche Aufenthalts- dauer
		insgesamt 1000	davon aus dem Ausland in %	Anzahl	Tage
Stuttgart	P	1.607,6	25,3	11.549	1,9
Sindelfingen	P	320,6	35,0	2.353	2,2
Ludwigsburg	P	131,3	25,5	1.221	2,2
Bad Boll	A	117,5	3,0	705	3,5
Böblingen	P	116,4	21,3	933	2,2
Leinf.-Echterd.	P	108,3	30,8	958	1,5
Herrenberg	P	104,9	38,2	905	2,9
Gerlingen	P	93,4	23,3	865	2,7
Esslingen a. N.	P	88,0	22,9	815	2,0
Fellbach	P	84,1	14,9	762	1,7

Quelle: Statistisches Landesamt Baden-Württemberg.   [1]Gemeindegruppe A: Mineral- und Moorbäder,
                                                                                        Gemeindegruppe P: Sonstige Gemeinden.

Im Bereich der Schwäbischen Keuperwaldberge gehören der Luftkurort Welzheim, die Erholungsorte Althütte, Kaisersbach und Murrhardt (10 000-34 000 Fremdenübernachtungen 1996) sowie am Rand der Schwäbischen Alb der Erholungsort Wiesensteig (45 242 Fremdenübernachtungen 1996) zur Region. In diesen Gebieten, die die größten natürlichen Erholungspotentiale in der Region bieten, kommt es auch zu höheren Anteilen von Zweitwohnungen und Alterswohnsitzen.

Zu den attraktiven Zielen im Tagesausflugsverkehr der Region Stuttgart gehören der Alb-Rand, der Schwäbische Wald und der Schönbuch südlich von Stuttgart. Unmittelbar außerhalb der Region liegen die beliebten Ausflugsgebiete der Schwäbischen Alb und des Nordschwarzwalds. In Stuttgart sind die Wilhelma (1,8 Mio. Besucher), das Gottlieb-Daimler-Stadion (etwa 1 Mio.), die Schleyerhalle (etwa 0,6 Mio.) und die Staatstheater (0,5 - 0,6 Mio.) beliebte Ziele für einen Tagesausflug. Noch weit höhere Besucherzahlen erreichen der Cannstatter Wasen (etwa 5 - 6 Mio.), der Weihnachtsmarkt (etwa 3 Mio), die Messe (1,4 - 2 Mio.) und das Weindorf (etwa 1 Mio.).

In diesen Zahlen sind sowohl Stuttgarter als auch Besucher enthalten. Die erwähnte Mannheimer Studie (JENTSCH 1996, S. 167 ff.) versucht, die Herkunft der Tagesbesucher Stuttgarts zu ermitteln. 94 Prozent dieser Besucher kommen vom Wohnort, 6 Prozent vom Zweitwohnsitz oder vom Urlaubsort, insgesamt 90 Prozent aus Baden-Württemberg. Ähnliche Relationen gelten auch für den organisierten Bus-Tagesreiseverkehr, insbesondere bei Großveranstaltungen.

In den letzten Jahren ist es Stuttgart gelungen, attraktivere Unterhaltungsprogramme anzubieten, u. a. durch das Musical „Miss Saigon", ein neues Spaßbad und ein Spiel-Casino in Möhringen, das Friedrichsbau-Varieté und ein Großkino mit 13 Sälen in der Innenstadt bzw. am Rande der Innenstadt. Eine zweite Musical-Hall und mindestens ein weiteres Großkino werden gebaut.

In den letzten 15 Jahren haben die Kommunen, aber auch die Hotels, die Möglichkeiten für Tagungen, Kongresse und Messen in der Region stark ausgebaut bzw. vorhandene Kapazitäten modernisiert, so daß fast alle Typen von Großveranstaltungen in der Region durchgeführt werden können. Die Regio Stuttgart Marketing- und Tourismus GmbH hat auch für diese Aktivitäten einen Führer herausgegeben, aus denen die Interessenten aus dem breiten Spektrum des Angebots auswählen können. Die größten Sitzplatzkapazitäten in der Region bieten die Hanns-Martin-Schleyerhalle (10 000), das Messe-Congresszentrum A+B (6 500), beide in Stuttgart, der Glaspalast (5 250) und die Messehalle (5 000) in Sindelfingen sowie das Congress-Centrum Böblingen (4 500). Es folgen das Kultur- und Kongresszentrum Liederhalle in Stuttgart (2 232) sowie das Forum am Schloßpark in Ludwigsburg und die Schwabenlandhalle in Fellbach (je 1 400). Unter den Tagungshotels stellen das Copthorne Hotel S.I. (1 800) und das Maritim Hotel & Alte Reithalle (800) das größte Sitzplatzangebot. Mit über 40 Tagungshäusern und vielen für Tagungen eingerichteten Hotels besitzt die Region Stuttgart das vielfältigste Angebot in Baden-Württtemberg und kann mit vielen Tagungszentren Deutschlands konkurrieren.

7.9 Zusammenfassung

Stadt und Region Stuttgart sind für Bewohner, Unternehmer und Besucher sowohl nach den Fakten als auch nach Einschätzung von außen unerwartet hoch attraktiv. Der Raum Stuttgart folgt dicht auf die Millionenstädte Berlin, München und Hamburg in Rangskalen und Image-Analysen. Allerdings gelten diese Zahlen vor allem für die Gegenwart. Es ist jedoch klar, daß in der Region Stuttgart große Anstrengungen unternommen werden müssen, um zumindest den jetzigen Stand halten zu können. So ist zum Beispiel auf einer Rangskala, die bezüglich Karrierechancen von hochqualifizierten Arbeitskräften vom Institut Empirica in Köln (Focus Nr. 2/1997, S. 128ff.) durchgeführt worden ist und in die 62 Städte in Europa mit mehr als 400 000 Einwohnern einbezogen worden sind, Stuttgart nur auf Platz 28 zu finden, innerhalb Deutschlands z. B. nach Nürnberg (Platz 13), Hannover (Platz 20) und Berlin (Platz 26). Allerdings findet sich Stuttgart in dieser Skala vor Düsseldorf (Platz 30), Mailand (Platz 37), Rom (42) oder Madrid (43)! Bei dieser Rangskala muß also beachtet werden, daß es nicht so sehr um das Ranking von Städten geht, sondern um die derzeitigen Arbeitsmarktbedingungen für Spitzenverdiener. Mit dem weltweiten Umbau der Wirtschaft werden auch in Europa die Stadtsysteme und Regionen neu gewichtet. Es wird Gewinner und Verlierer geben. Dabei zeichnet sich ab, daß mit der zunehmenden Bedeutung hochrangiger Dienstleistungen, vernetzter Strukturen und der sozialen und kulturellen Lebensqualität - trotz aller modernen Informations- und Kommunikationsmöglichkeiten - große Städte wieder wichtiger werden als sie es im produktionsorientierten fordistischen System waren (BAILLY/JENSEN-BUTLER/ LEONTIDOU 1996). Für Stuttgart und seine Region bedeutet dies, daß angesichts der zu wenigen hochrangigen, überregionalen Dienstleistungen alle regional vorhandenen Potentiale gebündelt werden müssen, seien sie wirtschaftlicher, politischer oder kultureller Art.

Es kommt darauf an, möglichst viel Entscheidungs- und Forschungskompetenz in der Region zu halten bzw. aufzubauen. Überregionale Dienstleistungszentren sollten dieses kreative Milieu stärken. So wurde z. B. das IBM-Rechenzentrum in Ehningen trotz großer firmeninterner Konkurrenz zu einem Mega-Center, d. h. einem weltweit operierenden Rechenzentrum - auch für andere Unternehmen - ausgebaut.

Defizite wurden erkannt. Die Maßnahmen zielen vor allem auf die Stärkung Stuttgarts als Medien-, Kongress-, Messe- und Veranstaltungsstadt und allgemein als Dienstleistungszentrum. Bei den Medien sind stark vertreten Verlage und Druckhäuser. Rundfunk-, Film- und Fernsehaktivitäten sollen stärker ausgebaut werden. Möglicherweise kann der Sitz der Intendanz des zukünftigen Südwestrundfunks (SWR) in Stuttgart dazu beitragen. Geplant ist der Bau einer neuen Messe (Airport-Messe) in Flughafennähe, während die zusätzlich zur Schleyer-Halle in Stuttgart-Bad Canstatt geplanten zwei Großhallen zur Zeit wegen Geldmangels nicht realisiert werdem können. Trotzdem steht zusammen mit den Messehallen am Killesberg ein gutes Hallenangebot für Großveranstaltungen in Stuttgart zur Verfügung.

„Stuttgart 21" bietet die Chance nicht nur zu einer Attraktivitätsverbesserung des Stuttgarter Bahnhofsviertels durch Wohnungen, Arbeitsplätze und Freizeiteinrichtungen, sondern der besonderen Wahrnehmung der Region Stuttgart im Wettbewerb der Metropolregionen.

7.10 Literaturverzeichnis

BADE, F.-J., et al. (1996): Qualitative Aspekte des räumlichen Strukturwandels. Zur regionalen Entwicklung von Arbeitsplätzen. Dortmund. (Institut für Raumplanung, Arbeitspapier 146).

BAILLY, A., CHR. JENSEN-BUTLER u. L. LEONTIDOU (1996): Changing Cities: Restructuring, Marginality and Policies in Urban Europe. In: European Urban and Regional Studies 3 (2), S. 161-176.

BIRKENFELD, H. (1992): EURO-Gewinner und Verlierer. Die baden-württembergischen Großstädte im wirtschaftlichen Standortwettbewerb der EG. Ulm (Ulmer Geographische Hefte 8).

BRUNET, R. u. a. (1989): Les villes européennes. RECLUS: La Documentation française. Paris.

Industrie- und Handelskammer Region Stuttgart (Hrsg.) (1996): Die Wirtschaftsregion Stuttgart. Strukturen und Potentiale. Stuttgart

JENTSCH, C. (Hrsg.) (1996): Städtetourismus Stuttgart. Mannheim. (Südwestdeutsche Schriften 18).

KÜBLER, W. (1996): Entwicklungen im Einzelhandel der Region Stuttgart. In: Magazin Wirtschaft 3, S. 11-15.

KULINAT, K. (1996): Landesplanung in Baden-Württemberg. In: Bausinger, H., Th. Eschenburg u. a.: Baden-Württemberg. Eine politische Landeskunde. Stuttgart. 4. Aufl. (Schriften zur politischen Landeskunde Baden-Württembergs 1). S. 172-213.

LANDESHAUPTSTADT STUTTGART (Hrsg.) (1996): Statistik und Informationsmanagement, Jahrbuch 1996, 50. Jg. Stuttgart.

– (Hrsg.) (1995): Erste Ergebnisse der Bürgerumfrage 1995. Stuttgart (Statistischer Informationsdienst, Sonderdruck H. 8).

LUTTER, M., Th. PÜTZ u. M. SPANGENBERG (1993): Lage und Erreichbarkeit der Regionen in der EG und der Einfluß der Fernverkehrssysteme. (Forschungen zur Raumentwicklung Bd. 23. Bonn).

MACKENSEN, R. u. W. ECKERT (1970): Zur Messung der Attraktivität von Großstädten. In: Analysen und Prognosen 11, S. 10-14.

MACKENSEN, R. (1971): Attraktivität einer Großstadt - ein Sozialindikator. In: Analysen und Prognosen 16, S. 17-20.

MAIER, F. (1996): Aufgaben und Ziele moderner Stadtmarketingkonzepte für die Vermarktung kultureller Einrichtungen und Veranstaltungen am Beispiel der Landeshauptstadt Stuttgart. (Unveröffentlichte Diplomarbeit, Institut für Geographie der Universität Stuttgart).

MÜLLER, R. (1994): Die Region Stuttgart. Leistungsfähigkeit und Entwicklungschancen im Vergleich. Gerlingen. (Robert Bosch Stiftung/Materialien und Berichte 43).

ROSSI, A. u. CHR. STEIGER (1996): Räumliche Konkurrenz- und Kooperationsprozesse auf internationaler Ebene und ihre Bedeutung für die Stadt. In: DISP 126, S. 11-19.

WALLA, W. (1994): Die Rolle von Indikatoren in der Stadt- und Raumplanung in Metropolitan-Gebieten, dargestellt am Beispiel Stuttgart. In: Jahrbuch Statistik und Landeskunde, S. 171-190.

8 Zwischen Anpassung und Untergang. Wandel und Zukunft der Landwirtschaft in der Region Stuttgart

Barbara Lenz

8.1 Einführung

Allen strukturellen Veränderungen zum Trotz hat sich in der Region Stuttgart bis heute eine äußerst vielfältige Landbewirtschaftung erhalten, die von intensivem Sonderkulturanbau bis hin zu extensiver Weideviehhaltung reicht. Der Umfang der landwirtschaftlichen Fläche in der Region ist erstaunlich stabil geblieben; noch bestehen in den fünf Landkreisen auf 136 000 ha LF annähernd 13 600 landwirtschaftliche Betriebe (1992).

Neben den klassischen Betriebszweigen Ackerbau und Viehhaltung spielen im Stuttgarter Raum traditionell Sonderkulturen wie Wein, Gemüse und Zierpflanzen eine wichtige Rolle. Dank den damit verbundenen Möglichkeiten zur Produktivitätssteigerung haben viele Betriebe im hochverdichteten Umfeld Überlebensfähigkeit bewiesen. Allerdings weist die Region auch Gebiete auf, wo in manchen Gemeinden aufgrund der historisch bedingten Strukturentwicklung und ungünstiger naturräumlicher Bedingungen Haupterwerbsbetriebe seit Jahren schon ganz verschwunden sind. Hier trifft man neuerdings wieder auf Sozialbracheflächen, deren Ausbreitung durch Kulturlandschaftspflegemaßnahmen entgegengewirkt werden soll.

Ob die gegenwärtig zu beobachtende Beschleunigung des Agrarstrukturwandels der Landwirtschaft des Raumes letztlich zugute kommen wird, indem in größerem Umfang überlebensfähige Betriebsgrößen gebildet werden können, muß derzeit offen bleiben. Immerhin bietet der städtische Raum mit seinen spezifischen Marktbedingungen vorteilhafte Ansatzpunkte für die landwirtschaftliche Unternehmertätigkeit. Gleichzeitig aber unterliegt die Landwirtschaft immer wieder räumlichen Nutzungskonflikten, in denen es gilt, einen Ausgleich zwischen der Existenzberechtigung landwirtschaftlicher Betriebe und den infrastrukturellen und ökonomischen Bedürfnissen einer ganzen Region zu vermitteln.

Im folgenden wird der Versuch gemacht, die großen Entwicklungslinien der Landwirtschaft in der Region Stuttgart nachzuzeichnen, aber auch die verschiedenartigen Anpassungsstrategien zu erklären, die die Landwirte angesichts des Wandels der wirtschaftlichen und sozialen Rahmenbedingungen für ihre Betriebe gefunden haben. Daneben wird anhand von Primärdaten, die im Rahmen von Praktika am Institut für Geographie erhoben wurden, beispielhaft aufgezeigt, welchen Entwicklungsstand inzwischen die Landwirtschaft in Stuttgart, dem zweifellos städtischsten Teil der Region erreicht hat.

8.2 Produktionsleistung und Betriebsstrukturen

Daß sich die Landwirtschaft in der Region nicht nur erhalten hat, sondern einen lebendigen Wirtschaftszweig darstellt, vermitteln mit aller Deutlichkeit die Zahlen zu Umfang und Wert der landwirtschaftlichen Produktion in der Region. Wenngleich der Anteil an der gesamten Bruttowertschöpfung in dieser hochverdichteten Region mit 0,1 Prozent auf einem geringen

Niveau bleibt, so liefert die Landwirtschaft der Region Stuttgart doch immerhin 21,2 Prozent der pflanzlichen Erzeugnisse des Landes mit einem Wert von über 800 Mio DM und 8,3 Prozent der tierischen Produktion im Wert von 340 Mio DM. Hohe Anteile an Umfang und Produktionswert von ganz Baden-Württemberg verzeichnet die Region insbesondere beim Sonderkulturanbau - insbesondere Obst- und Gemüseanbau sowie Weinbau - mit annähernd einem Viertel der baden-württembergischen Gesamtproduktion. Damit steht der Stuttgarter Raum vor allem in Konkurrenz zur Region Franken - hier besonders mit dem Unterländer Raum um Heilbronn - und zur Region Südlicher Oberhein.

Gleichzeitig haben sich in den vergangenen 10 bis 15 Jahren Veränderungen eingestellt, die im wesentlichen in den folgenden Trends zum Ausdruck kommen:
- im Ackerbau starke Zunahme beim Anbau von Ölfrüchten wie Raps und Sonnenblumen,
- enorme Zunahme der Flächenproduktivität beim Anbau von Sonderkulturen, insbesondere beim Anbau von Obst, Gemüse und Wein,
- deutlicher Rückgang der Flächennutzung zur pflanzlichen Futtergewinnung sowie
- eine generelle Abnahme der tierischen Produktion, also sowohl der Fleisch- als auch der Milchproduktion.

Diese Entwicklungen entsprechen insgesamt den landesweiten Trends. Dazu gehört, daß alle großen baden-württembergischen Anbaugebiete für Sonderkulturen ihre Produktion nach Menge und Wert beträchtlich gesteigert haben. Dies gilt ganz besonders für die Region Stuttgart und den nördlich anschließenden Raum um Heilbronn. Die Produktionssteigerung beruht ausschließlich auf einer Intensivierung des Anbaus; eine Zunahme der Produktionsfläche im Pflanzenbau hat nicht stattgefunden: Einer leichten Abnahme beim Ackerland um etwa 4 Prozent und einer annähernd gleichbleibenden Fläche beim Sonderkulturanbau steht eine Abnahme der Gesamtfläche an Dauergrünland um fast 10 Prozent gegenüber (vgl. Abb. 8-1).

Innerhalb der Region bestehen allerdings deutliche kleinräumige Unterschiede. Während in den nördlichen und östlichen Teilen der Region mit den Kreisen Esslingen, Ludwigsburg und dem Rems-Murr-Kreis der Gemüseanbau stark ausgeweitet wurde, hat der Anbau von Sonderkulturen, insbesondere von Obst, in der gesamten Region zugenommen. Der Weinbau

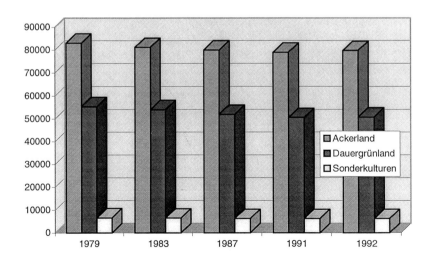

Abb. 8-1: Nutzung der landwirtschaftlichen Fläche in der Region Stuttgart nach Hauptnutzungsarten 1979-1992 (in ha)
Quelle: Statistisches Landesamt Baden-Württemberg

kann in allen Anbaugebieten der Region (Remstal und Neckartal mit Stuttgart) einen Mengen- und Wertzuwachs verzeichnen. Auch der Zuckerrübenanbau ist in fast allen Kreisen der Region ausgedehnt worden, lediglich im Landkreis Göppingen ist er ausgehend von einem ohnehin geringen Niveau noch weiter zurückgegangen.

In der tierischen Produktion existieren ebenfalls regionseinheitliche Tendenzen einerseits in Bezug auf die leichte Mengenzunahme in der Rinderproduktion sowie andererseits hinsichtlich eines allgemeinen Rückgangs an tierischer Produktion. Aus dem allgemeinen Rahmen fällt jedoch der Landkreis Ludwigsburg mit einer Zunahme in der Schlachtschweineproduktion um 12 Prozent (bezogen auf die produzierten Mengen) sowie die Landkreise Göppingen und Rems-Murr mit einer Zunahme der Milchmengen um 7 Prozent bzw. um 2 Prozent gegenüber einem Produktionsrückgang in den anderen Kreisen der Region (Abb. 8-2 und Abb. 8-3).

Dabei unterliegen die Betriebe offenkundig einer regional unterschiedlichen Leistungsfähigkeit, die sich in einer hohen Schwankungsbreite zwischen den erreichten Standardbetriebseinkommen *innerhalb* der verschiedenen Betriebsformen als auch *zwischen* den verschiedenen Betriebsformen äußert. Die mit Abstand höchsten Einkommen pro Betrieb errechnet die Statistik für den Bereich Gartenbau, wo Zierpflanzenverbundbetriebe im Rems-Murr-Kreis mit einem Standardbetriebseinkommen von 429 000 DM im Jahr 1991 weit vorne an der Spitze stehen. (Durch die Art der Berechnung sind in der amtlichen Statistik keine Angaben zum Standardbetriebseinkommen pro Arbeitskraft möglich). In den anderen Kreisen der Region kann zwar ebenfalls von günstigen Ergebnissen pro Betrieb ausgegangen werden, jedoch nicht in dieser Höhe. Die Statistik gibt für die Zierpflanzenbetriebe in Stuttgart durchschnittlich 132 000 DM pro Betrieb an; im Kreis Ludwigsburg liegt dieser Betrag nur bei 68 000 DM. Hier schneiden die Unterglas-Zierpflanzenbetriebe mit über 90 000 DM pro Betrieb im regionalen Vergleich am besten ab. Standardbetriebseinkommen in ähnlicher Höhe erreichen nur noch Gemüsebaubetriebe und Baumschulen. In den Produktionsgruppen Marktfruchtbau, Futterbau und Veredlung liegen die Beträge vielfach unter 50 000 DM, sie sind da-

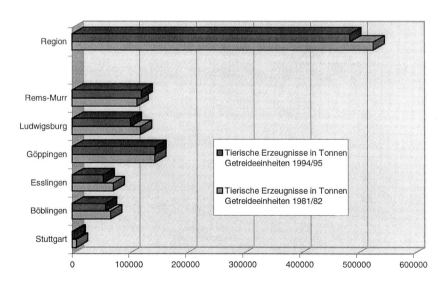

Abb. 8-2: Nahrungsmittelproduktion von tierischen Erzeugnissen in der Region Stuttgart in den Wirtschaftsjahren 1981/82 und 1994/95
Quelle: Statistisches Landesamt Baden-Württemberg

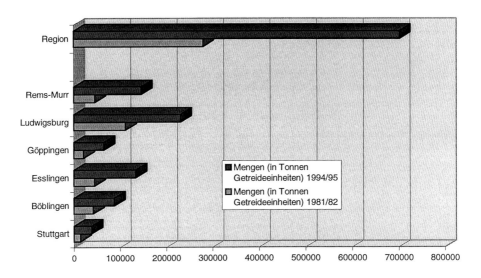

**Abb. 8-3: Nahrungsmittelproduktion von pflanzlichen Erzeugnissen in der Region Stuttgart in den Wirt-
schaftsjahren 1981/82 und 1994/95**
Quelle: Statistisches Landesamt Baden-Württemberg

mit im baden-württembergischen Vergleich aber immer noch relativ günstig. So kommen die
Betriebe mit Milchviehhaltung im Rems-Murr-Kreis auf ein durchschnittliches Standardbetriebseinkommen von 43 400 DM und übertreffen damit noch die Betriebe im oberschwäbi-
schen Raum. Ungünstig ist dagegen die Gesamtstruktur in der Region, wo in 73,6 Prozent der
Betriebe das Standardbetriebseinkommen unter 20 000 DM pro Jahr bleibt (Abb. 8-4). Hier ist

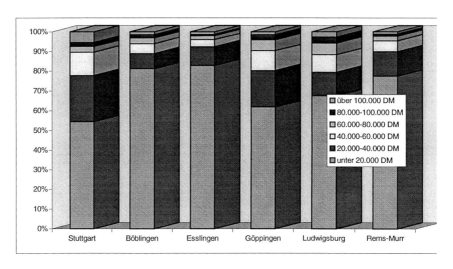

**Abb. 8-4: Betriebe der Landwirtschaft, des Gartenbaus und der Forstwirtschaft in der Region Stuttgart
nach Standardbetriebseinkommen 1991**
Quelle: Statistisches Landesamt Baden-Württemberg

allerdings auch zu berücksichtigen, daß der mit 68,8 Prozent hohe Anteil von Nebenerwerbs-
landwirtschaft in der Region Stuttgart den Wert nach unten drückt (STATISTISCHES LAN-
DESAMT BADEN-WÜRTTEMBERG 1997).

Hinter diesen Zahlenreihen verbergen sich Entwicklungen, die im Rahmen eines allgemeinen agrarstrukturellen Wandels zu einer immer stärkeren Anpassung der landwirtschaftlichen
Betriebe an die Marktbedingungen führen und nicht mehr rentable Betriebe zur Aufgabe
zwingen. So wurden allein zwischen 1989 und 1992 1 401 landwirtschaftliche Betriebe in der
Region aufgegeben, was einer Abnahme um beinahe 10 Prozent entspricht. 1992 gab es noch
13 600 Betriebe im Großraum Stuttgart. Die Veränderungen in der Zahl der Betriebe wurden
in allen Kreisen hauptsächlich durch die Aufgabe kleinerer Betriebe verursacht, die Zahl der
Betriebe mit 30 ha und mehr landwirtschaftlicher Fläche nahm dagegen fast überall beachtlich
zu. So haben im Zeitraum von 1989 auf 1992 die Betriebe mit 30-40 ha um 2 Prozent auf 572
zugenommen, von 40-50 ha um 14 Prozent auf 277 und die Betriebe mit mehr als 50 ha LF
sogar um 51 Prozent auf 387.

Die Flächenaufstockungen, die mit den Betriebserweiterungen verbunden sind, beruhen
überwiegend auf Zupacht von Flächen aus den aufgebenden Betrieben. In weiten Teilen der
Region wird nahezu die Hälfte aller Gemarkungsflächen als Pachtflächen bewirtschaftet (Tab.
8-1). Besonders hohe Anteile von Betrieben mit Zupacht gibt es in Stuttgart (82,4 Prozent im
Jahr 1991) sowie in den Landkreisen Ludwigsburg und Göppingen (70,4 Prozent bzw.
66,1 Prozent). In den übrigen Kreisen bleibt der Anteil von Betrieben mit Pachtflächen dagegen unter dem baden-württembergischen Durchschnitt von 57,1 Prozent. Die Pachtpreise, die
nur teilweise die Güte der Flächen, vor allem aber die Nachfrage widerspiegeln, liegen in den
Landkreisen Böblingen, Esslingen und Göppingen auf einem niedrigen Niveau. Sie sind deutlich höher im Rems-Murr-Kreis mit seiner immer noch umfangreichen Landwirtschaft, im
Kreis Ludwigsburg und auch in Stuttgart, wo allerdings ein überdurchschnittlich großer Teil
der Pachtfläche Rebland ist (Tab. 8-1).

Der Zukauf von Flächen ist nur für wenige Betriebe finanziell möglich und mittelfristig
auch rentabel. Er dient meist eher zur Arrondierung von Grundbesitz als zur Aufstockung der
Betriebsfläche. Während für Baden-Württemberg insgesamt seit Mitte der 80er Jahre eine
Tendenz zu leicht rückläufigen Preisen für landwirtschaftlichen Boden festzustellen ist, verläuft der Trend in den Verdichtungsräumen und auch in der Region Stuttgart umgekehrt. Gegenüber dem baden-württembergischen Durchschnittswert von 41 224 DM je Hektar landwirtschaftlicher Nutzfläche lagen 1992 die Preise in allen Kreisen der Region deutlich höher,
am höchsten in Stuttgart mit 392 385 DM pro Hektar (Tab. 8-1). Freilich werden die erfaßten
landwirtschaftlichen Flächen nur zum Teil von Landwirten gekauft, dann im allgemeinen auch
zu deutlich niedrigeren Preisen (STATISTISCHES LANDESAMT BADEN-WÜRTTEMBERG 1993).

Tab. 8-1: Pacht- und Kaufpreise landwirtschaftlicher Grundstücke in der Region Stuttgart

Kreise	Anteil der Pachtfläche an der LF %	durchschnittliche Pacht pro ha 1991 DM	Umfang der veräußerten Flächen ha	durchschnittlicher Kaufpreis pro ha 1992 1000 DM
Stuttgart	50,7	741	3,68	392,3
Böblingen	46,4	245	40,86	33,0
Esslingen	50,0	217	84,97	157,8
Göppingen	41,8	244	60,62	60,8
Ludwigsburg	45,4	447	68,86	103,6
Rems-Murr-Kreis	38,6	356	65,78	58,5

Quellen: Seitz 1993, Statistisches Landesamt Baden-Württemberg

Insgesamt zeigt sich eine klare regionale Differenzierung.der Landwirtschaft in der Region Stuttgart nach Strukturen, Produktionsmustern und Entwicklungstendenzen. Eine relativ günstige Situation liegt offenbar in den Kreisen Ludwigsburg und Göppingen sowie im westlichen Rems-Murr-Kreis vor, während im Süden und Südwesten die Betriebe im Durchschnitt deutlich geringere Erträge erwirtschaften. Ursachen sind unter anderem in der historischen Vorprägung der Teilräume zu suchen. Dazu zählen auch die Wirkungen des wirtschaftlichen und gesellschaftlichen Wandels auf die landwirtschaftlichen Betriebe und auf die in der Landwirtschaft tätigen Menschen. Durch welche Faktoren das heutige Bild der Landwirtschaft in der Region im wesentlichen erklärt werden kann, ist Gegenstand des folgenden Kapitels.

8.3 Landwirtschaft zwischen Betriebsanpassung und Betriebsaufgabe

Eingebunden in nationale und gesamteuropäische Rahmenbedingungen zeigt die Landwirtschaft der Region Stuttgart unterschiedliche Formen der Anpassung an den agrarstrukturellen Wandel. Neben wirtschaftlichen und sozialen Rahmenbedingungen bilden die naturräumlichen Rahmenbedingungen wesentliche Variablen der Veränderung. Durch ihre limitierenden Eigenschaften ergeben sich feste, nur schwer veränderbare Größen, welche die Spezialisierung der landwirtschaftlichen Betriebe bestimmen: die Ausweitung des Sonderkulturanbaus im Neckartal und im Remstal, die Ausweitung der Milchproduktion im Schwäbischen Wald und auf der Alb sowie die verbesserte Ausnutzung der ackerbaulichen Möglichkeiten auf den Filder- und Gäuflächen.

Im wesentlichen sind drei Gebietstypen in der Region Stuttgart zu unterscheiden:

– Ausgedehnte, ebene bis flachwellige Landschaften prägen den Süden und Westen der Region, die aufgrund ihrer morphologischen Beschaffenheit traditionell zu den intensiv genutzten Ackerbaugebieten des Landes gehören. Die klimatischen Bedingungen im Osten dieses Teiles der Region, also hauptsächlich auf den Fildern, bringen bei einem Jahresmittel von 8,4°C mit eher kontinentalem Temperaturgang und ausreichenden Niederschlägen auch im Sommer (Jahresdurchschnitt 685 mm) günstige Voraussetzungen insbesondere für den Hackfrucht- und Grobgemüseanbau mit sich. Nach Westen hin verschlechtern sich die klimatischen Bedingungen von den Temperaturverhältnissen her, so daß hier mehr für den Getreideanbau günstige Bedingungen vorgefunden werden.

– Die weiten Tallandschaften des Remstales und des Neckartales kennzeichnen das Zentrum und den Norden der Region und erlauben durch ihre besondere Klimagunst den Anbau von Sonderkulturen wie Wein, Obst und Feingemüse. Hier finden sich die umfangreichsten Flächen für Rebland, Obstanlagen und Baumschulen der Region Stuttgart.

– In den nordöstlichen und südöstlichen Teilen der Region besitzen die Landschaften des Schwäbischen Waldes und der Schwäbischen Alb Mittelgebirgscharakter, was die Möglichkeiten der Landbewirtschaftung durch Reliefverhältnisse und durch die feucht-kühlen klimatischen Rahmenbedingungen deutlich einengt. Jahresmittel der Temperatur, die bei 7°C liegen, sowie jährliche Niederschlagsmengen von 840 bis 1000 mm zwingen die Landwirtschaft zu einem hohen Grünlandanteil (Abb. 8-5); dadurch wurde die Milchwirtschaft zum meist wichtigsten Produktionszweig der Betriebe.

Daneben wird die Betriebsausrichtung von Strukturen bestimmt, die sich aus traditionellen Besitzverhältnissen entwickelt haben und in den heutigen Betriebsgrößen zum Ausdruck kommen. Ganz besonders die Landwirtschaft im Osten der Region mit den Remstalgemeinden und den Gemeinden am Übergang zum Schwäbischen Wald war noch vor wenigen Jahrzehnten geprägt von kleinen und kleinsten Betrieben, die ihr Auskommen nur deshalb gefunden hatten, weil höherwertige Produkte wie Obst und Gemüse angebaut werden konnten und

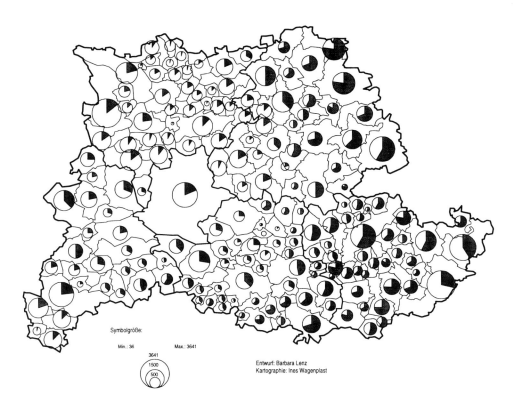

Abb. 8-5: Anteil von Grünland an der landwirtschaftlichen Nutzfläche in den Gemeinden der Region Stuttgart 1991
Quelle: Statistisches Landesamt Baden-Württemberg

damit auch auf kleinen Flächen eine Existenz möglich war. Inzwischen sind Haupterwerbsbetriebe in einigen Gemeinden ganz verschwunden; allerdings sind auch größere, längerfristig existenzfähige Betriebe entstanden (vgl. LENZ 1994).

Eine überwiegend kleinbetriebliche Strukturierung prägte auch bis weit in die 70er Jahre hinein die Landwirtschaft in den Gebieten südlich der Landeshauptstadt, was lange Zeit eine Neuorientierung und Vergrößerung von Betrieben behindert hat. Tragfähigkeitsberechnungen, die Ende der 60er Jahre für ganz Baden-Württemberg durchgeführt worden waren, hatten hier wie auch in der übrigen Region einen deutlichen Überbesatz an Arbeitskräften in den Betrieben festgestellt (MINISTERIUM FÜR ERNÄHRUNG, LANDWIRTSCHAFT, WEINBAU UND FORSTEN BADEN-WÜRTTEMBERG, Karten 11.1-11.3). Da zusätzliche Verdienstmöglichkeiten vor allem in der Industrie zur Verfügung standen, blieben zwar viele Betriebe am Leben, die erneuerungs- und ausbauwilligen Betriebsleiter in der haupterwerblichen Landwirtschaft wurden dadurch jedoch stark eingeschränkt.

Verbesserungen waren demgegenüber schon in den 60er und 70er Jahren dank Flurbereinigung und Aussiedlung in zahlreichen Gemeinden im Osten und Norden der ehemaligen Landkreise Leonberg, Vaihingen und Ludwigsburg erreicht worden. Diese Entwicklung ist nicht zuletzt auch als Ergebnis der Tatsache zu sehen, daß hier deutlich früher als in anderen Teilen der Region Änderungen der Flächenstruktur aus planerischen Gründen für notwendig erachtet und umgesetzt worden waren. Dazu hatte allerdings der nichtlandwirtschaftliche Flächenbedarf ganz entscheidend beigetragen. Zwar hatte es auch im früheren Landkreis Esslingen im Bereich der heute stark aufgesiedelten Filder landwirtschaftliche Aus- und Neusiedlungen und Flurbereinigungen gegeben, in den früheren Landkreisen Waiblingen und Backnang (heute Rems-Murr-Kreis) hatten sich die Bereinigungen aber fast völlig auf die günstigeren Bereiche der Waiblinger und Backnanger Bucht beschränkt; der Landwirtschaft auf den Höhen des Waldes wurde kaum Beachtung geschenkt. Aus diesen Gründen finden wir heute in der Region Stuttgart die günstigsten Voraussetzungen in den nördlichen und nordöstlichen Teilen, was Zahl und Größenentwicklung der landwirtschaftlichen Betriebe anbetrifft (Tab. 8-2; Abb. 8-6 und Abb. 8-7).

Tab. 8-2: Anteil der größeren Betriebe und vorherrschende Betriebsformen in den Kreisen der Region Stuttgart 1991

Kreise	Betriebe >30 ha LF	Marktfrucht-betriebe	Futterbau-betriebe	Dauerkultur-betriebe
			Prozent	
Stuttgart	16	19	13	**66**
Böblingen	13	**62**	22	10
Eßlingen	8	**32**	**38**	23
Göppingen	20	15	**71**	5
Ludwigsburg	11	25	12	**53**
Rems-Murr	6	12	**42**	**39**
Region Stuttgart	11	27	34	31
Baden-Württemberg	14	27	42	21

Quelle: Statistisches Landesamt Baden-Württemberg

Eine positive Entwicklung der Landwirtschaft wird demzufolge vor allem im Norden und Nordosten der Region erwartet. Für 70-80 Prozent aller Betriebe mit mehr als 20 ha LF kann im Landkreis Ludwigsburg ebenso wie in der Stadt Stuttgart mit einer Weiterführung des Betriebes mindestens in den nächsten zwei Jahrzehnten gerechnet werden, sei es weil der Betriebsleiter noch recht jung ist oder aber weil die Hofnachfolge gesichert ist (Landeswert 73,5). Ungünstiger schneiden die Kreise Rems-Murr und Böblingen mit jeweils nur 60-70 Prozent an relativ sicheren Betrieben im genannten Größenbereich ab; im Landkreis Esslingen sind es sogar weniger als 60 Prozent (SEITZ 1994). Damit setzt sich ein Zustand fort, den es in dieser Struktur schon vor 25 Jahren gab. Eine enorme Zunahme hat allerdings der Anteil der „sicheren Betriebe" erfahren. Lagen diese Anteile - bezogen auf die Betriebe insgesamt in den Gemeinden - im Jahr 1969 noch bei etwas über 20 Prozent, so ist heute ein Anteil von 60 Prozent bereits unterdurchschnittlich (MINISTERIUM FÜR ERNÄHRUNG, LANDWIRTSCHAFT, WEINBAU UND FORSTEN BADEN-WÜRTTEMBERG 1972, Karte 10.2). Der Schluß liegt nahe, daß sich die hohe Zahl an Betriebsabgängen im Rahmen des agrarstrukturellen Wandels auf die verbliebenen Betriebe positiv ausgewirkt hat, indem diese nur so ihre weitere Existenz durchsetzen konnten.

Ein weiterer wesentlicher Einfluß auf die dargestellte Entwicklung ist von den Veränderungen der sozioökonomischen Rahmenbedingungen ausgegangen. So waren die abgelegeneren Teile der Region, ganz besonders der Schwäbische Wald, aber auch viele der Gemeinden auf der Alb seit dem vergangenen Jahrhundert bis in die heutige Zeit Abwanderungsgebiete (Abb. 8-8), wodurch der Landwirtschaft vielfach besonders aktive und innovative Menschen entzogen wurden.

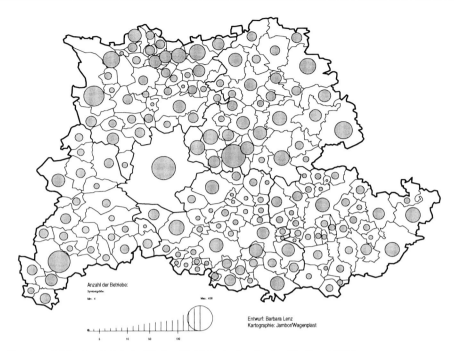

Abb. 8-6: Anzahl der landwirtschaftlichen Betriebe in der Region Stuttgart 1991
Quelle: Statistisches Landesamt Baden-Württemberg

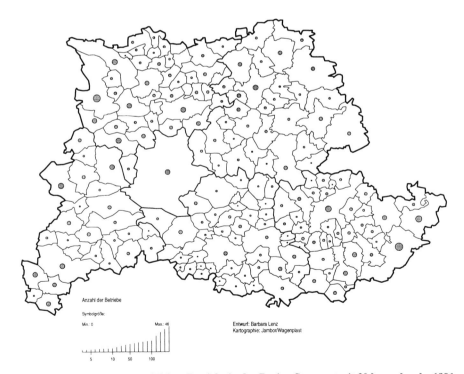

Abb. 8-7: Anzahl der landwirtschaftlichen Betriebe in der Region Stuttgart mit 30 ha und mehr 1991
Quelle: Statistisches Landesamt Baden-Württemberg

Damit fehlte es in zahlreichen Betrieben sowohl am Wunsch als auch an personellen und finanziellen Möglichkeiten, sich mehr an die veränderten ökonomischen Rahmenbedingungen anzupassen. Gleichzeitig blieb über lange Zeit - gemessen an den Arbeitseinkommen - ein personeller Überbesatz in der Landwirtschaft bestehen, mit dem ganz besonders Betriebe in den kleinstrukturierten Gebieten des westlichen Rems-Murr-Kreises und des südlichen Kreises Ludwigsburg zu kämpfen hatten. Erst im Verlauf der 70er und 80er Jahre kam es hier zu einem Wandel, der sich in einem neuerlichen Schub an Betriebsaufgaben, aber auch in einer Verbesserung des Ausbildungsniveaus der landwirtschaftlich Erwerbstätigen dokumentierte.

Zur selben Zeit nahm die Bevölkerung in den bis dahin noch stark ländlichen Gemeinden wieder zu, was für viele landwirtschaftliche Betriebe dank des Verkaufs von Bauland bzw. Bauerwartungsland einen Investitionsschub mit sich brachte, gelegentlich jedoch auch ungünstige Strukturverhältnisse verfestigte, indem unrentable Betriebe fortbestehen konnten. Gefördert wurden die Entscheidungen der Landwirte durch die Steuergesetzgebung, die Reinvestitionen in die Landwirtschaft massiv begünstigt, wenn Mittel aus dem Verkauf landwirtschaftlichen Grundbesitzes anfallen.

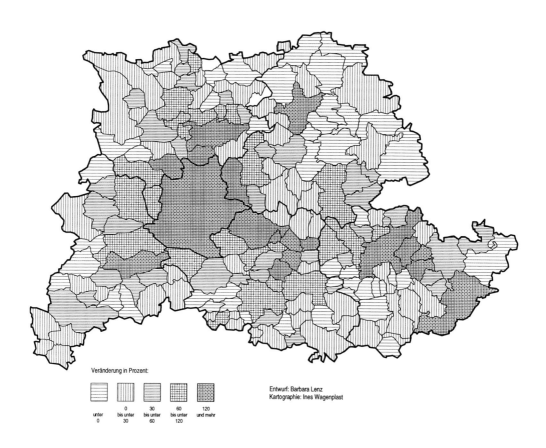

Veränderung in Prozent:

unter 0	0 bis unter 30	30 bis unter 60	60 bis unter 120	120 und mehr

Entwurf: Barbara Lenz
Kartographie: Ines Wagenplast

Abb. 8-8: Bevölkerungsveränderung in den Gemeinden der Region Stuttgart 1871-1939
Quelle: Statistisches Landesamt Baden-Württemberg

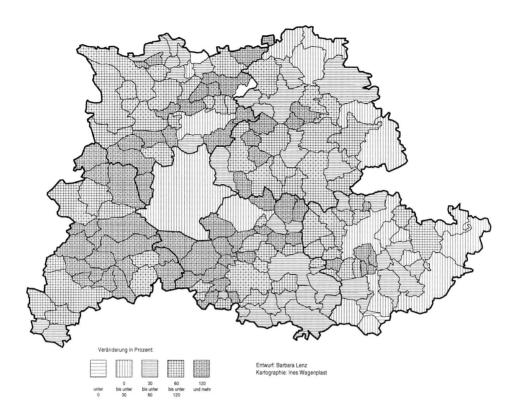

Veränderung in Prozent:

unter 0   0 bis unter 30   30 bis unter 60   60 bis unter 120   120 und mehr

Entwurf: Barbara Lenz
Kartographie: Ines Wagenplast

Abb. 8-9: Bevölkerungsveränderung in den Gemeinden der Region Stuttgart 1950-1987
Quelle: Statistisches Landesamt Baden-Württemberg

Seit den 60er Jahren kam es zu einer Umkehrung der Wanderungsrichtung, die gerade ländlichen Gemeinden in der Region hohe Bevölkerungszuwächse brachten (Abb. 8-9). Wie von BRACHAT-SCHWARZ/DECKARM in diesem Band beschrieben, ergriff der Suburbanisierungsprozeß nun auch die Mittelzentren und ihr Umland. Dabei geriet die Landwirtschaft in manchen ursprünglich bäuerlichen Dörfern unter den sozialen Druck einer eher an städtischen Lebensstilen orientierten Bevölkerung. Sichtbar wurde der gesellschaftliche Wandel insbesondere in der abnehmenden Bereitschaft junger Frauen aus Landwirtsfamilien zur Einheirat in einen landwirtschaftlichen Betrieb. Hier scheint es oft, als habe geradezu eine „Flucht" aus der Landwirtschaft stattgefunden. Für die Region Stuttgart fehlen bislang leider entsprechende Untersuchungen.

Der Strukturwandel in den landwirtschaftlichen Betrieben wurde begleitet von einer Veränderung des Verbraucherverhaltens seit Ende der 50er Jahre, was insbesondere für gartenbaulich ausgerichtete Betriebe sowie für landwirtschaftliche Betriebe mit günstigen naturräumlichen Rahmenbedingungen neue Marktchancen erschloß. Ausdruck dieser Entwicklung war nicht nur die weitere Spezialisierung des einzelnen Betriebes, sondern auch die Ausnutzung neuer technologischer und technischer Möglichkeiten im Anbau. Ein interessantes Beispiel liefert dazu aus den 70er Jahren die Umstellung der Erzeugung auf neue Produkte wie Salat, die einerseits der Nachfrage entsprachen und gleichzeitig dank neuer Techniken - in diesem Fall die Mechanisierung des Pflanzens - in großen Mengen durch landwirtschaftliche Betriebe produziert werden konnten. Darüber hinaus entstanden neue bzw. verbesserte Vermarktungsmöglichkeiten durch Zusammenschlüsse und Neugründungen wie die vitfrisch in Heilbronn oder den Ausbau des Großmarktes in Stuttgart, wo zur spezialisierten Produktion spezialisierte Vermarktungseinrichtungen entstanden.

Neben die herkömmlichen Spezialisierungsstrategien der landwirtschaftlichen Betriebe sind seit längerer Zeit schon solche getreten, die das städtische Umfeld als Markt für Dienstleistungsangebote angehen, wie es diejenigen Betriebe tun, die auf Pensionspferdehaltung und Reitbetrieb umgestellt haben. Der Landwirt bietet Stallungen, Koppeln und u. U. einen Reitplatz bzw. eine Reithalle an und übernimmt Fütterung sowie Stallarbeit.

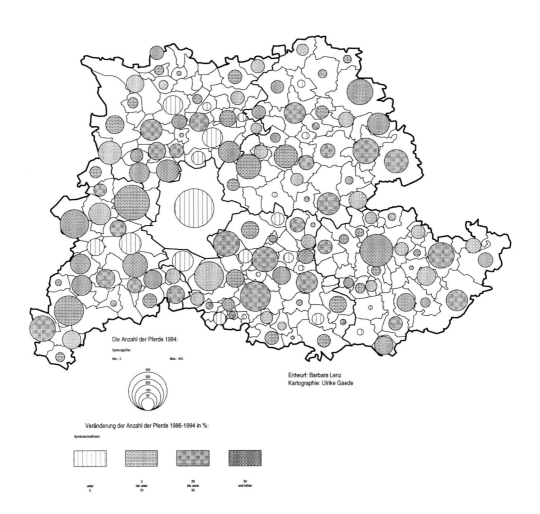

**Abb. 8-10: Der Umfang der Pferdehaltung in der Region Stuttgart 1994 und seine prozentuale
Veränderung seit 1986**
Quelle: Statistisches Landesamt Baden-Württemberg

Entsprechende Voraussetzungen bieten die relativ hohe Kaufkraft der städtischen Bevölkerung und die demographischen Strukturen mit dem hohen Anteil an Ein- und Zweipersonenhaushalten. Abb. 8-10 mit Angaben zu der Pferdehaltung in den landwirtschaftlichen Betrieben zeigt, daß gerade landwirtschaftliche Betriebe in den Städten und im Umfeld der Städte diese Möglichkeiten in den vergangenen Jahren zunehmend genutzt haben.

Darüber hinaus profitieren aber ganz offensichtlich auch die Betriebe in den Naherholungsgebieten der Region von dieser neueren Entwicklung. Besonders auffällig zeigt sich dies für einige Gemeinden auf der Alb bzw. am Albrand und für Gemeinden im Schwäbischen Wald, wo in den vergangenen Jahren vielfach landwirtschaftliche Betriebe zu Reiterhöfen ausgebaut worden sind, mit Pensionspferdehaltung, Ferien- und Freizeitangeboten.

8.4   Landwirtschaft in der Großstadt Stuttgart

(Text: Matthias Güthler)

Mehr noch als in den übrigen Teilen der Region stehen die landwirtschaftlichen Betriebe in der Landeshauptstadt unter dem Druck des agrarstrukturellen und sozioökonomischen Wandels. Der außerordentlich hohe Industrie–, Gewerbe– und Dienstleistungsbesatz Stuttgarts hat jedoch nicht zu einer vollständigen Verdrängung der Landwirtschaft geführt. Die verbliebenen landwirtschaftlichen Betriebe befinden sich heute am Stadtrand. Von der Gesamtfläche des Stuttgarter Stadtgebietes (20 731 ha) entfallen ca. 48 Prozent (9 935 ha) auf Siedlungs– und Verkehrsflächen, 27 Prozent (5 493 ha) auf landwirtschaftliche Flächen, 23 Prozent (4 866 ha) auf Wald. Etwa 50 Prozent (2 762 ha) der landwirtschaftlichen Fläche werden ausschließlich von Stuttgarter Betrieben bewirtschaftet. Im Stadtgebiet Stuttgart gab es 1991 noch 430 landwirtschaftliche Betriebe, davon 215 Betriebe mit einer Betriebsfläche von 1–10 ha, 36 Betriebe mit 10–20 ha, 20 Betriebe mit 20–30 ha und 18 Betriebe mit mehr als 30 ha; die übrigen Betriebe bleiben mit ihrer Fläche unter 1 ha. Von den 430 Stuttgarter Landwirtschaftsbetrieben wurden 243 im Haupterwerb und 170 im Nebenerwerb geführt, die restlichen Betriebe stellen keine Familienbetriebe dar.

Die relativ hohen Erzeugungskosten landwirtschaftlicher Produkte in Großstadtnähe zwingen die dort ansässigen Betriebe zu einer höchst intensiven Produktion, mit der die Landwirtschaftsbetriebe Stuttgarts ihre Leistungsfähigkeit und –bereitschaft eindrücklich unter Beweis stellen: Im Wirtschaftsjahr 1993/94 wurden pflanzliche und tierische Erzeugnisse im Wert von 89,9 Mio. DM bzw. 3,6 Mio. DM produziert.

Stuttgart als Zentrum der Region stellt aus landwirtschaftlicher Sicht einen besonderen Standort dar. Die starke Bevölkerungskonzentration hat sowohl negative als auch positive Auswirkungen für die Landwirtschaft. Die landwirtschaftlich genutzte Fläche der Großstadt Stuttgart wird ständig verringert. Dies ist die Folge des hohen Flächenbedarfs für Industrie und Gewerbe für die Ausweitung von Wohngebieten sowie für den Aus– und Umbau von Verkehrsflächen (u.a. Flughafen, Autobahnen und Straßen, Parkplätze und Bahnanlagen). Damit ein landwirtschaftlicher Betrieb jedoch existieren und rentabel wirtschaften kann, ist eine ausreichend große Betriebsfläche unabdingbar. Da die Landwirtschaft bei den auftretenden Nutzungskonflikten meist unterlegen ist und somit in der Regel Flächen einbüßt, sind viele der landwirtschaftlichen Betriebe Stuttgarts in ihrem Fortbestand bedroht. Generell besteht der Eindurck, daß landwirtschaftliche Erfordernisse in der Flächennutzungsplanung des Verdichtungsraumes eine untergeordnete Rolle spielen.

Beeinträchtigungen entstehen für die landwirtschaftlichen Betriebe nicht nur strukturell, sondern auch im Betriebsalltag. So wirkt sich die starke Verkehrsbelastung des Stuttgarter Raumes vor allem im Nahbereich von Flughafen und Autobahnzubringern in einem teilweise enorm hohen Zeitaufwand bei der Anfahrt zu den Wirtschaftsflächen aus. Weitere Probleme

entstehen durch moderne landwirtschaftliche Maschinen und Geräte, mit denen viele Orts-
durchfahrten nicht befahren werden können. Wie bei gewerblichen Betrieben fehlen Erweite-
rungs- und Lagerflächen. Daneben nimmt offenbar die Akzeptanz landwirtschaftlicher Aktivitäten durch die Bevölkerung im städtischen Raum immer weiter ab.

Das städtische Umfeld wirkt sich dennoch nicht nur negativ auf die landwirtschaftlichen
Betriebe aus. Die Stuttgarter Landwirtschaft verfügt aufgrund der Bevölkerungskonzentration
über einen hervorragenden und großen Absatzmarkt in unmittelbarer Nähe. Qualitativ hoch-
wertige und frische Produkte, von bäuerlichen Familienbetrieben erzeugt, genießen in einer
Zeit der Lebensmittelskandale besonderes Vertrauen bei den Verbrauchern. Indem der Zwi-
schenhandel ausgeschaltet wird, können die Landwirte gleichzeitig bedeutend höhere Ge-
winnspannen erzielen. Die Direktvermarktung als Verkauf ab Hof, auf Wochenmärkten oder
über Verkaufswagen besitzt große Bedeutung in Stuttgart. Kartoffeln, Gemüse und Obst werden besonders häufig über diese Vermarktungswege angeboten. Getreide wird nur in geringem
Umfang direkt vermarktet, da bis zum Verzehr eine meist aufwendige Weiterverarbeitung
notwendig ist. Gleiches gilt für Fleisch und Wurstwaren, wobei hier zusätzlich strenge Hygie-
nevorschriften beachtet werden müssen, die hohe Investitionen in direkt vermarktenden Betrieben erfordern.

8.5   Das Beispiel Stuttgart-Mühlhausen und die Entwicklung seiner Landwirtschaft seit Mitte des 19. Jahrhunderts

Beispielhaft für den Entwicklungsverlauf in vielen Teilen des Stadtgebietes werden im folgenden die Ausgangslage und der Wandel der Landwirtschaft im ehemals selbständigen Stuttgarter Stadtbezirk Mühlhausen aufgezeigt, das in einer Höhenlage von 228 m ü. NN ca. 8 km
nordöstlich vom Stadtzentrum Stuttgart am Rande des Neckartals liegt. Mühlhausen war aufgrund der günstigen klimatischen Gegebenheiten seit jeher ein bevorzugter Standort der
Landwirtschaft. Bei einer mittleren Jahrestemperatur von 9°C werden Jahresniederschlags-
summen von 650 mm erreicht. Die Vegetationsperiode mit 230–240 Tagen zählt zu den läng-
sten in ganz Württemberg. Schließlich leisten die fruchtbaren Lößlehmböden (EMZ 60–70)
einen weiteren Beitrag zur landwirtschaftlichen Gunstsituation.

Die günstige landwirtschaftliche Entwicklung in Mühlhausen im 19. Jahrhundert erlitt
durch eine Kartoffelkrankheit im Jahre 1847 einen Einbruch. Dies führte zusammen mit witte-
rungsbedingten Mißernten zu einer bis 1855 andauernden Hungersnot.

Die Probleme wurden durch die starke Bevölkerungszunahme verschärft. So waren durch
die im Neckarbecken verbreitete Realerbteilung immer kleinere Parzellen und eine zunehmende Zersplitterung des Grundbesitzes entstanden. Erst durch den in der zweiten Hälfte des
19. Jahrhunderts einsetzenden Industrialisierungsprozeß in Stuttgart konnte die wirtschaftliche
Situation der Mühlhausener Landwirte mit Nebenerwerbsmöglichkeiten im industriellen und
gewerblichen Bereich verbessert werden. Statistische Angaben aus dem Jahr 1882 belegen,
daß bereits zu diesem Zeitpunkt etwa 40 Prozent der landwirtschaftlichen Betriebe Mühlhau-
sens über eine weitere, außerlandwirtschaftliche Erwerbsquelle verfügten. Ab 1895 bot die
Arnold'sche Baumwollspinnerei industrielle Arbeitsplätze insbesondere für Frauen an.

Die Industrialisierung bewirkte aber auch eine Zuwanderung ländlicher Bevölkerung in den
Stuttgarter Raum. Dies hatte eine gesteigerte Nachfrage nach landwirtschaftlichen Erzeugnissen zur Folge und führte zu einer Intensivierung der städtischen und stadtnahen landwirtschaftlichen Produktion gegen Ende des 19. Jahrhunderts.

In dieser Phase ergaben sich wesentliche Veränderungen der Bodennutzung. Die traditio-
nelle Dreifelderwirtschaft wurde verbessert: An die Stelle der Brache trat der Anbau von
Hackfrüchten oder Klee. Der zunehmende Futterpflanzenbau erlaubte ein Anwachsen des

Viehbestandes. So ergab eine Viehzählung im Dezember 1892 einen relativ großen Viehbestand in Mühlhausen mit 63 Pferden, 312 Rindern, 213 Schafen, 154 Schweinen und 761 Stück Federvieh. Der zunehmende Wohlstand der Stadtbevölkerung am Ende des 19. Jahrhunderts äußerte sich in einem stetig ansteigenden Fleischkonsum. Als Folge dieser Entwicklung nahm in Mühlhausen insbesondere die Schweinehaltung zu.

Um 1895 betrug die landwirtschaftlich genutzte Fläche in Mühlhausen 535 ha (91 Prozent der Gemeindemarkung). Auf 4 Prozent der Gemarkungsfläche stand Wald. Von der landwirtschaftlich genutzten Fläche entfielen 86 Prozent auf Acker– und Gartenland, 9 Prozent auf Wiesen, 1 Prozent auf Weiden und 4 Prozent auf Weinberge. Eine herausragende Stellung unter den Anbaufrüchten besaß die Zuckerrübe. Zur Jahrhundertwende waren ca. 100 ha Akkerfläche mit Zuckerrüben bestellt. Die 1850 errichtete Zuckerfabrik im benachbarten Münster gab den Mühlhausener Landwirten einen gesicherten Absatzmarkt. Ähnliche Verflechtungen bestanden bei der Zichorie (20–30 ha Anbaufläche). Die Zichorienwurzeln wurden von einer Fabrik im nahegelegenen Ludwigsburg zu einem Grundstoff für Kaffeesurrogat aufbereitet. Auf dem größten Teil des Ackerlandes (132 ha) wurde Getreide angebaut (Hafer 65 ha, Weizen 60 ha, Roggen 7 ha).

Im Laufe des 20. Jahrhunderts verlor die Landwirtschaft in Mühlhausen zunehmend an Bedeutung. Die Anzahl der Betriebe ist seit Jahren stark rückläufig, und keiner der heutigen Betriebe weist noch nennenswerte Nutzviehbestände auf. In den letzten Jahrzehnten kam es jedoch zu einer erheblichen Ausweitung des Obst– und Gartenbaus sowie der Zierpflanzenproduktion in Mühlhausen. Der Spezialisierungsgrad der großen Zierpflanzenproduzenten ist außerordentlich hoch, das im Obst– und Gartenbau erzeugte Obst und Gemüse wird vorwiegend über die Direktvermarktung abgesetzt. Diese Entwicklung ist symptomatisch für die Situation der städtischen Landwirtschaft. Die Landwirte sind angesichts der Verringerung ihrer Wirtschaftsflächen gezwungen, die ihnen verbliebenen Flächen intensiv zu nutzen, um im härter werdenden Wettbewerb bestehen zu können. So verloren beispielsweise zahlreiche Mühlhausener Landwirte in den fünfziger und sechziger Jahren einen Teil der Wirtschaftsflächen durch die neuen Stuttgarter Stadtteile Mönchfeld und Freiberg auf Mühlhausener Gemarkung.

Dennoch gehört Mühlhausen immer noch zu den wenigen nennenswerten Konzentrationen der Stuttgarter Landwirtschaft. In Stuttgart befindet sich heute die überwiegende Mehrheit der Betriebe mit mehr als 10 ha am Nordrand des Stadtgebietes (Stadtbezirk Mühlhausen, Stadtteil Zazenhausen), nordwestlich des Zentrums (Stadtbezirk Weilimdorf) und im Süden (Stadtbezirke Möhringen und Plieningen).

Im Stadtbezirk Mühlhausen, zu dem auch Zazenhausen gehört, existierten 1995 gerade noch neun landwirtschaftliche Betriebe. Von diesen neun Betrieben beider Orte wurden sieben im Haupterwerb und zwei im Nebenerwerb geführt. Nur vier Betriebe verfügen über mehr als 20 ha Nutzfläche, zwei Betriebe bleiben unter 10 ha, drei Betriebe zwischen 10 und 20 ha. Die wichtigsten Anbauprodukte sind Getreide, Obst, Grob– und Feingemüse, Kartoffeln und Mais. In zwei Zazenhausener Betrieben wurde Milchvieh gehalten; der letzte Mühlhausener Nutztierhalter hat die Schweinemast 1995 aufgegeben.

In der Vermarktung der landwirtschaftlichen Erzeugnisse zeigt sich die Bedeutung des städtischen Marktes: Feingemüse, Obst und Kartoffeln werden zu hohen Anteilen (zwischen 66 und 75 Prozent) über Direktvermarktung an Privatkunden verkauft. Der Direktvermarktungsanteil des Grobgemüses ist mit ca. 50 Prozent ebenfalls recht hoch. Das Getreide wird überwiegend, nämlich zu 80 Prozent, an Genossenschaften und Vertragspartner verkauft. Fleisch und Fleischwaren setzen die viehhaltenden Betriebe sowohl an Händler als auch an Metzgereien ab.

Änderungen der Vermarktungswege erfolgten in den letzten zehn Jahren hauptsächlich bei vielfältig und flexibel vermarktbaren Produkten wie Gemüse, Obst, Milch und Wein. Bei diesen Produktgruppen nahm der Direktvermarktungsanteil deutlich zu. Dabei sind es in erster Linie die jüngeren und höherqualifizierten Betriebsleiter (ausgebildete Landwirte und Landwirtschaftsmeister), die ihre Vermarktungsstrategien veränderten Bedürfnissen und Möglichkeiten anpassen.

In welcher zeitlichen Abfolge solche Anpassungsprozesse vor sich gehen, skizziert in typischer Weise die nachfolgende Abbildung. In diesem Fall handelt es sich um einen Betrieb in Mühlhausen mit Anbau von Obst und Gemüse auf etwas mehr als 20 ha. Sehr deutlich wird insbesondere die Wechselwirkung zwischen marktangepaßten Vermarktungs- und Produktionsstrategien.

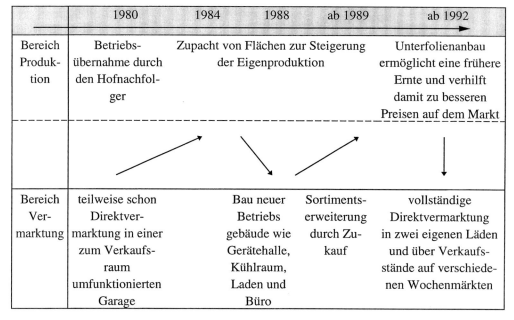

Abb. 8-11: Betriebsdynamik am Beispiel eines landwirtschaftlichen Betriebes in Stuttgart-Mühlhausen

8.6 Wohin geht die künftige Entwicklung?

Die Landwirtschaft in der Region Stuttgart befindet sich schon seit langem in einem Umstrukturierungsprozeß, von dem zu erwarten ist, daß er seine Richtung auf absehbare Zeit beibehält. Die kleineren und mittelgroßen Betriebe (1–10 ha und 10–20 ha Fläche) besitzen die geringsten Zukunftschancen. Die Bewirtschaftung dieser Betriebe wird in der Regel spätestens mit dem Ausscheiden des Betriebsleiters aus dem Arbeitsleben aufgrund mangelnder Rentabilität eingestellt. Von dieser Entwicklung profitieren die verbleibenden großen Betriebe. Sie übernehmen den Großteil der Wirtschaftsflächen der aufgegebenen Betriebe. Da landwirtschaftliche Flächen im Stuttgarter Raum eine wertvolle Kapitalanlage darstellen (Spekulation auf Baulandausweisung), werden sie nicht verkauft, sondern zumeist verpachtet. Das Interesse der jungen Generation an der Landwirtschaft nimmt stark ab. Attraktive, städtische Arbeitsplätze werden einer landwirtschaftlichen Tätigkeit vorgezogen. Daher müssen viele landwirtschaftliche Betriebe im städtischen Raum die Bewirtschaftung einstellen, wenn sich kein Nachfolger findet.

Zukunftsfähige Landwirtschaftsbetriebe sind fast nur noch in Größenklassen von mehr als 30 ha zu finden, dies gilt ganz besonders für Betriebe mit reinem Ackerbau und Viehhaltung, in abgeschwächter Form auch für Betriebe mit Sonderkulturen. Ein Weiterführen der Betriebe erfordert jedoch nicht nur ausreichende Flächen, sondern auch eine Betriebsausstattung und damit einen Kapitalstock, die eine Strukturanpassung erlaubt. Auf den hochwertigen Wirtschaftsflächen der Region wird eine intensive und hochspezialisierte Produktion betrieben, weniger rentable Flächen werden aus der Intensivproduktion herausgenommen und seit einigen Jahren mit staatlicher Unterstützung extensiveren Nutzungsformen zugeführt (MEKA–Programm). Die Viehhaltung wird sich immer stärker an die naturräumlichen Voraussetzungen anpassen. Im städtischen Umfeld wird sie allein schon aufgrund der mit der Viehhaltung verbundenen Geruchsbelästigungen immer problematischer werden. Eine Erweiterung oder Intensivierung des Anbaus ist vorwiegend bei direktvermarktbaren Erzeugnissen wie Gemüse, Obst und Kartoffeln zu erwarten. Der Betriebsleiter der Zukunft besitzt in der Regel eine landwirtschaftliche Ausbildung und führt seinen Betrieb im Haupterwerb. Aufgrund seiner qualifizierten Ausbildung kann er sehr flexibel und effektiv auf Veränderungen der Marktsituation reagieren und sich im zunehmend härter werdenden Wettbewerb behaupten.

Die Differenzierung der Landwirtschaft in der Region wird dabei immer mehr Ausdruck der naturräumlichen Verhältnisse und der spezifischen, mit ihnen verbundenen Gunstfaktoren sein. Der Erhalt der landwirtschaftlichen Betriebe als zuverlässige Nahrungsmittelproduzenten ebenso wie als Landschaftsgestalter sollte sowohl durch die Bevölkerung als auch durch den Staat eine sinnvolle Unterstützung finden.

8.7 Literaturverzeichnis

MINISTERIUM FÜR ERNÄHRUNG, LANDWIRTSCHAFT, WEINBAU UND FORSTEN BADEN-WÜRTTEMBERG (Hrsg.) (1972): Agrarstrukturelle Rahmenplanung Karlsruhe. Stuttgart.

LANDESHAUPTSTADT STUTTGART, STATISTISCHES AMT (Hrsg.) (1994): Stuttgart im Verband. Region Stuttgart. Wahl- und Strukturdatenatlas. Sonderheft 3/1994.

LENZ, B. (1994): Entwicklungschancen der Landwirtschaft in benachteiligten Gebieten. Dargestellt am Beispiel des nördlichen Teils der Keuperwaldberge in Baden-Württemberg. Stuttgart. (Stuttgarter Geographische Studien 122).

SEITZ, R. (1994): Hofnachfolgesituation in den landwirtschaftlichen Betrieben in Baden-Württemberg 1991. In: Baden-Württemberg in Wort und Zahl 4, S. 182-188.

– (1993): Die Eigentums- und Pachtverhältnisse in den landwirtschaftlichen Betrieben Baden-Württembergs im Jahr der Landwirtschaftszählung 1991. In: Baden-Württemberg in Wort und Zahl 6, S. 227-233.

STATISTISCHES LANDESAMT BADEN-WÜRTTEMBERG (Hrsg.) (1997): Statistik von Baden-Württemberg. Bd. 510, H. 3. Stuttgart.

– (1995): Bruttoproduktion und Nahrungsmittelproduktion der Landwirtschaft in den Stadt- und Landkreisen Baden-Württembergs im Wirtschaftsjahr 1993/94. Statistische Berichte Agrarwirtschaft 74/94. Stuttgart.

– (1994): Statistik von Baden-Württemberg. Bd. 463, H. 4. Stuttgart.

– (1993): Kaufwerte für landwirtschaftlichen Grundbesitz wieder rückläufig. In: Eildienst 173/93.

– (1993): Statistik von Baden-Württemberg. Bd. 470, H. 2, 5. Stuttgart.

– (1993): Betriebssysteme in Landwirtschaft, Gartenbau und Forstwirtschaft in Baden-Württemberg nach Größenklassen des Standardbetriebseinkommens und der landwirtschaftlich genutzten Fläche. Statistische Berichte Agrarwirtschaft 8/93. Stuttgart.

– (1992): Statistische Berichte. Agrarwirtschaft 1991. Stuttgart.

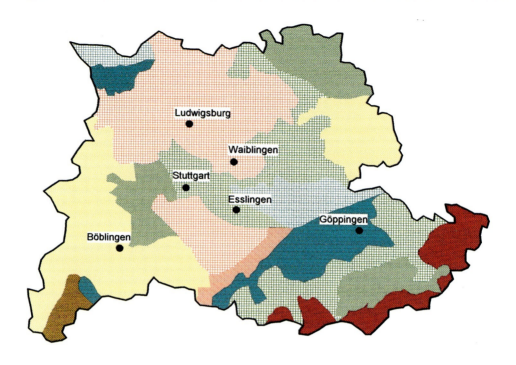

Farbkarte 8-1: Natürliche Erzeugungsbedingungen für die Landwirtschaft in der Region Stuttgart
Quelle: Ministerium für Ernährung, Landwirtschaft, Weinbau und Forsten Baden-Württemberg

Qualität der Standorte und ihre mögliche landwirtschaftliche Nutzung:

überwiegend gute bis sehr gute Standorte in warmem bis sehr warmem Klima - Sehr günstige Anbaubedingungen für intensiven Acker- und Feldgemüsebau.

In wärmeklimatisch günstigen bis sehr günstigen Lagen intensive landwirtschaftliche Nutzung möglich, Anbauschwerpunkte für den Obstbau und für den Weinbau.

Überwiegend mittelmäßige Standorte in warmem Klima - intensiver Ackerbau möglich; Anbauerfolg vielfach durch mäßig fruchtbare Böden, Hanglagen oder hohe Niederschläge beeinträchtigt, stellenweise nur Grünlandnutzung möglich.

In wärmeklimatisch günstigen bis sehr günstigen Lagen intensive landwirtschaftliche Nutzung möglich, Anbauschwerpunkte für den Obstbau und für den Weinbau.

Überwiegend gute Standorte in mäßig kühlem Klima - günstige Anbaubedingungen für intensiven Ackerbau; aber kürzere Vegetationsperiode.

Überwiegend mittelmäßige Standorte in mäßig kühlem Klima - intensiver Ackerbau möglich; jedoch kürzere Vegetationsperiode; Anbauerfolg vielfach durch mäßig fruchtbare Böden, Hanglagen oder hohe Niederschläge beeinträchtigt, stellenweise nur Grünlandnutzung möglich.

Überwiegend noch mittelmäßige Standorte mit kühlem Klima - Ackerbau mit Schwergewicht auf Getreide-, Kartoffel- und Futterbau möglich; Anbauerfolg vielfach durch mäßig fruchtbare Böden, Hanglagen oder hohe Niederschläge beeinträchtigt, stellenweise nur Grünlandnutzung möglich.

Überwiegend ziemlich schlechte Standorte - Ackerbau wegen meist ungünstiger Böden (feucht, trocken, stark tonig), hoher Niederschläge oder Hanglagen im allgemeinen benachteiligt, zwangsläufig hoher Grünlandanteil; stellenweise jedoch noch gute Möglichkeiten für den Ackerbau.

In wärmeklimatisch günstigen bis sehr günstigen Lagen intensive landwirtschaftliche Nutzung möglich, Anbauschwerpunkte für den Obstbau und für den Weinbau.

9 Veränderungen der Wasserversorgung in der Region Stuttgart

Barbara Richter-Jakob und Bernhard Jakob

9.1 Die Wasserversorgung der Region Stuttgart

In Baden-Württemberg herrschen Wassermangel und Wasserüberschuß zugleich. Der bevölkerungsreichen, aber geologisch wie klimatisch bedingt wasserarmen Region Stuttgart stehen Wasserüberschußgebiete, z. B. am Bodensee oder an der Donau, gegenüber.

Gerade die Stuttgarter Bucht ist ein Wassermangelgebiet. Geologisch gesehen liegt Stuttgart größtenteils im Bereich des Keupers, einer Formation, die aus klüftigen Mergel- und Sandsteinlagen aufgebaut ist und nur kleinere Quellen austreten läßt. Im nördlichen Stadtgebiet (Münster, Hofen, Mühlhausen) schneidet sich der Neckar in den für eine Trinkwassergewinnung ungünstigen Muschelkalk ein, im Neckartal selbst finden sich nur geringmächtige Flußablagerungen mit mäßigen Grundwasservorkommen. Südlich der Stuttgarter Bucht (Filder) ist der Keuper von Schwarzjura und Lößschichten überdeckt. Auch hier finden sich nur kleinere Quellen. Mit 622 Millimeter pro Jahr im inneren Stadtgebiet und 700 bis 750 Millimeter auf den Höhen sind die Niederschläge zudem recht niedrig (TECHNISCHE WERKE

Tab. 9-1: Wasserfördermengen und Gewinnungsanlagen nach Wasserarten in der Region Stuttgart 1993

Kreise		Wasser-gewinnungs-anlagen	davon: Anlagen für Grundwasser	Anlagen für Quellwasser	Anlagen für Oberflächen-wasser
Stuttgart	a	1577	0	0	1577
	b	1	0	0	1
Böblingen	a	4082	2658	1424	0
	b	31	19	12	0
Esslingen	a	7327	5156	2171	0
	b	46	19	27	0
Göppingen	a	8781	5296	3485	0
	b	46	22	24	0
Ludwigsburg	a	7186	6093	945	148
	b	59	41	16	2
Rems-Murr	a	8438	3701	4737	0
	b	145	31	114	0
Region	a	37391	22904	12762	1725
Stuttgart	b	328	132	193	3
	a	Fördermenge in 1000 m³			
	b	Anzahl			

Quelle: Statistisches Landesamt Baden-Württemberg 1996

DER STADT STUTTGART 1995, S. 5). Zur Abschätzung des natürlichen Wasserdargebots in der Region kann die Hydrogeologische Karte von Baden-Württemberg herangezogen werden. Farbkarte 9-1 zeigt die Grundwasserlandschaften, die in der Region Stuttgart auftreten. Eine Grundwasserlandschaft umfaßt eine oder mehrere geologische Formationen, die bezüglich Grundwasserführung und Wasserwegsamkeit, Ergiebigkeit und Wasserbeschaffenheit sowie der Empfindlichkeit gegenüber Verunreinigungen durch den Menschen ähnlich strukturiert sind (siehe GEOLOGISCHES LANDESAMT UND LANDESANSTALT FÜR UMWELTSCHUTZ BADEN-WÜRTTEMBERG 1985).

Abgesehen von dem relativ geringen natürlichen Dargebot an Grund- und Quellwasservorkommen ergeben sich in der Region Stuttgart, wie auch in anderen Verdichtungsräumen, schon aufgrund des hohen regionalen Bedarfs, der vielfältigen Raumnutzungsansprüche und der begrenzten Regenerierbarkeit von Wasservorkommen (Oberflächenversiegelung, Grundwasserabsenkungen) Schwierigkeiten bei der Wasserversorgung.

Dies gilt sowohl für die Qualität als auch für die Quantität. Eine Alternative zum Grund- und Quellwasser wäre Oberflächenwasser (Neckarwasser), welches jedoch in der Region qualitätsbedingt nur sehr begrenzt zur Trinkwassergewinnung herangezogen wird (siehe Tab. 9-1).

Die 328 Wassergewinnungsanlagen der Region fördern größtenteils Grund- und Quellwasser: Dies entspricht einer Wassermenge von ca. 37 Mio. m³/Jahr. Die Oberflächenwassergewinnung spielt, wie erwähnt, eine stark untergeordnete Rolle (siehe Tab. 9-1 und Farbkarte 9-2). Auffällig ist insbesondere die hohe Zahl der Wassergewinnungsanlagen im Rems-Murr-Kreis, bei denen es sich größtenteils um kleinere Quellfassungen handelt.

Sowohl die Anzahl der Wassergewinnungsanlagen als auch die geförderten Wassermengen sind rückläufig (Daten liegen für die Jahre von 1977 bis 1993 vor). Farbkarte 9-2 zeigt den Umfang der Wassergewinnung in den einzelnen Gemeinden sowie die Anteile, die auf die einzelnen Wasserarten entfallen. Landesweit beträgt der Anteil des Oberflächenwassers an der Trinkwasserversorgung 25 Prozent (Region Stuttgart: 4,6 Prozent). Er ist, im Gegensatz zum in der Region geförderten Wasser, seit 1957 (6,7 Prozent) stark angestiegen (WIRSING 1994, S. 22).

Heute wird die Wasserversorgung der Bevölkerung durch regionale und überregionale Versorgungsnetze sichergestellt. Mengenmäßig dominieren dabei der Zweckverband Landeswasserversorgung (LW) und der Zweckverband Bodensee-Wasserversorgung (BWV), die beiden

Tab. 9-2: Gesamtwasserverbrauch und Eigenwasserversorgung (Selbstversorgungsgrad) in der Region Stuttgart 1983 und 1993

Kreise	Gesamtverbrauch		davon Leitungs-verluste und Ei-genverbrauch der Wasserwerke	Anteil der Eigenwasser-förderung	
	1983	1993	1993	1983	1993
	1000 m³			%	
Stuttgart	59258	46559	5166	10,3	3,4
Böblingen	26715	23916	2698	22,6	17,1
Esslingen	35100	32491	5400	23,7	22,6
Göppingen	19356	17670	3208	57,2	49,7
Ludwigsburg	32919	31677	3835	31,1	22,7
Rems-Murr	23709	23955	3347	40,5	35,2
Region Stuttgart	197057	176268	23654	26,1	21,2

Quelle: Statistisches Landesamt Baden-Württemberg 1996

größten Fernwasserversorger des Landes. Sie stellen qualitativ sehr gutes Trinkwasser bereit (vgl. Farbkarte 9-3).

Vom jährlichen Gesamtwasserverbrauch (Wasserabgabe an Letztverbraucher einschließlich Leitungsverluste) der Region von ca. 176 Mio. m³ konnten 1993 die örtlichen Versorgungsunternehmen nur rund 21 Prozent bereitstellen, 5 Prozent weniger als im Jahr 1983. Die Tendenz ist weiterhin rückläufig. Der Landkreis Göppingen weist regional den höchsten, Stuttgart den niedrigsten Selbstversorgungsgrad auf (vgl. Tab. 9-2). Farbkarte 9-4 zeigt den Selbstversorgungsgrad wie auch den Trinkwasserverbrauch der einzelnen Gemeinden für das Jahr 1993 pro Einwohner in Liter/Tag.

9.1.1 Die Entwicklung der Wasserversorgung Stuttgarts

Vor der Fernwasserversorgung war in Stuttgart die qualitativ und quantitativ ausreichende Versorgung von Bevölkerung und Gewerbe mit Wasser nicht gesichert, selbst Brauchwasser war nicht immer ausreichend vorhanden. Gutes Wasser, d. h. Quellwasser und Brauchwasser (See- oder Flußwasser) wurde in Stuttgart lange Zeit nur über öffentliche Brunnen bezogen. Voraussetzung dafür waren kostenintensive getrennte Rohrnetze.

1820 standen bei 3000 Einwohnern in Stuttgart täglich etwa 30 Liter Wasser (Quell- u. Brauchwasser) pro Einwohner zum Verbrauch bereit (MEYER-KÖNIG 1983, S. 42). Mit der Industrialisierung um die Mitte des letzten Jahrhunderts setzte ein starker Bevölkerungszustrom ein. Der Wasserbedarf Stuttgarts stieg mit der Bevölkerungszunahme und der Verbesserung der hygienischen Verhältnisse (Ausbau der Kanalisation) stark an. Vor allem aber erhöhte sich der Wasserbedarf von Industrie und Gewerbe.

1874 wurde das Seewasserwerk an der Hasenbergsteige fertiggestellt, 1882 das Wasserwerk Berg (vgl. Farbkarte 9-3), Leitungen und Speicheranlagen wurden ausgebaut. 1878 standen den 112 000 Einwohnern 1119 m³ Trinkwasser und 3000 m³ Brauchwasser zur Verfügung, d. h. pro Kopf und Tag etwa 27 Liter Trinkwasser und 73 Liter Brauchwasser (MEYER-KÖNIG 1983, S. 92-99).

Im Jahre 1912 wurde die staatliche Landeswasserversorgung gegründet, seit 1965 Zweckverband Landeswasserversorgung (LW). Über eine 96 Kilometer lange Leitung wird seit 1917 Grundwasser aus dem Donauried bei Ulm zum Endbehälter Rotenberg gepumpt (siehe Farbkarte 9-3). Immer wieder auftretende technische Schwierigkeiten verhinderten allerdings eine entscheidende Verbesserung der Wasserversorgung. Obwohl das Wasserwerk Berg 1922 Aufbereitungsanlagen erhielt, mußten aus Mangel an „gutem" Wasser bis nach dem 1. Weltkrieg getrennte Leitungssysteme für Trink- und Brauchwasser beibehalten werden. Die Topographie Stuttgarts verlangte zudem besondere Maßnahmen der Wasserverteilung im Stadtgebiet (Höhenwasserversorgung).

1930/31 wurde das Wasserwerk Gallenklinge zur Aufbereitung des Wassers der Parkseen gebaut, welches als Spitzenwasserwerk zu bedarfsstarken Zeiten zusätzliches Wasser bereitstellen sollte. Eine weitere Leitung der LW nach Stuttgart, parallel zur 1. Leitung, konnte kriegsbedingt erst 1950 in Betrieb genommen werden (Farbkarte 9-3) (MEYER-KÖNIG 1983, S. 122-128; Technische Werke der Stadt Stuttgart 1995, S. 8).

Nach dem Zweiten Weltkrieg stieg mit dem starken Bevölkerungszuwachs in Stuttgart der Wasserbedarf stark an. Die Wasserwerke Berg und Gallenklinge wurden ausgebaut, das Wasserwerk Münster (Neckargrundwasser) gebaut. Zusätzliche Ressourcen mußten erschlossen werden, um den Bedarf der Stadt decken zu können.

Im Jahr 1954 gründeten 13 Kommunen den Zweckverband Bodensee-Wasserversorgung (BWV). Stuttgart bzw. die Technischen Werke der Stadt Stuttgart AG sollten mit 1000 Liter/Sekunde zwei Drittel, die übrigen 12 Gründungsmitglieder ein Drittel der geförderten

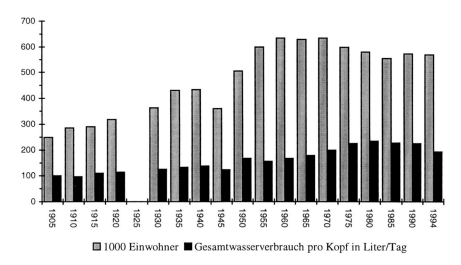

1000 Einwohner ■ Gesamtwasserverbrauch pro Kopf in Liter/Tag

Abb. 9-1: Entwicklung von Einwohnern und Trinkwasserverbrauch in Stuttgart 1905-1994
Quelle: Technische Werke der Stadt Stuttgart 1995, S. 10, verändert

Wassermenge erhalten. Dem Bodensee wird bei Sipplingen Wasser entnommen, aufbereitet und über 135 Kilometer zum Hochbehälter nach Rohr gepumpt. Da bereits zehn Jahre nach Aufnahme des Betriebes im Jahr 1958 die Anlagen der BWV überlastet waren, mußten sie erweitert werden. Der 111 Kilometer lange Albstollen wurde 1971 fertiggestellt (vgl. Farbkarte 9-3) (TECHNISCHE WERKE DER STADT STUTTGART 1995, S. 9).

Das Bezugsrecht Stuttgarts hat sich bis 1994 auf 1950 Liter/Sekunde verdoppelt (ZWECKVERBAND BODENSEE-WASSERVERSORGUNG 1994, S. 8). Auch die Landeswasserversorgung hat ihre Lieferungen an Stuttgart erhöht. Dafür wurde eine dritte Leitung in den Stuttgarter Raum gebaut. 2000 Liter/Sekunde entsprechen etwa 50 Mio. m³ pro Jahr (ZWECKVERBAND LANDESWASSERVERSORGUNG 1994, S. 5).

In Stuttgart werden die südlichen Stadtteile (Filder), der Westen und Nordwesten bis Feuerbach und Stammheim von der TWS mit Wasser der BWV, die östlichen und nordöstlichen Stadtteile mit Wasser der LW beliefert (vgl. Farbkarte 9-3). Einige Gemeinden im Nordwesten und Süden des Stadtgebietes erhalten Wasser in Kooperation mit der Strohgäu- bzw. Filderwasserversorgung (TECHNISCHE WERKE DER STADT STUTTGART 1995, S. 16ff.).

Die stadteigenen Wassergewinnungsanlagen dienen heute der Deckung des Spitzenbedarfs (Spitzenwasserwerk Gallenklinge), die Quell- und Grundwasserfassungen sowie die Wasserwerke Münster und Berg der Brauchwasserversorgung und als Reserve für eine Notwasserversorgung (vgl. Farbkarte 9-3). In Stuttgart erfolgte somit, wie Farbkarte 9-5 zu entnehmen ist, eine fast vollständige Umstellung der Trinkwasserversorgung von der Eigenwasser- zur Fremdwasserversorgung (TECHNISCHE WERKE DER STADT STUTTGART 1995, S. 11-15).

Wenn allerdings der Aspekt der Versorgungssicherheit betrachtet wird (Wasserbezug von zwei punktuellen Entnahmestellen, langer Transportweg), so besteht eine starke Abhängigkeit der Bevölkerungs- und Wirtschaftsentwicklung Stuttgarts von der Fernwasserversorgung. Es können beispielsweise Engpässe am Bodensee auftreten (ZWECKVERBAND BODENSEE-WASSERVERSORGUNG 1993, S. 5-6). Das Land Baden-Württemberg kann jedoch die Nutzungen im und am Bodensee kaum beeinflussen. Über 90 Prozent der Zuflüsse des Bodensees stammen aus der Schweiz und aus Österreich. Die punktuelle Wasserentnahme kann zudem ökologische und hydrologische Veränderungen hervorrufen. Es darf jedoch nicht vergessen werden, daß erst die Fernwasserversorgung die starke Entwicklung in der Region Stuttgart möglich gemacht hat. Nur die Fernwasserversorgung kann den hohen regionalen Bedarf dekken und flexibel auf Bedarfsschwankungen reagieren.

9.2   Die Struktur der Wasserversorgung der Region Stuttgart

Die Wasserversorgung ist in der Bundesrepublik Deutschland eine Aufgabe der Kommunen, die sich dafür häufig zu Zweckverbänden zusammenschließen. Dabei stützt sich die öffentliche Trinkwasserversorgung auf drei Versorgungsebenen. Neben den Gemeinde- und Fernwasserversorgern gibt es die sogenannten Gruppenwasserversorger. Diese arbeiten gemeindeübergreifend und liefern im Gegensatz zum weither transportierten Fernwasser das sogenannte Nahwasser. Die Wassergewinnung erfolgt durch Gruppenwasserversorger oft in größerem Maßstab, als es einzelnen Gemeinden möglich ist. Aufbereitungstechniken können dann effizienter eingesetzt werden. Gemeinden wie auch Gruppenwasserversorger werden häufig von Fernwasserversorgern zusätzlich mit Wasser beliefert, um die Versorgung quantitativ wie qualitativ zu sichern. So können beispielsweise unregelmäßige Quellschüttungen ausgeglichen und ein steigender Bedarf befriedigt werden.

Nicht nur in Stuttgart, sondern auch in den umliegenden Gemeinden wurden viele lokale Wassergewinnungsanlagen mit dem Ausbau der Fernwasserversorgung aufgegeben. Die Gründe dafür liegen u. a. in den Kosten für die Vorhaltung von Wasserschutzgebieten, in qualitativ schlechten Wasservorkommen (bedingt durch die zunehmende Intensivierung der Landwirtschaft und die Industrialisierung) und in der zu teuren Aufbereitung von Trinkwasser in kleinen Werken. Der Beitrag der kommunalen Versorgungsunternehmen ist somit kontinuierlich zurückgegangen. Einige Kommunen waren gezwungen, eigenes Wasser mit Fernwasser zu mischen, um die von der Trinkwasserverordnung vorgegebenen Qualitätsstandards halten zu können. Meist erfolgt der Anschluß an einen Gruppen- oder Fernwasserversorger jedoch, weil das örtliche Wasserdargebot mengenmäßig nicht ausreicht.

Der Zweckverband Landeswasserversorgung gewinnt heute Wasser aus über 200 Grundwasserbrunnen im Donauried bei Ulm, aus der Buchbrunnenquelle (Egauwasserwerk), dem Tiefenkarst bei Giengen an der Brenz (Wasserwerk Burgberg) und seit 1973 - technisch aufwendig aufbereitet - aus der Donau bei Leipheim (vgl. Farbkarte 9-3), das heute etwa ein Viertel des von der LW gewonnenen Wassers bringt. Seit Anfang 1994 konnte die LW ihr Versorgungsgebiet weiter vergrößern. Sie fusionierte mit der Blau-Lauter-Gruppe, einem kleineren Fernwasserversorger, die mit Wasser der LW, der BWV und einer Grundwasserfassung bei Blaubeuren mehrere Gemeinden im Landkreis Esslingen (z. B. Kirchheim unter Teck, Wendlingen, Plochingen) versorgte.

Die LW gibt Trinkwasser außer an Stuttgart auch an eine Reihe östlich der Stadt gelegene Gemeinden, u. a. Esslingen, Geislingen, Göppingen, Ludwigsburg, Waiblingen (Farbkarte 9-3) und an mehrere Gruppenwasserversorger ab, z. B. die Uhinger Wasserversorgungs-Gruppe und den Fernwasserversorger Zweckverband Wasserversorgung Nordostwürttemberg (NOW).

Die NOW zählt mit einem Versorgungsgebiet von etwa 530 000 Menschen zu den kleineren Fernwasserversorgern. Neben einer sehr geringen Eigenförderung und sehr geringen Zulieferungen der Riesgruppe verteilt sie Wasser der BWV und der LW. Die im Versorgungsgebiet der NOW der Region Stuttgart zugehörigen Gemeinden, z. B. Backnang, Winnenden, werden jedoch ausschließlich mit Landeswasser beliefert.

Mit Bodenseewasser werden der gesamte westliche Bereich der Region, u. a. Bietigheim-Bissingen, Böblingen, Esslingen, Herrenberg, Leonberg, Ludwigsburg, Nürtingen und Sindelfingen, sowie mehrere Zweckverbände versorgt, z. B. die Filderwasserversorgung und die Ammertal-Schönbuchgruppe.

Durch die Mitgliedschaft in einem Fernwasserversorgungsunternehmen erwirbt eine Gemeinde oder ein Zweckverband Bezugsrechte. Diese Bezugsrechte geben nicht die tatsächliche Wassermenge an, die eine Gemeinde bezieht, sondern bezeichnen ein „bezahltes Recht" auf eine bestimmte Wassermenge. Diese Abnahmeregelungen werden getroffen, um Großprojekte und Investitionen sicherzustellen zu können, die über einen längeren Zeitraum abgeschrieben werden. Der kommunale Wasserpreis wird somit durch die Kosten für die Bezugsrechte, die tatsächlich abgenommene Wassermenge und die Verteilungskosten einschließlich Netzverluste bestimmt. Auch bei Verbrauchsrückgängen (durch verringerte Netzverluste oder einen gesunkenen Verbrauch) bleiben die vertraglich festgelegten Bezugsrechte in der Regel unverändert, mit der Folge, daß der Wasserpreis pro Liter steigen kann, da höhere Kosten auf geringere Abnahmemengen umgelegt werden.

9.3 Der Wasserverbrauch in der Region Stuttgart

1993 wurden von den öffentlichen Wasserversorgungsunternehmen rund 150 Mio. m³ Trinkwasser an die Verbraucher der Region Stuttgart abgegeben, davon fast 80 Prozent an private Haushalte einschließlich Kleingewerbe. Der Wasserbedarf der öffentlichen Einrichtungen (z. B. Schwimmbäder) lag bei 6,5 Prozent, der Wasserbedarf der Industrie bei 14,3 Prozent. Leitungsverluste und Eigenverbrauch der Wasserwerke sind mit fast 24 Mio. m³ (vgl. auch Tab. 9-2) größer als die von der öffentlichen Wasserversorgung an die Industrie abgegebene Wassermenge (STATISTISCHES LANDESAMT BADEN-WÜRTTEMBERG 1996).
Der Gesamtverbrauch der Industrie ist jedoch deutlich höher, bedingt durch die Eigenförderung. 1991 betrug der Wasserverbrauch der Industrie (Bergbau und Verarbeitendes Gewerbe) landesweit 767 Mio. m³, mehr als die gesamte öffentliche Wasserversorgung in Baden-Württemberg mit 757 Mio. m³. Die von der öffentlichen Wasserversorgung an die Industrie abgegebenen 65 Mio. m³ Wasser entsprechen somit lediglich ca. 10 Prozent des industriellen Gesamtbedarfs (ROMMEL 1993, S. 500). Der industrielle Wasserverbrauch in der Region

Tab. 9-3: Wasserverbrauch der Industrie (Bergbau und Verarbeitendes Gewerbe) in der Region Stuttgart 1979-1991

Kreise	Industrieller Wasserverbrauch		Bezug aus dem öffentlichen Netz	Industrielle Eigengewinnung	davon Quell- und Grundwasser
	1979	1991	1991	1991	1991
			1000 Liter		
Stuttgart	14488	9093	6033	2949	1505
Böblingen	4838	5337	3997	1340	1009
Esslingen	15198	8557	3146	5410	4296
Göppingen	11197	7957	2230	5726	1741
Ludwigsburg	14290	7503	2746	4699	3898
Rems-Murr	6021	4398	2096	2213	1076
Region Stuttgart	66032	42845	20248	22337	13525
Baden-Württemberg	900142	767391	65069	695503	181128

Quelle: Statistisches Landesamt Baden-Württemberg 1994

Tab. 9-4: Wasserverbrauch der Haushalte einschließlich Kleingewerbe in der Region Stuttgart 1983-1993

Kreise	1983	1987	1991	1993
		Liter pro Einwohner und Tag		
Stuttgart	184	174	153	143
Böblingen	150	133	136	125
Esslingen	133	131	131	124
Göppingen	124	119	135	123
Ludwigsburg	137	135	139	130
Rems-Murr	126	125	128	122
Region Stuttgart	146	140	138	129

Quelle: Statistisches Landesamt Baden-Württemberg 1996

Stuttgart ist mit 43 Mio. m³ vergleichsweise niedrig und erklärt sich durch den geringen Anteil wasserintensiver Industriezweige (chemische Industrie sowie Holzstoff-, Zellstoff-, Papier- und Pappeerzeugung). Die Eigengewinnung der Region liegt mit 22 Mio. m³ nur knapp über 50 Prozent des Verbrauchs (geringes natürliches Dargebot, Industriezweige mit hohen Anforderungen an die Wassergüte) (STATISTISCHES LANDESAMT BADEN-WÜRTTEMBERG 1994). Die Wassergewinnung der wasserintensiven Energieerzeugung (Oberflächenwasser als Kühlwasser) ist bei diesen Daten nicht berücksichtigt.

Die Wasserabgabe der öffentlichen Wasserversorgung an die Haushalte einschließlich Kleingewerbe betrug 1993 in der Region Stuttgart 129 Liter pro Kopf und Tag, 1983 noch 146 Liter pro Kopf und Tag. Der Rückgang wird verursacht durch den starken Verbrauchsrückgang in Stuttgart (von 1983 bis 1993 um etwa 22 Prozent, vgl. Tab. 9-4). Klimatisch bedingte Schwankungen treten auf.

Die Stadt Stuttgart hebt sich deutlich von den benachbarten Landkreisen ab. Der Pro-Kopf-Verbrauch in den eher ländlich strukturierten Gemeinden ist deutlich niedriger als in den Städten (siehe Farbkarte 9-2). Wie Tab. 9-5 zeigt, schneidet Stuttgart im Vergleich mit Hamburg, Frankfurt und München relativ günstig ab.

Tab. 9-5: Wasserabgabe ausgewählter städtischer Wasserversorgungsunternehmen und Pro-Kopf-Verbrauch 1991

Versorgungs-unternehmen	versorgte Einwohner	Wasserabgabe		Wasserverbrauch	
		insgesamt	Haushalte	insgesamt	Haushalte
	1000	1000 m³		Liter pro Kopf und Tag	
TWS AG Stuttgart	581	44.344	32.824	209	155
Hamburger Wasserwerke GmbH	1.926	143.393	130.364	203	185
Stadtwerke Frankfurt am Main	640	62.455	40.592	267	174
Stadtwerke München	1.356	112.312	93.792	227	190

Quelle: Bundesverband der deutschen Gas- und Wasserwirtschaft 1992, S. 104-108

9.4 Die Wasserqualität in der Region

In der Region Stuttgart werden (Stand 1991) nur 21 Prozent der benötigten Wassermenge von den örtlichen Versorgungsunternehmen bereitgestellt, der Rest des Wassers wird von Gruppen- und Fernwasserversorgern außerhalb der Region gewonnen. Etwa zwei Drittel der im Land zur Trinkwasserversorgung geförderten Wassermenge kann ohne Behandlung die Anforderungen der Trinkwasserverordnung nicht erfüllen und muß aufbereitet werden (ROMMEL 1991, S. 262). Insbesondere bei Oberflächenwasser müssen mehrstufige Aufbereitungsverfahren eingesetzt werden. Das aufbereitete Wasser ist jedoch in der Regel von sehr guter Qualität. Es muß zwischen der oft geringen Rohwasserqualität und der in der Regel sehr guten Trinkwasserqualität unterschieden werden.

Tab. 9-6 gibt Auskunft über ausgewählte Güteparameter des Rohwassers der Wassergewinnungsanlagen in der Region Stuttgart 1991. Viele Wasservorkommen weisen eine hohe Wasserhärte auf. Nitrat von über 50 Milligramm pro Liter (Trinkwassergrenzwert) enthalten 14 der 334 Vorkommen. Einige Vorkommen enthalten Atrazin und Desethylatrazin, die über den Grenzwerten der Trinkwasserverordnung liegen. Da für einige Anlagen keine Werte vorliegen, gibt Tab. 9-6 die Mindestanzahl an. Die Abnahme belasteter Wasservorkommen beruht überwiegend auf der qualitätsbedingten Stillegung von Anlagen.

1991 wurden von den 2,5 Mio. Einwohnern der Region 1365 Einwohner mit nitrathaltigem Trinkwasser oberhalb des Grenzwertes von 50 Milligramm pro Liter beliefert, 14.000 bzw. 20.000 Einwohnern mit atrazin- bzw. desethylatrazinhaltigem Trinkwasser oberhalb des Trinkwassergrenzwertes von 0,1 µg/L versorgt (STATISTISCHES LANDESAMT BADEN-WÜRTTEMBERG 1996), bedingt durch die schlechte Wasserqualität einzelner Vorkommen, für die es damals noch keine Aufbereitungsmöglichkeit gab.

Tab. 9-6: Rohwasserqualität der Wassergewinnungsanlagen in der Region Stuttgart

Kreise	Anzahl der Wassergewinnungsanlagen	Anlagen mit Wasserhärten über 21 °dH entspr. Härtebereich IV (Waschmittelgesetz)	Anlagen mit Nitratgehalten oberhalb des Trinkwassergrenzwertes von 50 mg/L	Anlagen mit Atrazingehalten oberhalb des Trinkwassergrenzwertes von 0,1 µg/L	Anlagen mit Desethylatrazingehalten oberhalb des Trinkwassergrenzwertes von 0,1µg/L
Stuttgart	1	0	0	0	0
Böblingen	30	29	0	0	4
Esslingen	48	20	0	1	2
Göppingen	47	4	0	3	5
Ludwigsburg	65	56	9	0	1
Rems-Murr	143	48	5	2	7
Region Stuttgart	334	157	14	6	19

Quelle: Statistisches Landesamt Baden-Württemberg 1996

9.5   Entwicklung der Wasserversorgung im Landkreis Böblingen

In den Kommunen der Landkreise kann das Wasserdargebot geologisch wie klimatisch bedingt stark schwanken. Es gibt jedoch auch in Gemeinden mit relativ ähnlichem natürlichen Wasserdargebot (vgl. Farbkarte 9-1) erhebliche Unterschiede in der Wasserversorgung. Sie beruhen u. a. auf Unterschieden der Flächennutzung, die die Wasserressourcen qualitativ wie quantitativ beeinflussen können, auf dem Grundwasserschutz (Ausweisung von Wasserschutzgebieten) und auf der Möglichkeit sich anderweitig versorgen zu können (Nähe zu Versorgungsnetzen).

Da die Wasserversorgung eine Aufgabe der Kommunen ist, die nach eigenen Kriterien die Versorgung sicherstellt, ergibt sich räumlich eine höchst differenzierte Versorgungsstruktur. Für den Landkreis Böblingen wird die Wasserversorgung der einzelnen Kommunen im folgenden beispielhaft vorgestellt (UMWELTSCHUTZAMT DES LANDKREISES BÖBLINGEN 1994, S. 2f.). Häufig werden Teilgebiete unterschiedlich versorgt (vgl. Farbkarte 9-6). Die Gemeinden Aidlingen (ohne Gemeindeteil Lehenweiler) und Hildrizhausen versorgen sich zu 100 Prozent mit Eigenwasser, d. h. mit auf der Gemarkung gefördertem Wasser. Alle anderen Gemeinden bzw. Gemeindeteile versorgen sich teilweise oder vollständig mit Fremdwasser. Dieses wird im Landkreis Böblingen von der Bodensee-Wasserversorgung, von den drei kreisfremden Zweckverbänden, der Ammertal-Schönbuch-Gruppe (ASG), der Gäuwasserversorgung und der Buchengruppe sowie dem kreiseigenen Zweckverband Renninger Wasserversorgungsgruppe bereit gestellt. Ein weiterer Wasserversorger ist der Zweckverband Döffingen-Dätzingen-Weil der Stadt-Schafhausen. Alle diese Zweckverbände werden von der BWV zusätzlich mit Fernwasser beliefert (Farbkarte 9-6). Bei einigen Gemeinden bzw. Gemeindeteilen erfolgt die Versorgung durch Mischen von Eigen- und Fremdwasser, um die Wasserquantität und -qualität zu sichern. Einige dieser Gemeinden weisen hohe Eigenwasseranteile auf. Andere Gemeinden bzw. Gemeindeteile werden demgegenüber entweder vollständig von der BWV, der ASG oder der Gäuwasserversorgung versorgt, auch über die Netze anderer Zweckverbände. Eine Ausnahme bildet Deckenpfronn, das als frühere Gemeinde des Landkreises Calw von der Buchengruppe und der BWV versorgt wird, wobei die Buchengruppe ihrerseits neben der Eigenwasserversorgung ebenfalls Wasser von der BWV bezieht (ZWECKVERBAND BODENSEE-WASSERVERSORGUNG 1994, S. 9). Insgesamt bezieht der Landkreis Böblingen ein Drittel seines Wasserbedarfs aus eigenen Quellen. Dafür werden 31 Wasserschutzgebiete mit einer Fläche von 260 km² oder 42 Prozent der Kreisfläche vorgehalten.

9.6   Zusammenfassung

Die Region Stuttgart ist flächendeckend von einem dichten Wasserversorgungsnetz überzogen. Die örtliche Wassergewinnung wird dabei stark durch die Gruppenwasser- und die Fernwasserversorger unterstützt. Es ist anzunehmen, daß den beiden letztgenannten trotz eines zu erwartenden Verbrauchsrückgangs - der Wasserverbrauch der Haushalte, der Wasserbedarf der Industrie (Kreislauf- und Mehrfachnutzung) sowie die Netzverluste werden wahrscheinlich weiter sinken und die Wasserpreise steigen - eine noch wesentlich wichtigere Rolle zukommen wird. Desweiteren ist eine Tendenz zum Ausbau der bestehenden großen Wasserversorgungsunternehmen absehbar. Der umweltpolitisch geforderte Schutz sowie die Nutzung ortsnaher Wasservorkommen, beides festgeschrieben in der Novelle des Wasserschutzgesetzes für Baden-Württemberg vom November 1995, dürfte voraussichtlich schwer durchsetzbar sein (LANDTAG VON BADEN-WÜRTTEMBERG 1995).

Im Zuge der sich verbessernden Aufbreitungstechniken und der möglichen weiteren Zunahme der Fernversorgung wird sich die Trinkwasserqualität weiter verbessern. Ob die Qualität des in der Region geförderten Rohwassers verbessert werden kann, wird im wesentlichen von der Bedeutung abhängen, die dem Grundwasserschutz von den Gemeinden in Zukunft beigemessen wird.

9.7 Literaturverzeichnis

BUNDESVERBAND DER DEUTSCHEN GAS- UND WASSERWIRTSCHAFT (Hrsg.) (1992): Wasserstatistik Bundesrepublik Deutschland - Berichtsjahr 1991. Bonn.

GEOLOGISCHES LANDESAMT UND LANDESANSTALT FÜR UMWELTSCHUTZ, BADEN-WÜRTTEMBERG (Hrsg.) (1985): Hydrogeologische Karte von Baden-Württemberg - Grundwasserlandschaften. Freiburg, Karlsruhe, 8 Ktn.

LANDTAG VON BADEN-WÜRTTEMBERG (Hrsg.) (1995): Gesetz zur Änderung des Wassergesetzes für Baden-Württemberg. Stuttgart. (Drucksache 11/6166).

MEYER-KÖNIG, W. (1983): Stuttgart und das Wasser. Geschichte der Stuttgarter Wasserversorgung. Stuttgart. (Technische Werke der Stadt Stuttgart).

ROMMEL, K. (1993): Die öffentliche Wasserversorgung 1991. In: Baden-Württemberg in Wort und Zahl 12, S. 499-505.

– (1991): Neuere Tendenzen in der Trinkwasserversorgung. In: Baden-Württemberg in Wort und Zahl 6, S. 259-262.

STATISTISCHES LANDESAMT BADEN-WÜRTTEMBERG (Hrsg.) (1994): Statistische Berichte Baden-Württemberg - Wasserversorgung, Wasserverwendung und Abwasserbeseitigung im Bergbau und Verarbeitendem Gewerbe in Baden-Württemberg 1991. Stuttgart.

– (1996): Landesinformationssystem, Struktur- und Regionaldatenbank.

TECHNISCHE WERKE DER STADT STUTTGART (Hrsg.) (1995): TWS-Aktiv für Energiesparen und Umweltschonen - Wasser. Stuttgart.

– (1992): Das Trinkwasser und sein Weg zum TWS-Kunden. Stuttgart.

UMWELTSCHUTZAMT DES LANDKREISES BÖBLINGEN (Hrsg.) (1994): Wasser ist Leben - Wasserschutzgebiete im Landkreis Böblingen. Herrenberg.

WIRSING, A. (1994): Wasserversorgung und Grundwasserschutz in Baden-Württemberg. In: Stuttgarter Berichte zur Siedlungswasserwirtschaft 125, S. 7-27

ZWECKVERBAND LANDESWASSERVERSORGUNG (Hrsg.) (1994): Geschäftsbericht 1993. Stuttgart.

– (1995): Übersichtsplan 1:100 000 Stuttgart.

ZWECKVERBAND BODENSEE-WASSERVERSORGUNG (Hrsg.) (Hrsg.) (1994): Jahresbericht 1993. Stuttgart.

– (1993): Bericht von der 46. BWV-Verbandsversammlung in Stuttgart: Der Bodensee wird nicht leergepumpt. In: Kristallklar - eine BWV-Information 76, S. 3-10.

ZWECKVERBAND WASSERVERSORGUNG NORDOSTWÜRTTEMBERG (Hrsg.) (1995): Geschäftsbericht 1995.

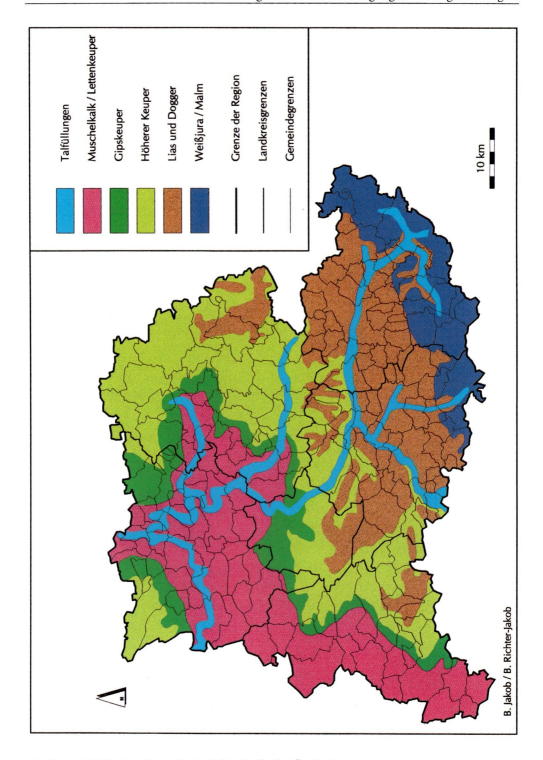

Farbkarte 9-1: Die Grundwasserlandschaften der Region Stuttgart
Quelle: Geologisches Landesamt und Landesanstalt für Umweltschutz Baden-Württemberg

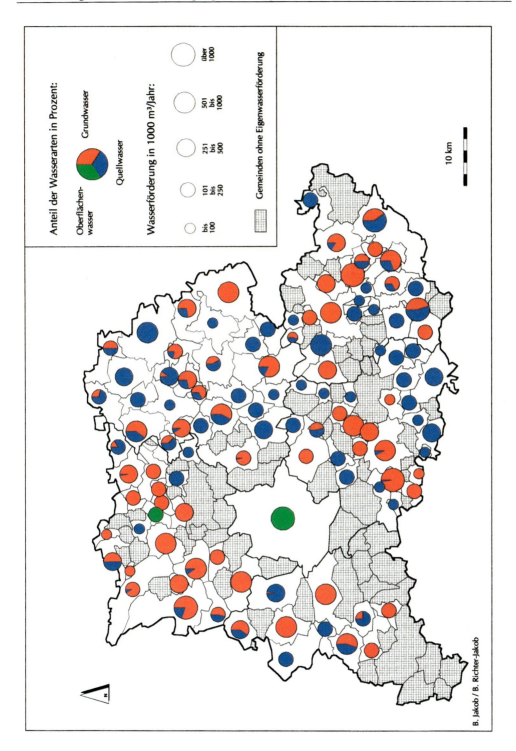

Farbkarte 9-2: Eigenwasserförderung der Gemeinden der Region Stuttgart nach Wasserarten 1993
Quelle: Statistisches Landesamt Baden-Württemberg 1996

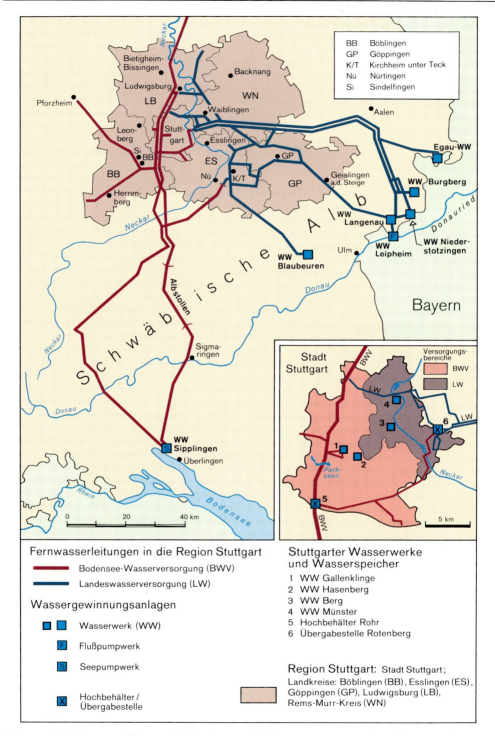

Farbkarte 9-3: Fernwasserleitungen der Landes- und Bodenseewasserversorgung in die Region Stuttgart
Quellen: Technische Werke der Stadt Stuttgart 1995, S. 20; Zweckverband Landeswasserversorgung 1995;
    Zweckverband Bodensee-Wasserversorgung 1994, S. 31

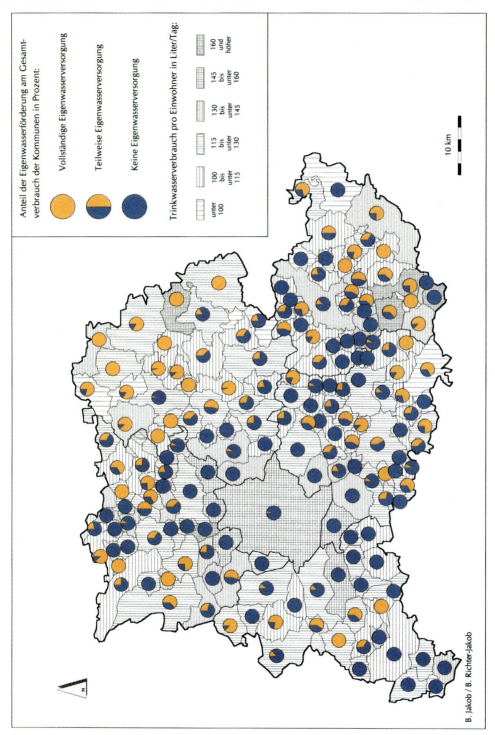

Farbkarte 9-4: Eigenwasserförderung und Trinkwasserverbrauch der Gemeinden in der Region Stuttgart 1993

Quelle: Statistisches Landesamt Baden-Württemberg 1996

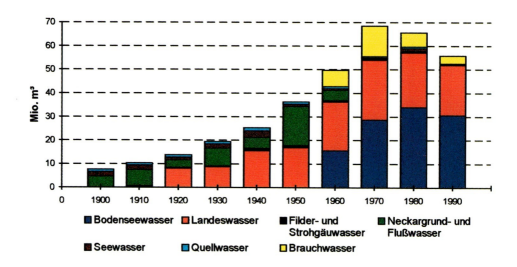

Farbkarte 9-5: Entwicklung des Wasserverbrauchs nach Wasserarten in Stuttgart 1900-1990
Quelle: Technische Werke der Stadt Stuttgart 1992, S. 4, verändert

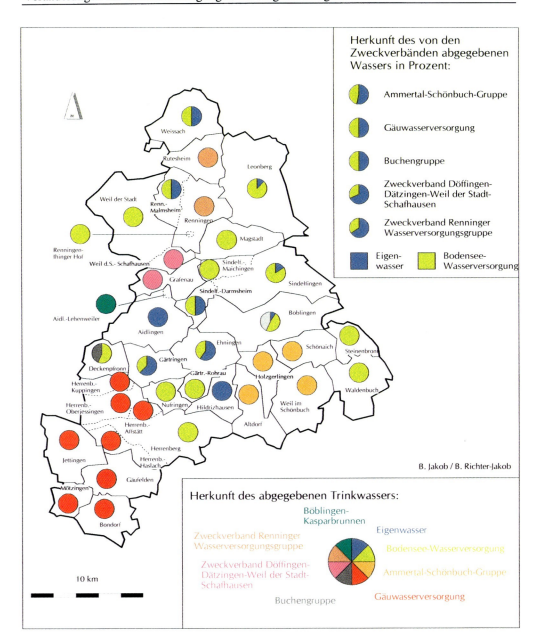

Farbkarte 9-6: Herkunft des Wassers der Gemeinden und Zweckverbände
Quelle: Umweltschutzamt des Landkreises Böblingen 1994

10 Geologischer Bau und Grundwasser im Stadtgebiet von Stuttgart

Birgit Willscher und Hartmut Seyfried

10.1 Einleitung

Um Grundwasser sinnvoll zu nutzen und zu schützen und die Versorgung von Bevölkerung und Wirtschaft mit Brauch- und Trinkwasser sicherzustellen, ist die genaue Kenntnis der geologischen und hydrogeologischen Verhältnisse im Untergrund unerläßlich. Der Anreiz zur pfleglichen Behandlung lokaler Grundwasservorkommen ist mit dem Anschluß an Fernwasser-Versorgungsnetze verschwunden. Flächenhafte Pflege (Schutz vor Eintrag von Düngemitteln und Bioziden), punktuelle „Sanierung" oder Sicherung findet nur dann statt, wenn Schutzgüter bedroht sind. In der Regel entscheiden nicht objektive Kriterien über die Dringlichkeit des Schutzes, sondern das Problembewußtsein der Politiker und die Bereitschaft der Verantwortlichen, Geld auszugeben. Ist eine Sanierung oder Sicherung schließlich unausweichlich, so können nur dann sinnvolle Gegenmaßnahmen ergriffen werden, wenn zuverlässige Daten über den Untergrund und das Grundwasser zur Verfügung stehen, da man unter anderem aus der Fließrichtung auf die Herkunft des Schadstoffes schließen kann.

Grundwasservorkommen werden im wesentlichen von der Oberfläche her gespeist. Das Niederschlagswasser sickert durch den Untergrund und staut sich schließlich als Grundwasser auf. Die Grundwasser-Oberfläche kann je nach den geologischen Gegebenheiten in ganz unterschiedlichen Tiefen liegen. Das Grundwasser erfüllt die Hohlräume, die das jeweilige Gestein bietet (zum Beispiel die Zwischenräume bei körnigem Gestein, Schichtfugen, Klüfte, Verwerfungen, Karsthohlräume). Oberflächennahes Grundwasser kann seine Oberfläche frei einstellen und bewegt sich deshalb meistens auf den nächstgelegenen tiefsten Punkt des Reliefs zu, wo es in der Regel in ein Oberflächengewässer übertritt. Diese Situation ist bei uns häufig in Talfüllungen, also in Lockergesteinen verwirklicht. In Festgesteinen, insbesondere in den Sedimentgesteinsfolgen unserer Schichtstufenlandschaft, kommt es aber häufig vor, daß grundwasserleitende Schichten oben und unten von Grundwassernichtleitern begrenzt sind. Ist der Schichtstapel geneigt (wie in unserem Schichtstufenland), so steht das Grundwasser in den tieferen Abschnitten des Grundwasserleiters unter dem Druck der Wassersäule. Werden solche gespannten Grundwasservorkommen von natürlichen Verwerfungen oder künstlichen Bohrungen angeschnitten, so strömt das Wasser in artesischen Quellen an die Oberfläche, wenn der Austrittspunkt tiefer als der Einspeisungsbereich liegt. Dies ist bei uns beispielsweise in den Bad Cannstatter Mineralquellen der Fall.

Der Untergrund Südwestdeutschlands läßt sich allgemein in Grund- und Deckgebirge gliedern. Das Grundgebirge besteht aus sehr alten (proterozoischen bis paläozoischen) Gneisen, Graniten und Sedimentgesteinen. Wasserwegsamkeiten bestehen hier im wesentlichen nur entlang von Verwerfungen und in Kluftsystemen. Das Deckgebirge besteht aus einer Wechselfolge von Ton- und Schluffsteinen, Sandsteinen und Konglomeraten sowie Mergelsteinen, Kalksteinen und Evaporiten (Steinsalz, Gips, Dolomit). Diese Abfolge unterschiedlich erosionsbeständiger Festgesteine ist die Ursache für die Entstehung einer Schichtstufenlandschaft. Wasserwegsamkeiten bestehen innerhalb der durchlässigen Schichtpakete (völlig undurchlässige Gesteinsschichten gibt es nicht) sowie entlang von Schichtflächen und an tektonischen

Trennflächen (Klüfte, Verwerfungen). Verkarstung kann die Wasserwegsamkeiten auf solchen Flächen deutlich verbessern. Die jüngsten Ablagerungen auf dem Deckgebirge Südwestdeutschlands sind Lößdecken und die Füllungen junger Talsysteme. Diese Füllungen bestehen im wesentlichen aus sandigen Kiesen, also Lockergesteinen.

Obwohl die sandigen Kiese der Talfüllungen volumenmäßig unbedeutend und die Verweilzeiten des Grundwassers verhältnismäßig kurz sind, wird aus ihnen das meiste Grundwasser gewonnen. Da dieses Grundwasser jedoch in mehr oder weniger direkter Verbindung mit der Oberfläche steht, ist es sehr leicht kontaminierbar und unter einigen Flächen der Ballungsgebiete Südwestdeutschlands für Trinkwasserzwecke bereits unbrauchbar geworden. Die Ausbreitung von Schadstoffen im Untergrund ist deshalb bislang vorwiegend in Lockergesteinen untersucht worden. In Zukunft wird man zur Wassergewinnung verstärkt auch Festgesteins-Grundwasserspeicher heranziehen. Da die Bewegung des Grundwassers (und damit die Ausbreitung von Schadstoffen) hier aber im wesentlichen durch das Muster der tektonischen Trennflächen und die Lagerung der Gesteine bestimmt wird, ist es wichtig, die Lagerungsverhältnisse im Untergrund genau zu kennen. Die hier vorgestellten dreidimensionalen Bilder sind ein erster Versuch, die Zustände im Untergrund von Stuttgart sichtbar zu machen. Noch sitzt die überwiegende Menge der von uns und unseren Vorfahren eingetragenen Schadstoffe in der Sickerzone bzw. im oberflächennahen Grundwasser. Geraten sie erst einmal in das tiefere Grundwasser - und dies sollen die Bilder dem Betrachter verdeutlichen - so ist auf sehr lange Zeit hinaus mit vernünftigem Aufwand nichts mehr zu machen.

10.2 Rechnerprogramme und Methodik der Darstellung

CAD-Programme bieten die Möglichkeit, mit einem im Vergleich zu herkömmlichen Methoden geringeren Aufwand aus einem digitalen Datensatz Blockbilder oder andere räumliche Darstellungen anzufertigen. Der Schwerpunkt der vorliegenden Arbeit über den Stuttgarter Talkessel und seine Umgebung ist die Darstellung der komplizierten Stockwerksgliederung der Grundwasserleiter im Bereich einer Schichtstufe. Um dreidimensionale Darstellungen, wie sie im folgenden gezeigt werden, anfertigen zu können, muß zuerst eine digitale Datengrundlage geschaffen werden. Geländeflächen sind in Form des „Digitalen Höhenmodells" vom Landesvermessungsamt Baden-Württemberg bereits für den Computer verfügbar. Es besteht aus einem Rasternetz, dem Gauß-Krüger-Koordinaten zugrunde liegen. Jedem Rasterpunkt im Abstand von 50 Metern ist ein Höhenwert zugeordnet. Die Höhe wurde photogrammetrisch ermittelt und weicht in bewaldeten oder bebauten Gebieten gegebenenfalls um den Betrag der Baum- bzw. Gebäudehöhe vom tatsächlichen Wert ab.

Alle anderen Daten werden aus Karten oder Gleichenplänen digitalisiert oder, wenn sie als Listen vorliegen (zum Beispiel Ruhewasserstandsdaten), in ein Tabellenkalkulationsprogramm eingegeben. Zunächst erfolgt die Konstruktion der Flächen nach geologischen und hydrogeologischen Gesichtspunkten. Die Geologie wird aus geologischen Karten digitalisiert. Dabei werden die Umgrenzungslinien von Ausstrichsflächen erfaßt. Als Anhaltspunkte zur Konstruktion der Seitenflächen der Blockbilder, die geologische Profile zeigen, dienen Schichtlagerungskarten und die Schnittpunkte der Ausstrichsgrenzen mit den Seitenflächen.

Grundwasserdruckflächen lassen sich aus Grundwassergleichen darstellen, die digitalisiert werden. Einzelne Wasserstandsdaten können als Punkte eingelesen werden. Aus ihnen läßt sich ebenfalls eine Fläche berechnen. Die Konstruktion von Flurabstandskarten beruht auf mathematischen Operationen, die es erlauben, die Grundrechenarten auch auf Flächen anzuwenden. Hydrochemische Gradienten (zum Beispiel Linien gleicher Nitrat-, Sulfat- oder CKW-Konzentration) können ebenfalls digitalisiert und anschließend auf die Grundwasserdruckfläche projiziert werden.

Die Arbeiten wurden an einem PC angefertigt. Dabei kamen die im folgenden beschriebenen CAD-Programme zur Anwendung: AutoCAD ist ein Programm zum Zeichnen und Konstruieren auch im dreidimensionalen Raum. Mit Hilfe des AutoCAD-Render-Zusatzprogramms können Oberflächen farbig und flächig dargestellt werden. In begrenztem Umfang kann man den Oberflächen dabei auch Eigenschaften zuordnen. Mit dem Programm Quicksurf lassen sich Geländeoberflächen umfangreicher und komfortabler erstellen und verändern. Das Programm arbeitet als Unterprogramm von AutoCAD. Mit dem Programm Surfer können ebenfalls dreidimensionale Oberflächen und Konturlinien hergestellt werden. Es hat mehr Möglichkeiten zur Flächenberechnung als Quicksurf und die fertigen Oberflächen benötigen wesentlich weniger Speicherplatz als vergleichbare im AutoCAD, aber die kombinierte Darstellung mehrerer Flächen ist nicht möglich. Das Programm CADArt dient der photorealistischen Darstellung von Flächen. Damit lassen sich Eigenschaften wie Farbe, Glanz und Transparenz zuordnen. Verschiedenartige Ansichtspunkte und Lichtquellen können gesetzt werden. In CorelPHOTO-PAINT können Pixel-Graphiken überarbeitet werden. In Corel-DRAW lassen sie sich mit Text ergänzen und ausdrucken.

10.3 Topographie des Stuttgarter Talkessels und seiner Umrandung

Das digitale Geländemodell (Farbkarte 10-1) zeigt im Nordosten das Tal des Neckars, in dessen Untergrund Gesteine des Oberen Muschelkalks anstehen. Die Talaue ist durch die Aufschotterung im Spätglazial fast eben. In der Mitte des Bildes befindet sich der zerfurchte Schichtstufenrand des Keupers. Knicke in den Gefällslinien werden von einigen Sandsteinlagen innerhalb der Keuperschichtfolge verursacht (Schilfsandstein, Kieselsandstein und Stubensandstein), die etwas erosionsbeständiger sind als die übrigen Schichten des Keupers. Die Entwässerung der Filderfläche erfolgt im Norden durch den Nesenbach, im Süden durch die Zuflüsse der Körsch. Im Zentrum des Bildes befindet sich der Stuttgarter Talkessel. Er wurde vom Nesenbach ausgeräumt, der im Südwesten in Vaihingen entspringt, sich nordöstlich davon in die Keuperschichtstufe eingräbt und bei Cannstatt in den Neckar mündet. Parallel zum Nesenbachtal verläuft im Nordwesten das Tal des Feuerbachs, das eine ähnliche Entwicklungsgeschichte hat. Der Hang im Bereich der Dornhalde südlich des Stadtzentrums ist ein Beispiel für die Anzapfung eines alten Entwässerungssystems durch die rückschreitende Erosion im Bereich einer Schichtstufe.

Bäche, die im Stubensandstein entspringen und in den Nesenbach entwässern, schneiden sich nach Süden zurück, wo sie in (geologisch gesehen) kurzer Zeit den Körschzufluß auf dem Dach der Schichtstufe erreichen werden. Zwar ist die Erosionsbasis für beide Entwässerungssysteme der Neckar, doch ist das Gefälle der Nesenbach-Zuflüsse wesentlich steiler und ihre Erosionskraft dementsprechend höher.

10.4 Geologischer Aufbau des Untergrunds

Grundlage für die hier verarbeitete geologische Information ist die Geologische Karte von Stuttgart und Umgebung (1:50 000). Ihre Genauigkeit entspricht etwa der Auflösung der aus dem „Digitalen Höhenmodell" konstruierten Geländeoberfläche. Da seit ihrem Erscheinen aus zahlreichen Baugruben und Bohrungen im Stadtgebiet neue Informationen gewonnen wurden, sind die Verwerfungen im Nesenbachtal nach BRUNNER aktualisiert worden.

Farbkarte 10-2 zeigt das geologische Blockmodell, das aus diesen Unterlagen rekonstruiert wurde. Das Grundgebirge (rot) sowie das Deckgebirge vom Buntsandstein bis zum Oberen Muschelkalk (violette Farben) stehen nirgends im dargestellten Gebiet an der Oberfläche an.

Der Obere Muschelkalk liegt jedoch besonders im Bereich des Neckartals sehr nahe an der Oberfläche und ist entsprechend verkarstet. Er besteht aus Kalken und Dolomiten, denen Mergel und Tone zwischengelagert sind. Der Lettenkeuper (dunkelgrün) setzt sich aus grauen bis grünen Mergeln sowie einzelnen Dolomit- und Sandsteinlagen zusammen. Der Gipskeuper (dunkelgelb) beginnt mit den Grundgipsschichten, über denen vorwiegend tonige Gesteine mit einzelnen Gipslagen sowie Sandstein-, Dolomit- oder Kalkbänke folgen. Der Schilfsandstein (hellgrün) ist zwischen 5 und 20 m mächtig. Er war früher ein sehr beliebter Bausandstein, der sich in zahlreichen Stuttgarter Gebäuden wiederfindet. Das Parkgelände am Killesberg liegt teilweise in alten Schilfsandstein-Steinbrüchen. Die bunten Mergel mit dem Kieselsandstein (rötlich) sind an den Hängen der Keuperschichtstufe angeschnitten.

Mit über 60 m Mächtigkeit folgen dann die Sandsteine und Mergel der Stubensandstein-Formation (braun), die einen verhältnismäßig breiten Ausstrich am oberen Rand der Keuperschichtstufe besitzt. Über diesen Sandsteinen liegen die besonders stark rutschgefährdeten Knollenmergel (rot) und der nur stellenweise vorhandene, sehr geringmächtige Rätsandstein (gelb). Die knapp 20 m mächtigen Tonsteine, Sandsteine, Mergelsteine und Kalksteine des Lias α bilden dann das geologische Unterlager der Filderebene. Mit ihnen endet die mesozoische Schichtfolge im dargestellten Gebiet; höhere Anteile der Jura-Schichtfolge sind bereits abgetragen.

Sehr junge Ablagerungen sind Travertine (grau) und Kalktuffe (dunkelblau), die während Zwischeneiszeiten gebildet wurden, sowie der aus Kaltzeiten stammende Löß (fahlgelb), der weite Teile der Oberfläche bedeckt. Die Talauen (hellblau) sind im wesentlichen gegen Ende der letzten Kaltzeit und während der augenblicklichen Zwischeneiszeit entstanden, sind aber durch die Regulierung des Neckars im Moment kein Überschwemmungsgebiet mehr.

10.5 Hydrogeologie der Schichtfolge

Die Kenntnis der hydrogeologischen Verhältnisse ist wichtig für einen dichtbesiedelten Raum wie das Stuttgarter Stadtgebiet. Bei Bauvorhaben ist es besonders an den Hängen aus ton- und mergelreichen Keupergesteinen entscheidend, zu wissen, wo Grundwasser Hangschuttkörper durchtränkt, oder in den Auen des Nesenbach- und des Neckartals, in welcher Tiefe man mit Grundwasser rechnen muß. Ein besonderes Problem in Stuttgart ist die Trink- und Brauchwassernutzung. Über längere Zeit wurden Brunnen über mehrere Grundwasserstockwerke hinweg angelegt, um möglichst große Wassermengen zu gewinnen. Über solche hydraulischen Kurzschlüsse können jedoch Schadstoffe (je nach ihren Eigenschaften) in höhere oder tiefere Aquifere gelangen. Natürliche Übergänge zwischen den einzelnen Grundwasserhorizonten sind an den zahlreichen Verwerfungen möglich; außerdem sind die Lagerungsverhältnisse der Gesteine im Untergrund des Stuttgarter Talkessels durch die Auslaugung von Steinsalz bzw. Gips im Mittleren Muschelkalk und im Gipskeuper und die dadurch entstandenen Dolinen erheblich gestört. Aus dem Oberen Muschelkalk werden über Bohrungen große Mengen Trink- und Brauchwasser gewonnen; die Bad Cannstatter Mineralwässer dringen entlang von Verwerfungen aus dem Oberen Muschelkalk an die Oberfläche.

Für die Stadt Stuttgart wurde im Rahmen des Baugrund-Kartenwerks eine Hydrogeologische Karte (1:10 000) herausgegeben. Die in ihr enthaltenen Isolinien sind die Grundlage für die Darstellung der Grundwasserstockwerke im Bereich des Stadtgebiets von Stuttgart. Zur Konstruktion der hypothetischen Gesamt-Grundwasserfläche unter dem Stadtgebiet wurden Daten aus dem CKW-Kataster verwendet, in dem die Stadt Stuttgart in den letzten Jahren Informationen (unter anderem Ruhewasserstände) von Grundwassermeßstellen, Brunnen und Quellen sammelt. Allerdings sind die Meßstellen nicht gleichmäßig über das Stadtgebiet verteilt. Auch ist die zeitliche Erhebung der Messungen nicht regelmäßig.

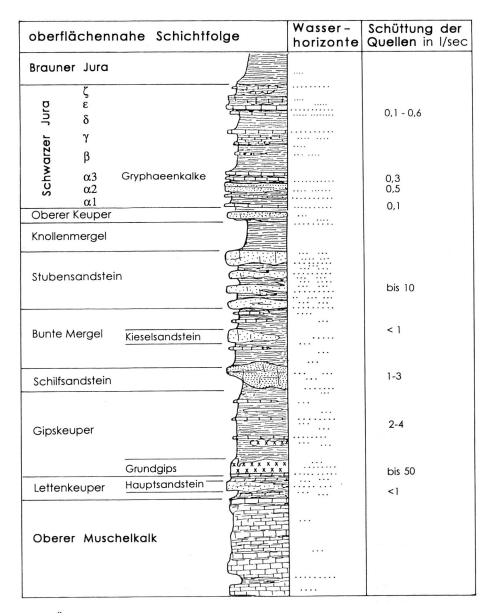

oberflächennahe Schichtfolge		Wasser-horizonte	Schüttung der Quellen in l/sec
Brauner Jura		....	
Schwarzer Jura — ζ ε δ γ β		....	0,1 - 0,6
α3 — Gryphaeenkalke		.....	0,3
α2		....	0,5
α1		....	0,1
Oberer Keuper		....:.	
Knollenmergel		......	
Stubensandstein		.:::.	bis 10
Bunte Mergel — Kieselsandstein		... ...	< 1
Schilfsandstein		....	1-3
Gipskeuper		...:. ...	2-4
Grundgips		...:.	bis 50
Lettenkeuper — Hauptsandstein		....: ...	<1
Oberer Muschelkalk		... .	

Abb. 10-1: **Überblick über die Schichtfolge im Untergrund des Stuttgarter Talkessels und ihre wichtigsten hydrogeologischen Eigenschaften (auszugsweise aus: GEYER/GWINNER 1991, Abb. 252 - 253). Die Mächtigkeit der Schichtfolge von der Basis des Oberen Muschelkalks bis zur Obergrenze des Schwarzen Juras beträgt rund 400 m.**

Einen Überblick über die Schichtfolge und ihre wichtigsten hydrogeologischen Eigenschaften gibt Abb. 10-1. Der Wechsel von Grundwasserleitern und -stauern führt zur Ausbildung von vier Grundwasserstockwerken (von oben nach unten):

– Talfüllungen, hauptsächlich im Neckartal. Zu Beginn der letzten Eiszeit haben sich der Neckar und seine Nebenflüsse noch einmal kräftig eingetieft. Gegen Ende der Eiszeit wur-

de dieses Relief aufgeschottert bzw. aufgesandet. Dieser Talauen-Aquifer steht in hydrauli-
scher Verbindung mit den Verwerfungs- und Kluft- bzw. Karstaquiferen des Untergrunds.
Das Cannstatter Mineralwasser steigt an solchen Wegsamkeiten an die Oberfläche.

– Lias α, im Untergrund der Filderebene bilden die Sandsteine und Kalksteine des Lias α
  einen Grundwasserspeicher, der zahlreiche Quellen am oberen Rand der Keuper-
  Schichtstufe speist.

– Gipskeuper, besonders im Bereich des Ausstrichs dieser Formation am Fuß der Keuper-
  Schichtstufe schafft der Gipskarst reichlich Wasserwegsamkeiten.

– Oberer Muschelkalk, dieser Aquifer wird über die Gäuflächen (das heißt, Flächen, in denen
  verkarsteter Muschelkalk an der Oberfläche ansteht) im Nordwesten von Stuttgart mit
  Wasser gespeist; oberflächennah ist der Muschelkalk ein Karstaquifer, im tieferen Untergrund ist er vorwiegend ein Kluftaquifer.

10.5.1 Der Muschelkalk und sein Grundwasser

Durch seine Verkarstungsfähigkeit und sein großes Einzugsgebiet im Nordwesten des Stuttgarter Raums ist der Obere Muschelkalk ein bedeutender Grundwasserleiter. Neben rund
500 l/s, die in den Cannstatter Mineralquellen als Gesamtschüttung ausfließen (UFRECHT et al,
1996), werden in Feuerbach, Zuffenhausen und Waiblingen aus Tiefbrunnen mehr als 100 l/s
entnommen. Außerdem tritt im Neckartal Mineralwasser durch die Talfüllung auch direkt in
den Neckar über.

Da der Grundwasserspiegel ein geringeres Gefälle nach Südosten als die Formationsgrenze
Muschelkalk/Lettenkeuper hat, befindet sich die Grundwasserdruckfläche unter Stuttgart im
Bereich der Geländeoberfläche, so daß das Wasser an Verwerfungen oder in Brunnen arte-
sisch nach oben dringt. Es ist typisch für einen Karstaquifer, daß die einzelnen Quellen und
Brunnen miteinander in Verbindung stehen, so daß eine größere Entnahme an einer Stelle die
Absenkung des hydrostatischen Drucks und damit den Rückgang der Fördermengen in den
anderen Quellen und Brunnen bewirkt. Daraus erklärt sich auch die relativ ebene Grundwasserfläche im Oberen Muschelkalk.

10.5.2 Der Letten- und Gipskeuper und sein Grundwasser

Die Mergel des Lettenkeupers wirken als gering durchlässige Trennschichten zwischen den
Aquiferen des Oberen Muschelkalks und des Gipskeupers. Da der Lettenkeuper im dargestellten Gebiet fast vollständig von jüngeren Schichten bedeckt ist, bilden sich in ihm keine
nennenswerten eigenständigen Grundwasservorkommen aus. In den Grenzdolomit (das heißt,
die Grenzschicht zwischen Lettenkeuper und Gipskeuper) sinkt Wasser aus den darüberliegenden Grundgipsschichten des Gipskeupers, so daß er mit ihnen zu einem Aquifer zusammengefaßt werden kann. Nur dieses Schichtpaket hat ein ausreichend großes Einzugsgebiet,
um nennenswerte Mengen an Wasser zu speichern. Der Gips ist meistens verkarstet, so daß er
ein großes Hohlraumvolumen entwickelt. Durch die Gipsauslaugung kann es auch zum Einbruch von Dolinen kommen. Ist der Gips völlig herausgelöst, findet man in den tonig-
schluffigen Lösungsrückständen kaum noch leichtbewegliches Wasser.

Die Grundwasseroberfläche im Letten- und Gipskeuper (Farbkarte 10-3) zeigt ein schwa-
ches Gefälle nach Südosten. Allerdings wird sie auch von den Verhältnissen an der Geländeoberfläche geprägt. So liegt sie in den Tälern, die bis fast an die Basis des Gipskeupers eingeschnitten sind, tiefer und steigt unter Bedeckung an, wie man im Vordergrund an der Nord-
kante des Gebiets und weiter im Zentrum im Bereich des Schichtstufenanstiegs sehen kann.

Das Gipskeuperwasser tritt am Rand der Täler in Quellen aus; dies bewirkt eine Absenkung des Grundwasserspiegels zum Tal hin. Es treten Schüttungen bis 20 l/s auf (STRÖBEL & WURM 1977). Möglich ist auch, daß die höheren Wasserstände in den Talschultern aus kleinen, höherliegenden (sogenannten „schwebenden") Grundwasserleitern innerhalb des Gipskeupers stammen (zum Beispiel aus der Bleiglanzbank oder der Engelhofer Platte). Dies läßt sich der von uns ausgewerteten hydrogeologischen Karte nicht entnehmen.

Im Süden des dargestellten Gebiets liegen aus dem Untergrund der Keuperschichtstufe keine Daten vor. Es ist anzunehmen, daß sich dort wegen der Überdeckung mit jüngeren Gesteinsschichten kaum Grundwasser bildet. Die kleinen, geraden und oft parallelen „Rücken" auf Farbkarte 10-3 (zum Beispiel in der Mitte der Grundwasserfläche) beruhen auf Berechnungsmängeln des Programms Quicksurf, da sie sich zwischen zwei der Fläche zugrundeliegenden Grundwassergleichen erstrecken. Ursache ist die ungleiche Verteilung der Ausgangspunkte zusammen mit geringfügigen Abweichungen beim Digitalisieren.

Farbkarte 10-3 zeigt die Kombination der Grundwasserfläche mit der oberen Grenzfläche des Gipskeupers oder, wo diese bereits erodiert ist, mit der Erosionsfläche. Die Basisfläche des Aquifers konnte mangels Daten nicht konstruiert werden. Der Gipskeuper hat im Vorland der Keuperschichtstufe eine große Ausstrichsfläche. Die Bereiche in den Talsohlen, wo die Grundwasserfläche nahe der Geländeoberfläche liegt, heben sich durch das Durchscheinen der blauen Farbe des Grundwassers ab. Im Bereich der Schichtstufe liegt die Obergrenze des Gipskeupers oft nur wenig unter der Geländeoberfläche, was sich in der Darstellung durch Querstreifen bemerkbar macht. Man findet dies auf dem Rücken zwischen dem Nesenbach- und dem Feuerbachtal und nordwestlich des Feuerbachtals, wo die Schichtstufe besonders stark zergliedert ist. Die Obergrenze wird als eine ungefähr ebene Fläche dargestellt.

10.5.3 Der Lias α und sein Grundwasser

Die Grundwasserfläche im Lias α liegt deutlich über den anderen Grundwasserstockwerken, nämlich etwa 120 bis 180 Meter. Der Lias α besteht aus einer Wechsellagerung von dunkelgrauen Mergel-, Ton- und Schluffsteinen mit Kalk- und Sandsteinbänken. Da letztere geringmächtig und nach unten und oben durch die tonigen Schichtglieder gut abgedichtet sind, sammeln sich in ihnen nur geringe Wassermengen. Die Schüttungen und Förderraten der Quellen und Brunnen auf der Filderfläche sind unbedeutend (0,1 bis 2 l/s); sie entsprechen den kleinräumigen Einzugsgebieten und der geringen Mächtigkeit der Grundwasserleiter. Außerdem schwankt die Wasserführung hier besonders stark mit den Jahreszeiten. An den Rändern der Grundwasser-Oberfläche (Farbkarte 10-4), die deutlich heruntergebogen sind, werden daher tiefere lokale Grundwasserleiter angeschnitten als auf der Hochfläche. Außerdem ist das Grundwasserpotential durch zahlreiche Quellaustritte herabgesetzt. Die Grundwasserfläche fällt nach Südosten ein. Sie liegt nur wenige Meter unter der Erdoberfläche und ist deswegen weitgehend der Morphologie angepaßt, die sich wiederum an der Schichtlagerung des Lias orientiert. Die Grundwasserverhältnisse sind vom oberflächlichen Gewässernetz geprägt, da das Lias-Grundwasser in die Täler der Körschzuflüsse im Süden und in die Bäche am Schichtstufenrand im Norden fließt.

10.5.4 Die Talauen und ihr Grundwasser

Die Talauen im Bereich der Schichtstufe sind sehr heterogen aufgebaut. Unten befindet sich meist Talschutt, der aus Sandstein- und Mergelkomponenten zusammengesetzt ist. Seine Wasserdurchlässigkeit nimmt mit zunehmendem Anteil von Ton und Schluff ab. Auf größere

Mengen Grundwasser trifft man nur in den tieferen Bereichen des Nesenbach- und des Feuerbachtals und in der Neckaraue. In letzterer spricht man von Talschottern, die aus Kiessanden bestehen. Diese stellen einen guten Grundwasserleiter dar, da das Porenvolumen durchschnittlich 25 bis 30 Prozent beträgt. Im Bereich des Cannstatter Wasens werden bis zu 55 l/s Wasser entnommen. Die jüngste Ablagerung der Talfüllungen ist der Auelehm. In allen Talauen findet man alte Rinnen, die mit schluffig-tonigem Schlick gefüllt sind, dessen Gehalt an organischer Substanz unterschiedlich hoch ist. Die Schichtfolge innerhalb der Talfüllungen wechselt horizontal und vertikal auf engstem Raum. Daher gibt es keine einheitliche Grundwasserbewegung in den Auen des Nesenbachs und des Feuerbachs.

Im Nesenbachtal liegt die Grundwasserfläche dicht unter der Geländeoberfläche (Farbkarte 10-5). Durch die weitgehende Überbauung des Stuttgarter Talkessels und die Kanalisation des Nesenbachs findet heute kaum noch Sedimentation statt. Auch die Neubildung von Grundwasser durch Niederschlag und Zuflüsse von den Talhängen ist wegen der Kanalisation und Oberflächenversiegelung stark eingeschränkt. Lediglich aus dem Gipskeuper erfolgt ein erwähnenswerter Wasserzutritt.

10.5.5 Die Grundwasserfläche unter dem Stuttgarter Talkessel in der Zusammenschau

Die Grundwasseroberfläche (Farbkarte 10-6) wurde aus Ruhewasserstandsdaten des CKW-Katasters der Stadt Stuttgart konstruiert. Allerdings sind diese Daten nicht flächendeckend. Der Hauptanteil der Meßstellen liegt im Stadtzentrum im Bereich des Gipskeupers und der Talauen, wo es wegen der dichten Besiedlung viele Brunnen und Beobachtungsrohre gibt, während an den Hängen des Talkessels wegen der geringen Grundwasservorkommen kaum Entnahme- oder Überwachungsstellen vorhanden sind. Da nur für einzelne Meßstellen Werte für jedes Jahr oder sogar jeden Monat vorliegen, ist eine Auswertung der jährlichen oder jahreszeitlichen Schwankungen nicht möglich. Für die Flächenkonstruktion wird daher das Mittel aller Ruhewasserstände einer Meßstelle ohne Rücksicht auf jahreszeitliche und jährliche Schwankungen genommen. Die Geologie des Aquifers bleibt unbeachtet. Sie ist zwar meist angegeben, doch reicht die Zahl der Meßpunkte je Aquifer nicht für eine flächige Darstellung aus. Um mehr Daten im Bereich der Keuperhänge für die Konstruktion der Grundwasserfläche zu haben, wurden von WURSTER (1988) Austrittshöhen von Stubensandstein-Quellen dazugenommen. Die Werte aus dem CKW-Kataster sind nach Stichtagsmessungen des Geologischen Landesamts ergänzt und zum Teil berichtigt worden.

Die Grundwasserfläche gibt die Höhe an, in der man bei einer Bohrung auf Grundwasser stoßen würde. Im Bereich der Talsohlen liegt sie - wie zu erwarten - nur wenig unter der Oberfläche. Im Vordergrund zeigt das Grundwasser wenig Relief, da die Aquifere dicht beisammen liegen und zum Teil ein Wasseraustausch besteht. Außerdem haben die darüberliegenden Aquifere hier ein zu kleines Einzugsgebiet, um Grundwasservorkommen auszubilden. Weiter oben im Nesenbachtal paßt sich die Fläche eher der Geländeform an, da auch die Grundwasserleiter des Mittleren Keupers an den Hängen Wasser führen. Besonders auffallend sind die Aufwölbungen im Bereich des Hasenbergs und am gegenüberliegenden Talhang, die von Stubensandsteingrundwasser verursacht werden. Im Südwesten zwischen Vaihingen und Heslach liegt die Grundwasserfläche direkt an der Geländeoberfläche, da hier zahlreiche Stubensandsteinquellen entspringen. Eine weitere Besonderheit des Stuttgarter Raums sind die Verhältnisse im Bereich des Neckartals und der Mündung des Nesenbachs. Das artesisch aufsteigende Muschelkalkwasser bildet Kuppeln im Grundwasser der Talauen. Auch der Gipskeuper hat Quellen in den Talgrundwasserkörper.

10.6 Schlußbetrachtung

Mit der hier vorgestellten Methode lassen sich geologische und hydrogeologische Sachverhalte dreidimensional darstellen. Dies empfiehlt sich vor allem dann, wenn komplexe Zusammenhänge anschaulich und wirklichkeitsnah als Graphik präsentiert werden sollen. Eine dreidimensional dargestellte Grundwasserfläche ist leichter zu interpretieren als ein Plan aus Grundwassergleichen. Ebenso ist die Computersimulation in der Kombination von mehreren Flächen anschaulicher. Allerdings sind die dreidimensionalen Modelle aufgrund des hier verwendeten Datenmaterials für kleinräumige Betrachtungen zu ungenau. Auch ist es durch die räumliche Abbildung schwierig, ausgewählte Punkte in den Graphiken genau zu lokalisieren. Ein weiterer Nachteil ist, daß die Bilder nur qualitative Aussagen zulassen.

Deswegen machen sie andere geologische Darstellungsarten wie Profile, Grundwassermodelle oder ähnliches nicht überflüssig. Aus dem digitalen Datensatz lassen sich diese Darstellungen jedoch leicht gewinnen.

Im Lauf der Arbeit stellte sich heraus, daß mit den Gebietsgrößen die Grenzen der Leistungsfähigkeit der von uns verwendeten Rechner erreicht werden. So mußte bei komplexen Operationen mit großen Flächen mit erheblichem Zeitaufwand gerechnet werden. Weitergehende Schritte mit Hilfe dreidimensionaler CAD-Darstellungen könnten die Kombination von Aquiferoberflächen und Grundwasserdruckflächen sein, um zu ermitteln, ob Grundwasserleiter in einem bestimmten Aquifer artesisch gespannt ist. Neben der Darstellung von hydrochemischen Konzentrationen ist auch die Modellierung von Wasserverunreinigungen, zum Beispiel Schadstofffahnen möglich.

10.7 Literaturverzeichnis

Die vorliegende Arbeit ist eine überarbeitete Fassung der Diplomarbeit von BIRGIT WILLSCHER (1994): Darstellung der Grundwasserverhältnisse im Stuttgarter Talkessel mit AutoCAD.

GEOLOGISCHES LANDESAMT BADEN-WÜRTTEMBERG (Hrsg.) (1959): Geologische Karte von Stuttgart und Umgebung 1:50000. Stuttgart. (Landesvermessungsamt Baden-Württemberg).

GEOLOGISCHES LANDESAMT BADEN-WÜRTTEMBERG (Hrsg.) (1966, 1974): Der Baugrund von Stuttgart. Hydrogeologische Karte 1:10000. Blatt 1-4. Stuttgart. (Stadtmessungsamt Stuttgart).

GEYER, O. F., M. P. GWINNER (1991): Geologie von Baden-Württemberg. 4. Aufl. Stuttgart.

LANDESVERMESSUNGSAMT BADEN-WÜRTTEMBERG (Hrsg.): Digitales Höhenmodell zu L7120, L7121, L7220, L7221. Stuttgart.

STÖBEL, W., F. WURM (1977): Geologische Karte von Baden-Württemberg. Erläuterungen zu Blatt 7220 Stuttgart-Südwest. Stuttgart. (Landesvermessungsamt Baden-Württemberg).

UFRECHT, W., W.- D. HAGELAUER u. M. SCHOLZE, (1996): Hydrologie und Baugrund, Schutz der Mineral- und Heilquellen - Eine Bestandsaufnahme und Bewertung in Zusammenhang mit der Planung für das Städtebauprojekt „Stuttgart 21". Stuttgart (Amt für Umweltschutz).

WURSTER, R. (1988): Bestandsaufnahme der Quellen in den Stuttgarter Einzugsgebieten von Feuerbach und Nesenbach. Unveröffentlichte Diplomarbeit, Institut für Geologie und Paläontologie der Universität Stuttgart.

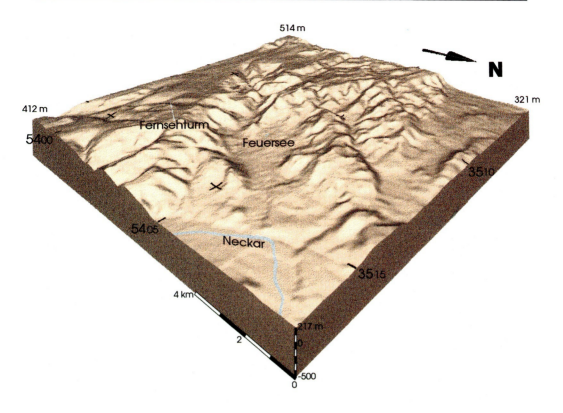

Farbkarte 10-1: Digitales Geländemodell des Stuttgarter Talkessels und seiner Umrandung.
Überhöhung: x 3,5. Blick von Nordosten nach Südwesten. Der „schrägstehende" Fernsehturm zeigt den Projektionseffekt an.
Quelle: Landesvermessungsamt

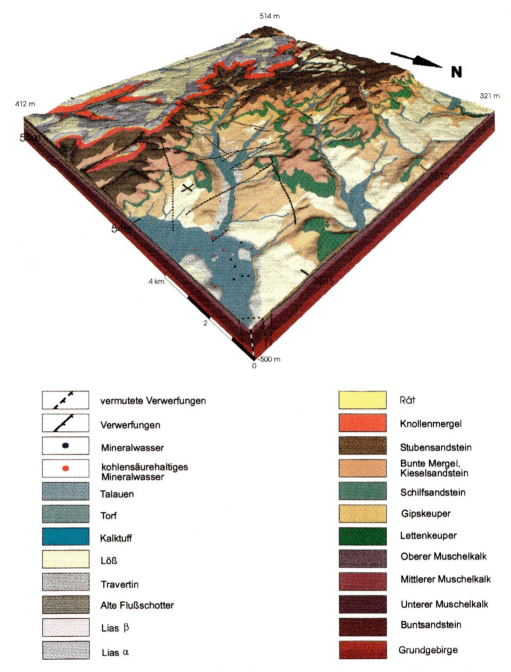

Farbkarte 10-2: Geologisches Geländemodell des Stuttgarter Stadtgebietes. Konstruktion auf der Basis des in Farbkarte 10-1 gezeigten topographischen Blockmodells (Überhöhung x3,5). Da mit der Konstruktion des geologischen Geländemodells die Grenzen der Leistungsfähigkeit unseres Rechners erreicht war, mußten einzelne Vereinfachungen in der Darstellung in Kauf genommen werden. So wird der Kieselsandstein mit den Unteren und Oberen Bunten Mergeln zusammengefaßt und der Lias α nicht weiter untergliedert. Auf die Darstellung von Hangschutt und von Resten alter Schuttdecken wird verzichtet. Verwerfungen im Nesenbachtal nach BRUNNER.

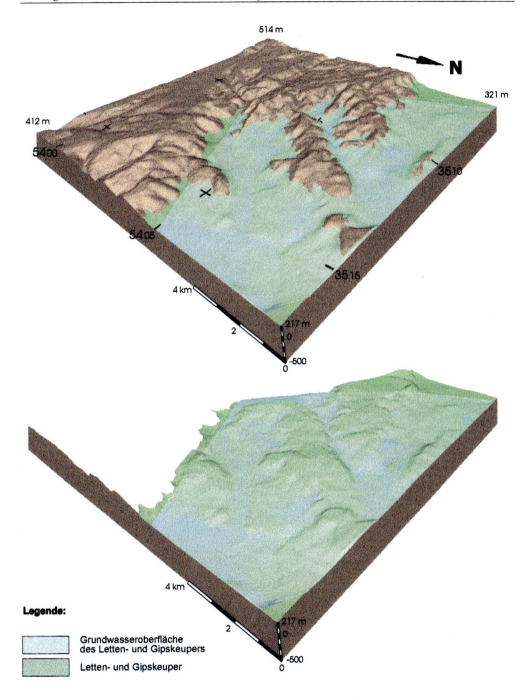

Farbkarte 10-3: Die Grundwasseroberfläche des Letten- und Gipskeupers kombiniert mit der oberen Grenzfläche des Gipskeupers und, wo diese bereits erodiert ist, mit der Erosionsfläche. Im Westen und Süden des dargestellten Gebiets liegen keine Daten vor.

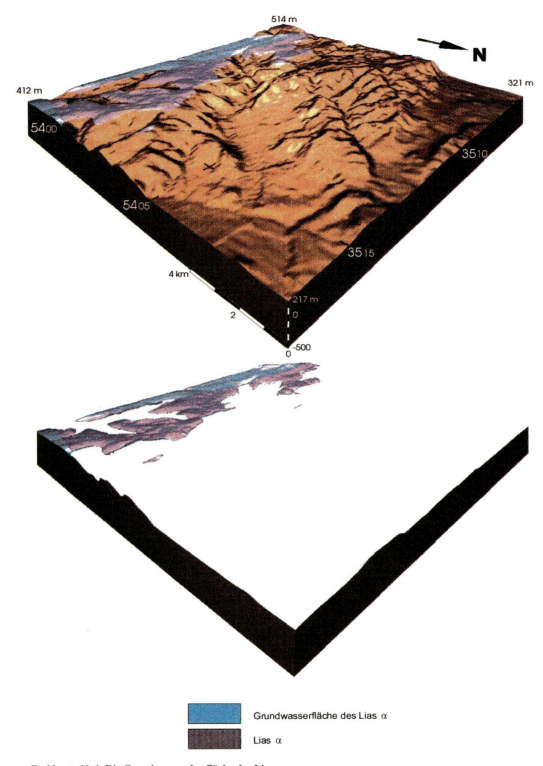

Farbkarte 10-4: Die Grundwasseroberfläche des Lias α

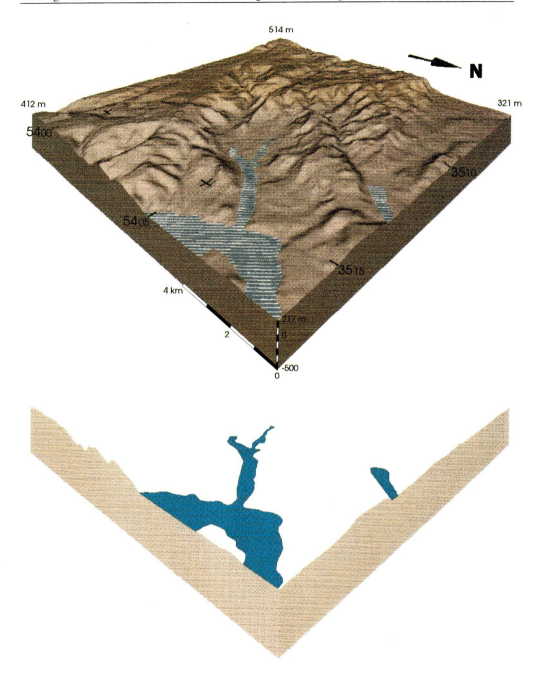

Farbkarte 10-5: Die Grundwasseroberflächen der Talauen

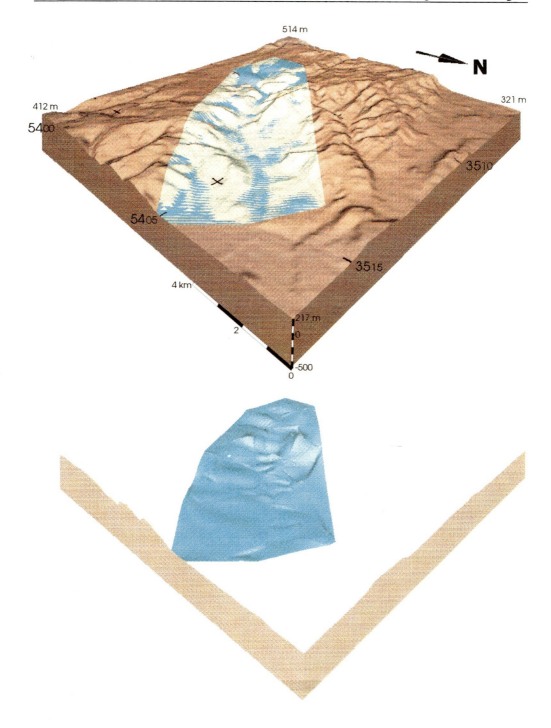

Farbkarte 10-6: Die Grundwasseroberfläche unter dem Stuttgarter Talkessel

11 Stuttgart im digitalen Höhenmodell.
Übersicht über das Relief angrenzender Naturräume

Bernhard Eitel[1]

Die Lage der Landeshauptstadt Stuttgart hat vielfaltige Auswirkungen auf die Stadtentwicklung genommen. In kaum einer deutschen Stadt vergleichbarer Größe übt das Relief auf Planungsmaßnahmen einen ähnlichen Einfluß aus. Die geomorphologischen Grundlagen beeinflussen in hohem Maß die stadtökologischen Grundlagen und damit letztlich den Lebenswert Stuttgarts für seine Einwohner.

Das digitale Geländemodell macht besser als die topographische Karte, auf der im Stadtgebiet vor allem das untergeordnete Relief teilweise schwer nachzuverfolgen ist, die besonderen Bedingungen für die Stadtentwicklung Stuttgarts deutlich (vgl. Farbkarte 10-1). Es umfaßt nicht das gesamte Stadtgebiet, sondern konzentriert sich auf die Darstellung des Talkessels, in dem sich das Zentrum entwickelte und sich die dichteste Bebauung befindet.

Dennoch zeigt es auch, daß die Landeshauptstadt Stuttgart im Überschneidungsbereich verschiedener Naturräume liegt: Als Teil des südwestdeutschen Schichtstufenlands grenzt von Nordwesten das lößbedeckte Gäuland an das Keuperbergland, das - vergleichsweise stark zertalt - zur Filderfläche überleitet, auf der die südöstlichen Vororte der Stadt liegen.

11.1 Das südwestdeutsche Schichtstufenland als übergeordneter geomorphologischer Rahmen

Das Relief großer Teile Süddeutschlands wird von mesozoischen Gesteinen geprägt, die v. a. als Ton-, Sand- oder Kalksteine bzw. Mergel vorliegen. Im Stadtgebiet Stuttgarts dominieren die Gesteine der Keuperzeit (unteres Mesozoikum), die vor etwa 225-215 Millionen Jahren als Sedimente abgelagert wurden. Seit der Kreidezeit unterliegen die Sedimentgesteine Süddeutschlands der Abtragung, die zunächst von der rheinischen Mittelgebirgsschwelle nach Süden voranschritt und mit der Oberrheingrabenbildung im Eozän (ca. 55 Mio Jahre vor heute) eine zunehmende West-Ost-Richtung erhielt. Von leichten Verstellungen abgesehen, die auf jüngere tektonische Bewegungen zurückzuführen sind, fallen die Deckgebirgsschichten seit der Hebung der östlichen Schulter des Oberrheingrabens flach nach Südosten hin ein. Dabei handelt es sich v. a. um Tonsteine, Mergel, Kalk- und Sandsteine, die der Abtragung unterschiedlich starken Widerstand leisten. Im Großrelief führte der Wechsel dieser härteren und weicheren Gesteinsfolgen zu der ausgeprägten Schichtstufenlandschaft, die große Teile Südwestdeutschlands prägt.

1 Besonderen Dank schulde ich Frau Dipl.-Geol. B. Willscher für die Erstellung des digitalen Höhenmodells aus Daten des Landesvermessungsamtes von Baden-Württemberg sowie Herrn Prof. Dr. H. Seyfried/Institut für Geologie und Paläontologie der Universität Stuttgart, der freundlicherweise das Höhenmodell zur Verfügung stellte.

11.2 Stuttgarts Lage im Fildergraben

Die Sedimentgesteine, die das Schichtstufenland Südwestdeutschlands aufbauen, fallen großräumig nach SE, im Süden Baden-Württembergs stärker als im Norden, gegen das voralpine Molassebecken hin ein. Dieses Schichtfallen ist regional durch kleinere Becken und Schwellen unterbrochen, die auf leichte Verbiegungen des Deckgebirges zurückzuführen sind. Daneben beeinflussen aber auch bruchtektonische Bewegungen den geologischen Bau und das Oberflächenrelief.

So liegt beispielsweise Stuttgart mit fast seinem gesamten Stadtgebiet innerhalb des etwa 10 km breiten Fildergrabens (Abb. 11-1), der von NW nach SE auf die Schwäbische Alb zuläuft. Auf der Nordostseite des Grabens hat der Neckar sein Tal geschaffen. Durch die tektonische Absenkung der Schichten um z. T. über 150 m blieben im Graben großflächig Gesteine des Unteren Jura (Lias) erhalten, die häufig von mehreren Meter mächtigen Lößlehmen überdeckt sind. Im Höhenmodell ist diese „Filderebene" in der südöstlichen Hochfläche zu erkennen. Der Anstieg in der Südwestecke des Blockbildes (Farbkarte 10-1) zeigt gerade noch einen kleinen Teil der Grabenschulter. Diese Filderfläche fällt nach Osten hin leicht ein, weshalb des höchsten Erhebungen mit ca 450 m ü. M. am Südrand der Stadt Stuttgart (Degerloch, Rohr) liegen.

Neben der geringen Reliefierung haben besonders die skelettarmen und damit leicht bearbeitbaren und fruchtbaren Böden zu intensiver landwirtschaftlicher Nutzung geführt, die bereits im Neolithikum begann. Bei den landwirtschaftlich bearbeiteten Böden handelt es sich überwiegend um Löß-Parabraunerden, deren Potential heute durch Staunässe oder inzwischen erfolgte Bodenerosion oft eingeschränkt ist.

Die intensiv ausgeübte Landwirtschaft hat in den letzten Jahrzehnten erhebliche Flächen durch die starke Bautätigkeit verloren: Einerseits sind die Siedlungen hier an der Peripherie Stuttgarts stark gewachsen, andererseits beansprucht der Verkehr große Flächen. Bereits in den 30er Jahren erfolgte der Bau der Autobahn, die hier auf mehreren 10 km Länge keine orographischen Hindernisse überwinden mußte. Der Flughafen wird erst in jüngster Zeit vergrößert.

11.3 Stuttgart am Rand des Keuperberglands

Westlich von Vaihingen endet die Filderfläche. Die Abtragung greift hier von Westen über die Glems und von Nordosten über das Feuerbacher sowie Stuttgarter Tal gegen die Fläche zurück. Dies gestaltet das Relief unruhiger, führte bereits zur Abtragung der Lias-Schichten sowie der Oberen Keupers. Die Höhen werden generell vom Stubensandstein eingenommen, während an den Hängen härtere Gesteinsschichten auch älterer Folgen des Mittleren Keupers herauspräpariert wurden. Die Sedimentgesteine aus jener Zeit bestehen aus einem Wechsel harter Sandsteinlagen und weicherer Mergel, was an den Hängen zu kleinflächigen Ausliegern, Simsen und Treppen führte.

Die Lößschichten der Filder machen hier Decksedimenten Platz, die in der letzten Kaltzeit (bis ca. 10 000 Jahren vor heute) gebildet wurden: Der Dauerfrostboden führte damals während sommerlicher Auftauphasen zu großflächigem Bodenfließen (Solifluktion), wobei der von der Frostsprengung aufbereitete grobe Gesteinsschutt mit den tonreichen Mergeln zusammen teilweise mehrere Meter mächtige Solifluktionsdecken bildete. Sie überflossen - wohl nur mit einer Geschwindigkeit von wenigen mm/J - das strukturell geprägte Relief der Hänge und glichen die Ausbisse widerständiger Keupersandsteine partiell aus.

Geringere Nährstoffgehalte, die Gefahr auftretender Staunässe auf den tonreicheren Substraten beziehungsweise steinigere Lagen verbunden mit der höheren Reliefenergie bilden

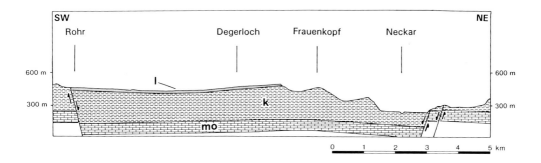

Abb. 11-1: Stark generalisiertes Profil durch den Fildergraben wenige Kilometer südlich des Stuttgarter Talkessels (1 = Lias, k = Keuper, mo = Oberer Muschelkalk).

die Ursache für die hier dominierende forstwirtschaftliche Nutzung der Flächen. Den schmalen Übergangsbereich zwischen Filderfläche im Südosten und Gäuland im Westen und Nordwesten bildet der Glemswald (bis ca. 470 - 500 m ü. M.), der damit einen Teil des württembergischen Keuperberglands darstellt, das sich im Nordosten Stuttgarts mit dem Schurwald fortsetzt.

Vom Glemswald führt nur selten eine prägnante Stufe ins tiefer gelegene Gäuland. Ganz im Westen des Blockbildes - bei Gerlingen - tritt die Keuperstufe am auffälligsten in Erscheinung. Besonders deutlich sind die Simse und untergeordneten Flächenreste zu erkennen, die vom Kieselsandstein und dem Schilfsandstein gebildet werden. Die Auslieger der Keuperstufe und die isolierten Höhen um Feuerbach sind dominant auf die Resistenz des Schilfsandsteins zurückzuführen, der hier ein eigenständiges, wenn auch kleinräumiges Keuperflächenstockwerk darstellt.

Während der Fernsehturm noch auf Unterjuraschichten steht, ist der Stuttgarter Talkessel selbst völlig in den Gesteinen des Mittleren Keupers angelegt. Die widerständigen Sandsteinlagen bilden dabei die Höhen, die den Talkessel begrenzen: Im Osten und Süden sind es die Sandsteinlagen innerhalb der Stubensandsteinfolge, während der Höhenrücken, der vom Birkenkopf über den Kräherwald zum Killesberg verläuft vom Kieselsandsstein abgedeckt wird. Lediglich der Gähkopf verfügt noch über eine isolierte Stubensandsteinauflage.

Für den Ausraumbereich von Stuttgart-West sind kleine Rinnen verantwortlich, die den westlichen Stufenhang stark auflösten und zurückverlegten. Vor allem seit der zweiten Hälfte des letzten Jahrhunderts hat sich die Stadt in den vorhandenen Talraum hinein ausgedehnt. Der östliche Teil des „Talkessels", eigentlich Stuttgart-Süd und Heslach, ist vom Westen der Stadt durch den Hasenberg und die Karlshöhe getrennt, an deren Fuß der Feuersee angelegt wurde. Dieser südöstliche Teil des Stuttgarter Tals wurde v. a. vom Nesenbach heraus erodiert, der sich nach Süden in die Keuperberge einschnitt und in Vaihingen die Filderfläche erreicht. Daß dies die geomorphologisch bedeutendste Entwässerungslinie im Bereich des Stuttgarter Kessels ist, zeigt das digitale Höhenmodell sehr deutlich: Im Oberlauf als scharfes Kerbtal entwickelt, in das der Abfluß teilweise sogar über harte Gesteinsausbisse hinwegstürzt („Stuttgarter Wasserfälle"), entwickelt der Nesenbach, nachdem er den Stadtteil Heslach verlassen hat, eine breitere Talsohle, in der heute große Teile der Innenstadt liegen. Diese Sohle ist gegenüber den von Westen zufließenden Abflußrinnen deutlich eingetieft. Ab dem Hauptbahnhof (247 m. ü. M.) führt die Tiefenlinie in flachen Auslauf zum Neckar (214 m ü. M.) bei Bad Cannstatt.

Unterer Jura (Lias)	
Oberer Keuper	
Knollenmergel	
Stubensandstein	
Obere Bunte Mergel	
Kieselsandstein	Mittlerer Keuper
Untere Bunte Mergel	
Schilfsandstein	
Gipskeuper	
Unterer Keuper (Lettenkeuper)	
Oberer Muschelkalk	

Abb. 11-2: Generalisierte Stratigraphie der im Stadtgebiet Stuttgarts anstehenden mesozoischen Gesteine. Die Stufenbildner sind hervorgehoben.

11.4 Bad Cannstatt: Lage am Rand der Gäufläche

Der Stuttgarter Talkessel öffnet sich nach Norden in eine Randbucht der Keuperstufe, die etwa 100 km2 groß ist. Eine wellige Landoberfläche (meist 200-300 m ü. M.) dominiert hier und reicht aus dem Neckarbecken bis an den zertalten Keuperrand heran, dessen Süd- und Südwesthänge ausgedehnte Rebflächen Platz bieten.

Mit Lössen oft mehrere Meter mächtig bedeckt, grenzt hier das hügelige, intensiv landwirtschaftlich genutzte Gäuland - mit Gesteinen des Lettenkeupers, untergeordnet auch des Gipskeupers - an das Keuperbergland. Das Gäuland ist klimatisch begünstigt: Die durchschnittlichen Wintertemperaturen schwanken um den Gefrierpunkt, während die Mittelwerte der Sommertemperaturen bis 19°C erreichen. Die lange Sonnenscheindauer begünstigt die Landwirtschaft, an steileren Hängen mit guter Drainage besonders den Weinbau. Die Böden, überwiegend Parabraunerden, erlauben bei ca. 650 mm Niederschlag pro Jahr gute Erträge.

Bad Cannstatt, rechts des Neckar gelegen, liegt zu großen Teilen schon in dieser von der natürlichen Ausstattung her begünstigten Landschaft. Nur wenig nördlich von Bad Cannstatt fließt der Neckar aus dem Fildergraben heraus und verläßt das Stadtgebiet Stuttgarts. Da das Gäuland tektonisch etwas gewölbt wurde, hat sich der Neckar tief in den Muschelkalk eingeschnitten, der steile, oft wandartige Talhänge bildet. Der Fluß, der zwischen Untertürkheim und Bad Cannstatt in den weichen Mergeln des Mittleren Keupers ein weites Tal schaffen konnte, wird ab Münster dadurch in ein engeres Tal gezwängt.

12 Wasserhaushaltskenngrößen und hydrologische Kleineinzugsgebiete im Schurwald (Region Stuttgart)

Eckhard Wehmeier

12.1 Einleitung und Zielsetzung

Denkt man an die Region Stuttgart und ihre landschaftlichen Großbausteine (Farbkarte 12-1), so denkt man eher zuletzt an die Keuperwaldberge, zu denen auch der Schurwald gehört. Einerseits muß das verwundern, liegt doch das Gebiet des Keupers zentriert in der Region zwischen Gäulandschaften im Westen und dem Albvorland im Osten und stellt mit ca. 38 Prozent Flächenanteil alle anderen geologischen Formationen in den Schatten. Andererseits ist diese Nachrangigkeit nur zu verständlich, denn Relief (kleingekammerte Steillagen ohne nennenswerte Flächen), Substrat (oftmals nährstoffarme, flachgründige Böden mit unausgeglichenem Wasserhaushalt) und wenig ergiebige Aquifere haben seit jeher die Erschließung und Entwicklung der Keuperwaldberge nicht gerade begünstigt.

Nachfolgend werden mittlere Wasserbilanzen verschiedener Kleineinzugsgebiete untersucht, aber auch die Relationen von Niederschlag und Abfluß bei einzelnen Witterungsereignissen, z. B. bei Starkregen. Dieser hydrometeorologische Ansatz kann und muß fortgeführt werden als hydromorphodynamischer Ansatz, der die Untersuchung von Niederschlags-, Abfluß-, und Stoffaustragsbeziehungen (Feststoffe und gelöste Stoffe) einschließt.

Warum diese Untersuchungen und warum in kleinen räumlichen Einheiten? Große Flußgebiete werden häufig nicht gänzlich von einem Niederschlagsereignis erfaßt. Das bereitet Probleme bei der Erarbeitung von Niederschlags - Abflußrelationen. Ferner sind solche Gebiete oftmals zu komplex, was ihre natur- und kulturräumliche Ausstattung anbelangt, so daß es fast unmöglich wird, unterschiedliches Abflußverhalten zu erklären. Immer wieder treten lokal Bemessungsprobleme auf, z. B. die Dimensionierung einer Rückhaltung oder einer Verdolung betreffend. Überschwemmungsgefährdung ist in den Talsohlen, den Leitlinien der Entwicklung im Schurwald, durchaus gegeben.

Andere Aspekte sind mangelnde Kenntnis lokaler Erosivität oder von Stoffein - und Stoffaustragsbeziehungen. Trotz intensiven Arbeitens von Hydrologen und Geomorphologen in den letzten 25 Jahren fehlen bundesweit immer noch kleinräumliche Basiswerte von Niederschlags-, Abfluß- und Stoffaustragsbeziehungen in verschiedenen naturräumlichen Einheiten. Das Keuperwaldbergland bleibt auf absehbare Zeit ein solches Gebiet, wenngleich auch die wertvollen Arbeiten im Schönbuch seitens der Tübinger Schule unter EINSELE (1986) einen großen Fortschritt bedeuten.

Die Auswahl dreier Kleineinzugsgebiete, die sich am stärksten hinsichtlich ihrer Nutzung, weniger in ihren natürlichen Gebietskennwerten unterscheiden, sollte primär Hinweise auf dadurch bedingte Unterschiede des Abflußverhaltens liefern. Eines der Gebiete ein nahezu reines Waldgebiet, bietet die Chance, Aussagen über relativ naturbelassene Einheiten einzuflechten.

12.2 Lage und Ausstattung der Arbeitsgebiete

Alle drei Einzugsgebiete liegen im Flußgebiet der Rems und sind dem Beutelsbach unmittelbar oder mittelbar tributär (Farbkarte 12-2). Die Größe der Gebiete liegt zwischen 0,5 km² und 1,5 km². Sie liegen nahe beieinander, so daß Niederschlagsereignisse mit hoher Wahrscheinlichkeit jeweils alle Gebiete treffen. Allerdings öffnen sich die einzelnen Bachgebiete in bezug zu den Hauptwetterlagen sehr unterschiedlich - der Brenkelesbach nach Westen, der Rappenbach nach Nordosten und der Rackenbrunnenbach nach Süden.

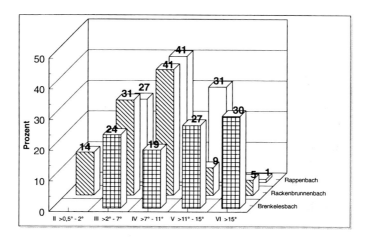

Abb. 12-1: Die Hangneigungen der Einzugsgebiete

12.2.1 Relieffaktoren

Die höchsten Lagen liegen für alle Gebiete zwischen 470m NN und 480m NN. Das unterstreicht nur den Restflächencharakter dieser Bereiche. Unterschiede von Bedeutung bestehen aber in der Höhenlage der Vorflut: Brenkelesbach 260 m, Rappenbach 297 m und Rackenbrunnenbach 330 m. Das Gebiet des Brenkelesbaches hat den höchsten Anteil an Steillagen, während im östlich angrenzenden Rackenbrunnenbachgebiet eher moderate Hangneigungen dominieren. Das Fehlen von Hangneigungsklasse I (Abb. 12-1) verdeutlicht die Kümmernis der schon angesprochenen Restflächen. Bezeichnend ist das häufige Auftreten von Isoklinaltälern in den Front - oder Achterstufenhängen des Keupers, die nach oben durch die Hochflächenreste im unteren Lias (Hettangium) abgeschlossen werden. So gesehen, kann man das Untersuchungsgebiet auch als Teil der Keuper - Liasbergländer betrachten.

12.2.2 Geologie und Lithostratigraphie

Alle Gebiete haben großen Anteil am Stubensandstein (km 4), wobei allerdings Rappenbach mit 32 Prozent gegenüber den 67 Prozent und 80 Prozent in Brenkelesbach und Rackenbrunnenbach abfällt. Andererseits weist das Gebiet Rappenbach mit 32 Prozent Lias α gegenüber 1 Prozent und 4 Prozent in den anderen Gebieten eine positive Anomalie auf und besitzt als einziges eine Lößlehmauflage von 11 Prozent (Farbkarte 12-3 und Abb. 12-2). Signifikante

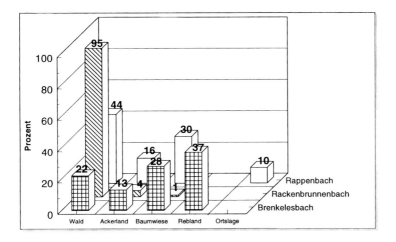

Abb. 12-2: Geologische Formationen in den Einzugsgebieten

Unterschiede bestehen auch in der Anteiligkeit des Knollenmergels (km 5): Brenkelesbach 6,4 Prozent, Rackenbrunnenbach 12 Prozent, Rappenbach 19 Prozent. Andere Formationen besitzen keine nennenswerten Flächenanteile. An geotektonischen Störungen weist die amtliche geologische Karte (Blatt 7222 Plochingen) nur einen relativ flachen Graben bei Baach auf, der keinerlei Einfluß auf die Lagerungsverhältnisse in den Untersuchungsgebieten nimmt.

12.2.3 Landnutzung und Vegetationsbedeckung

Die Gebiete unterscheiden sich kraß in den Bedeckungstypen (Abb. 12-3 und Farbkarte 12-4). Rackenbrunnenbach weist zu 95 Prozent Wald auf, gegenüber 44 Prozent in Rappenbach und 22 Prozent in Brenkelesbach. Bei den Wäldern handelt es sich größtenteils um Laubmischwälder. Baumwiesen haben einen Anteil von ca. 30 Prozent in den Bereichen Rappenbach und

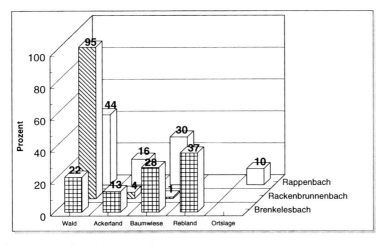

Abb. 12-3: Landnutzung der Einzugsgebiete

Brenkelesbach. Reblandanteil gibt es nur in Brenkelesbach (37 Prozent), wogegen Ortslagen (10 Prozent) nur im Bereich Rappenbach auftreten.

12.3 Wasserhaushaltskenngrößen

Nachfolgend werden die einzelnen Wasserhaushaltskenngrößen separat und vergleichend in bezug auf die Untersuchungsgebiete betrachtet. Dabei handelt es sich ausschließlich um mittelnde Betrachtungsweisen, bezogen auf hydrologische Jahre und Halbjahre.

12.3.1 Niederschlag (N)

Niederschlag wurde an vier Stationen in der Nachbarschaft gemessen (Farbkarte 12-2). Die Berechnung des Niederschlags erfolgte nach der Polygonmethode von THIESSEN. Die mittleren Jahresniederschlagshöhen liegen bei 800 mm. Das Maximum entfällt mit 826 mm auf Rappenbach, das Minimum mit 782 mm auf Brenkelesbach (Abb. 12-4). Das erklärt sich aus der nach Westen vorgeschobenen Lage des Gebietes Rappenloch und der um ca. 40 m tiefer gelegenen Vorflut des Brenkelesbaches. Für alle Gebiete ist ein leichtes Übergewicht sommerlicher Niederschläge (Ns/N >0,5 <0,6) gegeben. Somit ist eine kontinentale Tönung des Klimas gegeben, welche symptomatisch auch für die gesamte Region Stuttgart ist. Die sommerlichen Niederschlagsspenden unterscheiden sich nicht sehr stark, eher schon die winterlichen. Hier weist das Gebiet Rappenbach mit 23,4 l/s x km² eine positive Abweichung gegenüber ~ 20 l/s x km² der anderen Gebiete auf. Das ist durch einen hohen Anteil an Abflußbildungsflächen erklärbar und mag überdies mit einer Tendenz höheren Schneeeintrages, verbunden mit Leelage und Nordostexposition einhergehen.

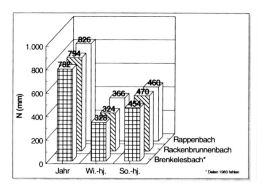 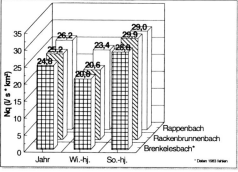

Abb. 12-4: Mittlere Niederschlagssummen N und Niederschlagsspenden Nq 1982 - 1991

12.3.2 Abfluß (A)

Der Abfluß wurde über Registrierpegel am Auslauf der jeweiligen Einzugsgebiete ermittelt. Die Wartung der Anlagen erfolgte durch die LFU. Die höchsten jährlichen Abflußspenden liefert das Gebiet Brenkelesbach mit 10,6 l/s x km², gegenüber 8,8 l/s x km² im Rappenbach - und nur 8,0 l/s x km² im Rackenbrunnenbachgebiet (Abb. 12-5). Hier zeigt sich ganz deutlich die abflußmindernde Rolle des Waldes für den Wasserhaushalt, was nicht zuletzt auf hohe

Evapotranspirationsverluste (Abb. 12-7) zurückzuführen ist. In Gebieten mit Wasserbedarfs-
lücken müßten eigentlich transpirationsmindernde Eingriffe in den Wald vorgenommen werden. Konfliktsituationen mit der Forstwirtschaft, aber auch mit der allgemeinen öffentlichen
Meinung wären abzusehen, denn Wald darf nicht rein utilistisch im wasserwirtschaftlichen
Rahmen gesehen werden, Wald als öffentliches Gut hat in der Region Stuttgart einen sehr
großen Stellenwert. Ferner läßt die Anbindung des Schurwaldes an die überregionale Wasserversorgung solche Denkansätze obsolet werden. Man ist geneigt, die hohen Abflußspenden
des Brenkelesbachgebietes mit großer Wahrscheinlichkeit dem sehr geringen Waldanteil (22
Prozent), einem Reblandanteil von 37 Prozent (Farbkarte 12-3), und dem sehr hohen Anteil an
Steillagen (Abb. 12-1) zuzuschreiben. Übers Jahr betrachtet, sind in allen Gebieten die winterlichen Aq's höher als die sommerlichen. Das ist eine direkte Folge stark verminderter Verdunstung (Abb. 12-7) und geringerer Aufnahmebereitschaft des Solums wegen erhöhter Vor-
sättigung und oder Bodengefrornis. Am ausgeglichensten übers Jahr verhalten sich die Aq's
im Rackenbrunnenbachgebiet, Direkt- und Basisabflußspenden eingeschlossen (Abb. 12-6).
    Das ist eine direkte Konsequenz der puffernden Wirkung des Waldes. Im Brenkelesbach-
gebiet sind die Aq's ähnlich ausgeglichen, bei einem allerdings höheren Anteil der Basisabflußspende (Abb. 12-7), der nicht so ohne weiteres zu erwarten ist. Zwar ist die Direktabfluß
spende aus oben angeführten Gründen höher als im benachbarten Waldgebiet, aber nicht in
dem erwarteten Ausmaß (Abb. 12-6). So kann der wesentlich höhere Anteil des Basisabflusses im Brenkelesbachgebiet wohl nur lithostratigraphisch erklärt werden, verbürgt durch die

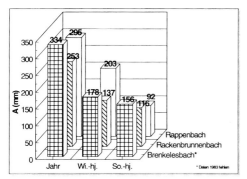
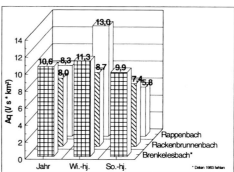

Abb. 12-5: Mittlere Abflüsse A und Abflußspenden Aq (Hydrologische Jahre 1982 - 1991)

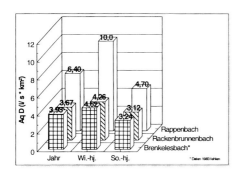
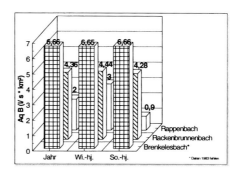

**Abb. 12-6: Mittlere Direktabflußspenden Aq_D und Basisabflußspende Aq_B
(Hydrologische Jahre 1982-1991)**

sehr geringe Anteiligkeit (6,4 Prozent) des Knollenmergels und das Auftreten von Quellaustritten in den unteren Schichtgliedern des Keupers, die nur in diesem Gebiet vorkommen (Abb. 12-2). Inwieweit das Rigolen der Rebhänge tiefere Perkolation fördert, muß offen bleiben. Die Abtrennung des Basisabflusses erfolgte nach WUNDT (1958). Die Direktabflußspende schließt den Interflow ein und kann auch als mittelbare Spende gesehen werden.

Am unausgeglichensten übers Jahr verhalten sich die Aq's im Rappenbachgebiet mit 13 l/s x km² im Winter als Maximum aller Gebiete und 5,8 l/s x km² im Sommer als Minimum (Abb. 12-5). Dies ist eine Folge der überaus hohen Anteiligkeit der Direktabflußspende(Aq$_D$) in diesem Gebiet, die ganzjährig um ca. 70 Prozent, im Winter um ca. 220 Prozent, im Sommer um ca. 150 Prozent höher als in den anderen liegt. Die Jahresschwankung der Aq$_D$ beträgt ~210 Prozent, die der Aq$_B$ Abb. 12-6) ~330 Prozent, wobei die Anteiligkeit des Basisabflusses die geringste unter allen Einzugsgebieten ausmacht. Somit wird der Rappenbach zum Bach mit der unausgeglichensten Wasserführung, ferner ist er derjenige, der am ehesten Trocknis gefährdet ist. Primär hängt das mit der Lithostratigraphie zusammen, der sehr hohen Anteiligkeit an Knollenmergel (19 Prozent), Lias α (32 Prozent) und Lößlehm (11 Prozent). Als Aquifere betrachtet, sind jene nicht besonders ergiebig, sei es wegen ihrer hohen Retention und oder ihrer geringen Mächtigkeit. Im Sommer kommt sicherlich noch hinzu, daß wegen der offenen Natur des Kopfbereiches (Baumwiesen, Ackerland) und gering durchlässiger Böden die Verdunstungsverluste im Rappenbachgebiet sehr hoch ausfallen (Abb. 12-7). Im Winterhalbjahr sind die hohen Aq's mit Sicherheit durch den großen Anteil an Abflußbildungsflächen bedingt, die im wesentlichen mit den oben aufgeführten Formationen und den darauf befindlichen Bodentypen, Pelosole und Braunerde - Pelosole im Knollenmergel und Pseudogleye wie Pseudogley - Parabraunerden im Lias α und aufliegendem Lößlehm, einhergehen. Schnelle Sättigung, bewirkt durch geringe Verdunstung, oftmals geringe Mächtigkeit der Speicher und weitgehendes Fehlen von Wald (Farbkarte 12-3), verbunden mit einer Erhöhung der Niederschlagseffektivität, ist der Schlüssel für das Zustandekommen der hohen Direktabflußspenden. Derartige Gebiete tragen in besonderem Maße zur Hochwassergefährdung in den Tälern des Schurwaldes bei. Nicht umsonst wurde deshalb bei Baach (Farbkarte 12-2) ein Rückhaltebecken gebaut.

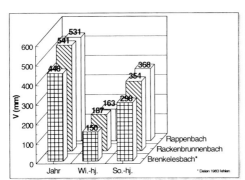 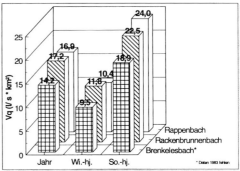

Abb. 12-7: Mittlere Verdunstung V und Verdunstungs„spende" Vq (hydrologische Jahre 1982-1991).

12.3.3 Verdunstung (V)

Die Verdunstung wurde als Restgröße über die allgemeine Wasserhaushaltsgleichung ermittelt. Mit 448 mm liegt die Jahresverdunstung des Gebietes Brenkelesbach um ca. 100 mm niedriger als in den anderen Gebieten (Abb. 12-7). Das ist erstaunlich bei einem höheren Anteil an Tieflagen im Relief, erklärt sich aber durch den sehr geringen Waldanteil (22 Prozent) und 37 Prozent Rebland. Der sommerliche Anteil der Verdunstung liegt mit Ausnahme des Rappenbachgebietes ca. 100 Prozent über dem winterlichen. Das hat mit den schon angesprochenen spezifischen Gesteins-, Boden- und Nutzungsbedingungen im Kopfbereich dieses Gebietes zu tun.

12.4 Einzelne Abflußereignisse

Die Betrachtung von einzelnen Abflußereignissen wurde im Rahmen einer Diplomarbeit (LANGE 1995) vorgenommen und eröffnet detailliertere Einblicke in das gebietsspezifische Abflußverhalten (Abb. 12-7 und Abb. 12-8). Die Abflußspitze liegt im Rappenbachgebiet immer am niedrigsten, eine Folge der sehr geringen Gebietsgröße. Andererseits weist der Brenkelesbach gegenüber dem Rackenbrunnenbach des öfteren höhere Spitzen auf, wenngleich sein Einzugsgebiet nur etwa 0.6-fach so groß ist. Sehr hohe Abflußträchtigkeit ist gegeben, d. h. ein sehr hohes Ansprechverhalten auf Niederschlag verbunden mit einer hohen Abflußrate pro Millimeter Niederschlag. Liegen die Ansprechzeiten (Zeitdifferenz von Niederschlagsbeginn bis zum ersten prägnanten Ansteigen des Hydrographen) im Rackenbrunnenbachgebiet bei 50-120 Minuten und im Rappenloch bei 50-70 Minuten, so liegen sie im Brenkelesbachgebiet bei nur 40-60 Minuten. Fließen pro Millimeter Niederschlag im Brenkelesbach 15-60 l/s ab, so sind es im Rappenbach 10-50 l/s und im Rackenbrunnenbach nur 5-20 l/s. Die Anstiegszeit bis zum Erreichen des Abflußscheitels beträgt beim Brenkelesbach 30-40 Minuten, beim Rappenbach 40-60 Minuten und beim Rackenbrunnenbach mehr als 50 Minuten. Der Abschwung der Hochwasserwelle verläuft am steilsten beim Brenkelesbach und am flachsten beim Rappenbach.

Demgemäß muß bei Hochwasserwellen der Anteil des unmittelbaren Landoberflächenabflusses am Direktabfluß im Brenkelesbachgebiet am höchsten sein und am geringsten im Rappenbachgebiet. Absolut gesehen stimmt das wohl, aber bei relativer Betrachtung darf die sehr flache Auslaufkurve beim Rappenbach nicht gänzlich dem Interflow zugeschrieben werden, sondern beruht auf einem Nachhinken von Oberflächenabfluß aus dem großflächigen nicht zu steilen Kopfbereich des Einzugsgebietes. Die winterlichen Abflußereignisse dauern entsprechend der Natur der Niederschlagsgenese länger an und stellen, von wenigen Ausnahmen abgesehen, die größten Wassermengen bereit. Häufiger nimmt dabei der Hydrograph einen eher komplexen Verlauf, der einem zyklonalen Witterungsablauf entspricht. Vergleicht man für einzelne Einzugsgebiete die Abflußereignisse mit den größten Abflußmengen und jene mit den höchsten Sommerwerten, dann gelangen nur vereinzelt Sommerereignisse im Brenkelesbachgebiet in die Spitzengruppe der Abflußmengen.

Die statistische Aufbereitung aller Hochwasserereignisse zeigt die Hochwasserhäufigkeitsdarstellung in Tab. 12-1. In den unteren Bereichen bis zu einer Wiederkehrwahrscheinlichkeit von 1,25 Jahren bleiben spezifische Abflüsse im Rackenbrunnenbach- und mehr noch im Rappenbachgebiet unter jenen im Brenkelesbachgebiet. Bei Ereignissen mit Wiederkehrwahrscheinlichkeiten von >2 Jahren übersteigt der Abfluß im Rackenbrunnenbachgebiet erstmals und auf Dauer denjenigen im Brenkelesbachgebiet. Hier schlägt die Gebietsgröße durch und überkommt die hohe Disposition zur Abflußbildung. Ab 25-jährigen Ereignissen überholt das Rappenbachgebiet schließlich auch das Gebiet Brenkelesbach. Damit zeigt sich nochmals die Unausgeglichenheit im Abflußverhalten des Rappenbachs: Hohe Wahrscheinlichkeiten von Abflußgefährdung durch Trocknis wechseln mit wesentlich geringeren Wahrscheinlichkeiten des Auftretens dann allerdings sehr abflußreicher Hochwässer.

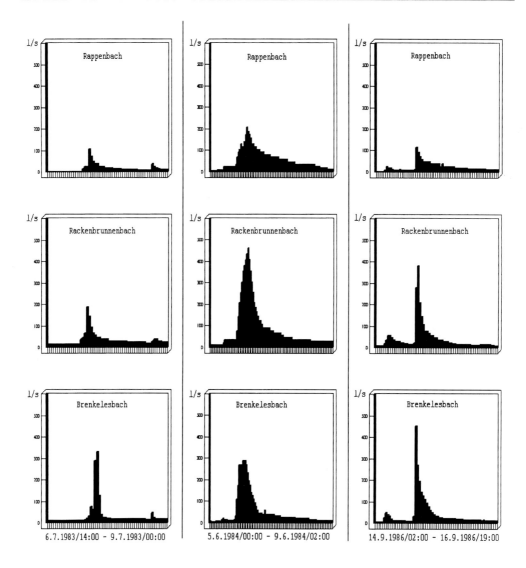

Abb. 12-8: Vergleichende Hydrographen (einfache Ereignisse)

Tab. 12-1: Hochwasserereignisse nach Annuität (T) und Wahrscheinlichkeit des Auftretens (Überschreitungswahrscheinlichkeit Ü).

Einzugsgebiete	T	1,01	1,05	1,11	1,25	2	5	10	25	50	100	200
	Ü (%)	99	95	90	80	50	20	10	4	2	1	0,5
Rappenbach		1	3	6	10	30	89	158	293	437	633	881
Rackenbrunnenbach	7	11	15	22	51	128	216	393	601	889	1297
Brenkelesbach	13	18	21	27	49	104	164	285	415	603	867

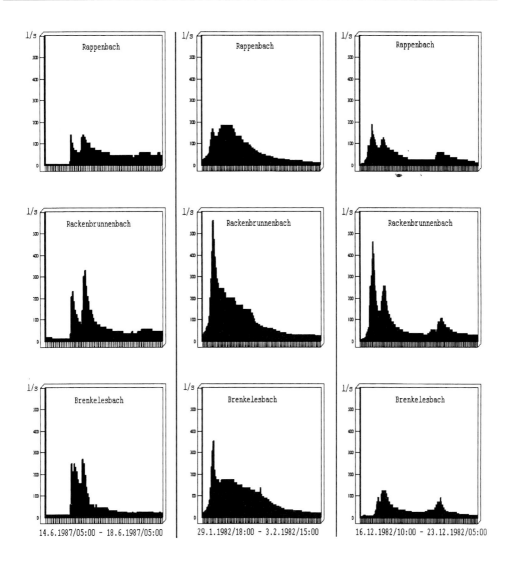

Abb. 12-9: Vergleichende Hydrographen (komplexe Ereignisse).

Als Besonderheit sei auf die Hydrographen eines mit Schneeschmelze gekoppelten Niederschlagsereignisses verwiesen (Abb. 12-9). Bemerkenswert ist hier das Auftreten einer Art Aufbeulung im absteigenden Ast der Abflußkurve, bewirkt durch Oberflächenabfluß und schnellen Interflow. Dieser Buckel tritt intensiv und früh im Rappenbachgebiet auf, ähnlich, aber zeitlich stark gestreckt, auch im Brenkelesbachgebiet und nur abgeschwächt im Rackenbrunnenbachgebiet. In den eher offenen Einzugsgebieten muß das Abschmelzen schneller vonstatten gehen als unter Wald. Die starke Streckung im Brenkelesbachgebiet wird mit den Rebterrassen in Verbindung gebracht, welche zu einer verzögerten Ableitung der Schmelzwässer entscheidend beitragen. Mittlerweile hat in diesem Gebiet eine Rebflurbereinigung stattgefunden. Über die Auswirkungen liegen keine Daten vor, da der Bezugspegel demontiert wurde.

12.5 Niederschlag - Abfluß - Stoffaustrag

Will man die Niederschlags - Abflußbeziehung gebietsspezifisch in ihrer Gegensätzlichkeit graphisch darstellen, so eignen sich dafür besonders das Wald- und Rebgebiet (Abb. 12-10). Es zeigte sich immer wieder nach größeren Niederschlagsereignissen, daß der Sedimentfang, mit dem alle Pegel ausgestattet sind, im Brenkelesbach besonders gut gefüllt war bzw. gar nicht ausreichte (VOGT 1987). Relief- und nutzungsbedingte Disposition zu erhöhtem Stoffaustrag werden so dokumentiert.

Aufgrund von Messungen der Geschiebe- und Schwebstofffrachten vom August 1982 bis zum Dezember 1983 wurden für die Jahre 1981 - 1985 mittlere Feststofffrachten hochgerechnet (Tab. 12-2). Sowohl die erhobenen als auch die hochgerechneten Meßwerte (Tab. 12-2) streuen stark und geben das Austragsgeschehen nur näherungsweise wieder. Es wurde ein Maximalwert des Sedimentaustrags von 7 m³ bei einer Niederschlagsdauer von 13,8 Stunden und einer Niederschlagsintensität von 4,4 cm/h ermittelt. Bei den Feststoffausträgen fällt hier das Jahr 1983 als besonders niederschlags - und austragsreich heraus, aber die Werte von 1981 und 1982 unterscheiden sich auch schon um mehr als 100 Prozent (Tab. 12-2). Bezogen auf einen Zeitraum von 1000 Jahren, ergeben sich somit Werte einer wahrscheinlichen Gebietserniedrigung von 16 - 90 mm. LOUIS (1968) gibt für die humiden Mittelbreiten Werte von 10 - 40 mm an. Berücksichtigt man, daß im Brenkelesbachgebiet noch kein Lösungsaustrag eingerechnet wurde, so liegen die Werte noch um einiges höher.

Nach Untersuchungen von RAUSCH (1982) im Schönbuch macht der Lösungsaustrag dort das 3-7fache des Feststoffaustrages aus. Vergleichbare Größenordnungen können auch für den Schurwald angenommen werden. Hier muß jedoch angemerkt werden, daß nicht der gesamte

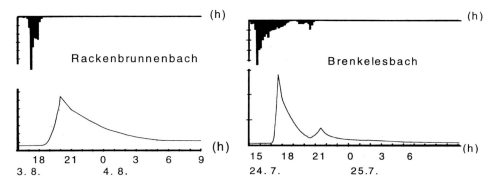

Abb. 12-10: Niederschlags-Abfluß-Beziehung in den Gebieten Brenkelesbach und Rackenbrunnenbach.

Tab. 12-2: Feststofffrachten und Feststoffausträge im Gebiet Brenkelesbach
          (hydrologische Jahre 1981-1985)

Jahr	Geschiebe-fracht t	Geschiebe-austrag t/km²	Schwebstoff fracht t	Schwebstoff austrag t/km²	Feststoff-fracht t	Feststoff-austrag t/km²
1981	11,6	13,8	5,0	6,9	16,6	20,7
1982	16,7	19,9	11,6	13,1	28,3	33,0
1983	41,3	49,3	75,6	90,2	116,9	139,5
1984	6,0	7,2	13,2	15,8	19,2	23,0
1985	10,3	12,3	13,4	16,0	23,7	28,3

Stoffaustrag den Hängen des Gebietes entstammt. Ein gewisser Anteil ist mit Sicherheit dem eigentlichen Bachbett zuzurechnen, dürfte also nicht in die mittlere Gebietserniedrigung eingerechnet werden. Andererseits werden die zwischendeponierten Sedimente, über deren Volumen wenig bekannt ist, erst gar nicht am Pegel erfaßt. Ungeachtet dessen darf das Gebiet Brenkelesbach als höchst erosiv bezeichnet werden. Bleibt nur zu hoffen, daß diesem Sachverhalt bei der Rebumlegung Rechnung getragen wurde.

Abschließend seien einige Ergebnisse modellhafter Feststoffaustragsberechnungen vorgestellt. Anhand von Bemessungsregen sollen über das Einheitsganglinienverfahren unter Verwendung einer mittleren Einheitsganglinie die Abflußspitze und das Abflußvolumen berechnet werden. Über den mittleren Abfluß und die sich daraus ergebenden Geschiebe - und Schwebstoffgehalte wird der ereignisbezogene Austrag approximiert. Zur Auswahl der Bemessungsniederschläge wurden die Verteilungskurven der Niederschläge in Baden-Württemberg herangezogen (Deutscher Wetterdienst 1976). Diese versuchen die Niederschlagshöhen und -spenden in Abhängigkeit von Dauer und Überschreitungshäufigkeit regional zu klassifizieren (Abb. 12-11). Für das Gebiet Brenkelesbach ist der Geltungsbereich Schorndorf anzusetzen. Die Aufteilung der Niederschlagsmenge während eines Ereignisses wurde den in der Natur häufig vorkommenden Verteilungen angepaßt. Dabei fallen im ersten Drittel eines Ereignisses 20 Prozent, im folgenden Fünftel 50 Prozent und in der restlichen Zeit 30 Prozent des Niederschlags.

Der Abflußbeiwert wurde so ausgewählt, daß er im ersten Zeitschritt (0,1 h) 0,1 beträgt, im zweiten 0,15 und ab dem dritten jeweils 0,2. Beispiel 1 hat einen 0,5-stündigen Bemessungsregen von 12,3 mm mit einer Wiederkehrzeit von 0,5 Jahren. Bei Beispiel 2 handelt es sich

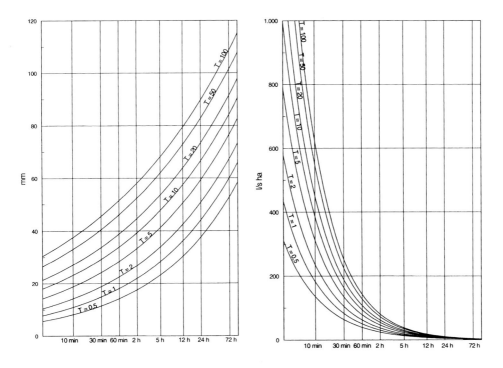

Abb. 12-11: Regenmengen und Regenspenden für verschiedene Dauern und Wiederkehrintervalle (T).

Tab. 12-3: Bemessungsregen und Feststoffaustrag im Gebiet Brenkelesbach

	Beispiel 1	Beispiel 2	Beispiel 3
Mittlerer Direktabfluß (Q_D)	0,292 m³/s	0,4802 m³/s	0,0069 m³/s
Geschiebefracht	0,080 t	0,5300 t	0,0250 t
Schwebstofffracht	21,0 t	59,0 t	0,02 t

ebenfalls um ein halbstündiges Ereignis, aber mit 30,5 mm und einer Wiederkehrzeit von 10 Jahren. Beispiel 3 liegt als Bemessungsbasis ein einstündiges Ereignis mit einem konstanten Effektivniederschlag von 0,1 mm/h zugrunde. Die berechneten Werte gibt (Tab. 12-3) wieder:

Über solche Berechnungen können allerdings sehr verzerrte Vorstellungen vermittelt werden. Es ist eben keinesfalls zwingend, daß ein Niederschlagsereignis mit einer bestimmten Wiederkehrzeit ein entsprechend hohes Abfluß- und Stoffaustragsereignis mit vergleichbarer Wiederkehrzeit produziert. Damit sind die Angaben nur als Schätzungen anzusehen. Vergleicht man Tab. 12-3 mit Tab. 12-2, so fällt die Relation Geschiebe/Schweb auf. Bei den Jahreswerten sind beide Kategorien einander viel näher als bei den größeren Einzelereignissen. Daraus wird gefolgert, daß es eine Vielzahl kleinerer Ereignisse (Beispiel 3) mit einer ausgewogeneren Relation beider Komponenten gibt.

Will man nun genaueres über die Erosivität der Hanglagen in den einzelnen Gebieten aussagen, so bietet sich die allgemeine Bodenabtragsgleichung nach WISCHMEIER/SMITH (1978) an. Derartige Berechnungen sind für die Jahre 1982 - 1990 durchgeführt worden (DIKEL 1992), doch konnten die Ergebnisse bisher nicht durch harte Meßwerte des Hangabtrages abgesichert werden. Auch hier manifestiert sich das Gebiet Brenkelesbach als höchst erosiv, wobei Steil - und Reblagen mit Abtragswerten >1000 t/ha x a um nahezu eine Zehnerpotenz höher liegen als die Maximalwerte in den anderen Gebieten. In Anbetracht der ermittelten Jahresaustragsraten am Pegel (Tab. 12-3) ergeben sich beträchtliche Diskrepanzen zu den nach Wischmeier und Smith berechneten Werten. Diese können nicht alleine durch methodische Schwächen erklärt werden. Im Brenkelesbachgebiet muß deshalb eine relativ hohe Zwischendepositionsrate angenommen werden. Schon RAU (1982) reduzierte deshalb die nach Wischmeier berechneten Werte um einen Sedimentaustragsfaktor. Dieser ist in Abhängigkeit von der Hangwasserdynamik und der Austragspotenz des Fließgewässers zu sehen.

Sporadische Feststoffmessungen liegen für einzelne Monate der Jahre 1987-1990 vor. Hier erscheint besonders erwähnenswert, daß im Rappenbachgebiet, dem kleinsten der Gebiete, mehrfach hohe Werte gemessen wurden. Sehr wahrscheinlich hat das mit einer erhöhten Austragsrate aus den Riedelflanken und Klingen im mittleren Bereich dieses Einzugsgebietes zu tun. Hier dominiert der Knollenmergel, in Teilbereichen liegt rezentes Rutschgelände vor. Austrag und Abtrag müssen also sehr differenziert gesehen werden. Eine hohe Austragsrate darf nicht einfach zur Annahme starker Denudation führen. In jedem Fall ist bei starker Denudation eine entsprechende Austragsrate anzusetzen. Je aktueller die Betrachtung, desto bedeutsamer wird dieser Gesichtspunkt.

Abschließend werden detaillierte Angaben zur Erosivität der Niederschläge (R-Werte nach WISCHMEIER) im Untersuchungsgebiet gemacht (Abb. 12-12). Sehr deutlich wird, daß sich Niederschlagsmenge und Erosivität der Niederschläge übers Jahr nicht konform verhalten.

Das gilt vor allem für die Betrachtung der monatlichen Extremwerte. Die Höchstwerte in mm treten von März bis Mai auf, während die höchsten R-Werte in kJ/m² x mm/h von Mai bis Juli mit einer weiteren Spitze im September auftreten. Hier offenbart sich die besondere Bedeutung von Konvektivniederschlägen, häufig assoziiert mit Gewittern. Das unterstreicht die Aussagen zum Feststoffaustrag, dessen maximale Leistungen durchweg im Sommer erbracht werden, wenngleich kaum ein sommerliches Abflußereignis mengenmäßig mit winterlichen

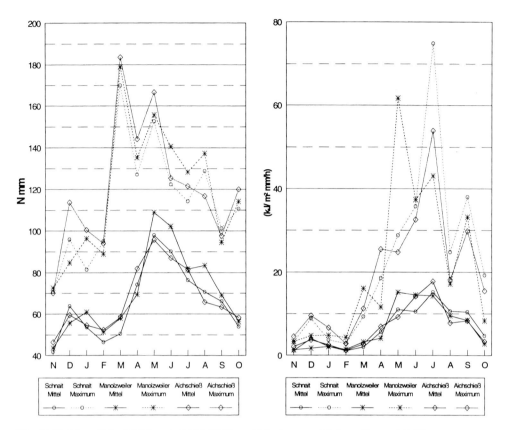

Abb. 12-12: Monatliche Mittelwerte (1982-1991) und Maxima von Niederschlag und R-Werten

Abflüssen konkurrieren kann. Erosivität und Niederschlagsintensität sind also sehr eng miteinander verknüpft. Der jährliche R-Faktor sieht für die einzelnen Gebiete folgendermaßen aus: Brenkelesbach 75, Rappenbach 79, Rackenbrunnenbach 69. Eine leichte Dominanz für das Rappenbachgebiet zeichnet sich ab, was wohl mit der nach Westen vorgeschobenen Lage (Farbkarte 12-2) zu tun hat.

12.6 Zusammenfassung

Vergleicht man die mittleren Abflußquotienten (Φ) der untersuchten Gebiete miteinander, so liegt das Brenkelesbachgebiet mit 0,42 um ca. 0,1 vor den anderen (Rackenbrunnenbach: 0,32 u. Rappenbach: 0,31). Bei den Direktabflußquotienten (Φ_D) liegt dagegen das Gebiet Rappenbach klar mit 0,24 vorne (Brenkelesbach: 0,15 /Rackenbrunnenbach: 0,14). Damit hat sich die anfangs geäußerte These von der wohl maßgeblichen Beeinflussung des Abflusses durch Nutzungsunterschiede bei ansonsten nicht stark differierenden Gebietsmerkmalen im Schurwald als so nicht haltbar erwiesen, denn die Prämisse nicht stark differierender Kennwerte erwies sich als nicht haltbar. Der im Verhältnis recht hohe Direktabflußquotient im Bereich Rappenloch ist eben nicht so sehr eine Folge spezifischer Gebietsnutzung als vielmehr eine der lithostratigraphischen Gegebenheiten. Ferner ist die hohe Gesamtdisposition für Abfluß im

Brenkelesbachgebiet auch nicht nur auf die Offenheit des Geländes und den hohen Reblandanteil zurückzuführen, sondern mit Sicherheit auch auf die besonders starke Reliefierung. Es ist höchste Vorsicht geboten, wenn es darum geht, in Gebieten mit scheinbar vergleichbarer Basisausstattung, Nutzung einmal ausgenommen, Aussagen zur Abflußgenerierung zu machen. Bei der Thesenbildung wurden offensichtlich die unterschiedlichen Anteile der Gebiete an bestimmten lithostratigraphischen (km5, Lias α) und morphographischen (Steillagen) Einheiten zunächst hinsichtlich der Signifikanz für die Abflußbildung unterschätzt. Es kommt im Schurwald insbesondere darauf an, die Anteile der Gebiete zu berücksichtigen, insbesondere wenn es um die Hochwassergefährdung geht.

Versucht man über die mittleren Abflußquotienten Vergleiche zu anderen Einzugsgebieten zu ziehen, so liegen die Extreme in einem Lößeinzugsgebiet und im Grundgebirge. Als Lößgebiet wird der Bereich Rippach im Ostkaiserstuhl (LUFT 1980) mit einem Φ von 0,15 und einem Φ_D von nur 0,02 angeführt. Die Jahresniederschläge liegen zwischen 700-800 mm bei Nutzungsanteilen von 48 Prozent Rebland, 34 Prozent Acker- und Grünland und 22 Prozent Wald. Hier wird die hohe Retentionsfähigkeit des Löß als Speichergestein offenbar, wenngleich Abflußdaten nur über vier Jahre vorliegen. Grundgebirgsdaten liegen z. B. aus der Nordeifel, dem Einzugsgebiet der Kall, vor (SCHÜTT 1993). Für das Jahr 1990 wird ein Φ von 0,75 aus dem Gebiet Biegebach bei einem Jahresniederschlag von 847 mm und einem Untergrund aus tonigen Folgen der Rurberg - Schichten des Devon (Siegen) berichtet. Allein die enorme Spannweite der Φ-Werte in den kleingekammerten mitteleuropäischen Landschaften mag erahnen lassen wie unterschiedlich sich Fragen der Hochwassergefährdung und der Erosivität in einzelnen Gebieten stellen. Das trifft natürlich auch für die Region Stuttgart zu, denn Muschelkalk - Lettenkeuper - Flächen weisen z. B. eine geringere Erosivität aus als die Keuperbergländer. Nach EINSELE (1986) ist das eher auf die gemäßigtere Reliefierung in den Gäuen als auf den unterschiedlichen Bedeckungstypus zurückzuführen. Somit muß auch davor gewarnt werden, Waldgebiete generell als wenig austragsfördernd anzusehen. In sandiger Keuperfazies kann der Austrag unter Wald erheblich sein, allerdings wird er sich weniger aus der Fläche als aus den Klingen selbst speisen.

12.7 Literaturverzeichnis

AGSTER, G. (1982): Gebietswasserhaushalt und Bilanzierung des Ein- und Austrags gelöster Stoffe im Einzugsgebiet des Goldersbachs (Schönbuch). Unveröffentlichte Dissertation, Universität Tübingen.

BISCHOFF, G. (1976): Morphologische Untersuchungen im Einzugsbereich eines Baches im Schurwald bei Schnait. Unveröffentlichte wissenschaftliche Arbeit, Institut für Geographie der Universität Stuttgart.

BLUME, H. (1971): Geomorphologische Untersuchungen im Württembergischen Keuperbergland. Tübinger Geographische Studien 46, Sonderband 7.

DEUTSCHER VERBAND FÜR WASSERWIRTSCHAFT UND KULTURBAU (Hrsg.) (1984): Arbeitsanleitung zur Anwendung von Niederschlags - Abflußmodellen in kleinen Einzugsgebieten. Teil 2, Hamburg, Berlin. (Regeln zur Wasserwirtschaft 113).

— (1982) : Arbeitsanleitung zur Anwendung von Niederschlags-Abflußmodellen in kleinen Einzugsgebieten. Teil 1. Hamburg, Berlin. (Regeln zur Wasserwirtschaft 112).

DIKEL, F. (1992): Abschätzung der Bodenerosion durch Wasser in topischen Dimensionen - Untersuchung anhand kleiner Eizugsgebiete im Schurwald mit Hilfe eines Geographischen Informationssystems. (Unveröffentlichte Diplomarbeit, Institut für Geographie der Universität Stuttgart.)

DYCK, S. et al. (1980a): Angewandte Hydrologie, Teil 1 Berechnung und Regelung des Durchgangs der Flüsse. Berlin, München.

– (1980b): Angewandte Hydrologie, Teil 2 Der Wasserhaushalt der Flußgebiete. Berlin, München.

EINSELE, G., Hrsg. (1986): Das landschaftsökologische Forschungsprojekt Naturpark Schönbuch. Wasser - und Stoffhaushalt, Bio -, Geo - und Forstwirtschaftliche Studien in Südwestdeutschland. Forschungsbericht, DFG, Bonn.

FOSTER, G. R. u. WISCHMEIER, W. H. (1974): Evaluating irregular slopes for soil loss prediction. Transactions of the American Society of Agricultural Engineers 17, S. 305 - 309.

FRANK, M. (1965): Erläuterungen zur geologischen Karte von Baden - Württemberg 1: 25000, Blatt 7222 Plochingen. Stuttgart.

HOLZWARTH, W. (1980): Wasserhaushalt und Stoffumsatz kleiner Einzugsgebiete in Keuper und Jura bei Reutlingen. Diss. Universität Tübingen.

HUSSE, B. (1991): Soil Conservation in Vineyards. In: Forschungsstelle Bodenerosion, Universität Trier, H. 10, S. 89 -96.

Landesanstalt für Umweltschutz, Deutscher Wetterdienst, Hrsg. (1976) : Verteilungskurven der Niederschläge in Baden - Württemberg. Karlsruhe, Offenbach.

LANGE, V. (1995): Niederschlags - Abflußbeziehungen im Einzugsgebiet des Beutelsbaches sowie quantitative Untersuchungen zur Bemessungsgrundlage von Rückhaltebecken für den Hochwasserschutz. (Unveröffentlichte Diplomarbeit, Institut für Geographie der Universität Stuttgart)

LOUIS, H. (1968): Allgemeine Geomorphologie, Berlin. (Lehrbuch der Allgemeinen Geographie 1.

LUFT, G. (1980): Abfluß und Retention in Löß. Dargestellt an Beispiel des hydrologischen Versuchsgebiets Rippach, Ostkaiserstuhl. In: Beiträge zur Hydrologie. Sonderheft 1, Kirchzarten.

MÜLLER, S. (1961): Grundzüge der Bodenbildung im württembergischen Keuperbergland Stuttgart. (Mitteilungen des Vereins für Forstliche Standortskunde und Forstpflanzenzüchtung 11).

RAUSCH, R. (1982): Wasserhaushalt, Feststoff - und Lösungsaustrag im Eizungsgebiet der Aich. Diss. Universität Tübingen.

SCHÜTT, B. (1993): Der Stoffhaushalt der Kall/Nordeifel - Untersuchungen zum Wasserhaushalt, Schwebstoffhaushalt und Haushalt gelöster Stoffe in einem Flußeinzugsgebiet auf silikatischen Gesteinen. Aachener Geographische Arbeiten 27.

VOGT, W. (1987): Der Zusammenhang zwischen Niederschlag, Abfluß und Feststoffaustrag im Einzugsgebiet eines kleinen Baches, dargestellt am Beispiel des Brenkelesbaches bei Weinstadt - Schnait im württembergischen Keuperbergland. (Unveröffentlichte Diplomarbeit, Institut für Geographie der Universität Stuttgart)

WISCHMEIER, W.H. u. D. D. SMITH (1962): Soil - loss estimation as a tool in soil and water management planning. International Association of Scientific Hydrology, Publication 59, S. 148 - 159.

WISCHMEIER, W.H. u. D. D. SMITH (1978): Predicting rainfall erosion losses - a guide to conservation planning. Washington, D.C. (U.S. Dept. of Agriculture, Handbook 537).

WUNDT, W. (1958): Die Kleinstwasserführung der Flüsse als Maß für die verfügbaren Grundwassermengen. In: Grahmann, R.: Die Grundwässer in der BRD und ihre Nutzung. Forschungen zur deutschen Landeskunde 104, S. 47 - 54.

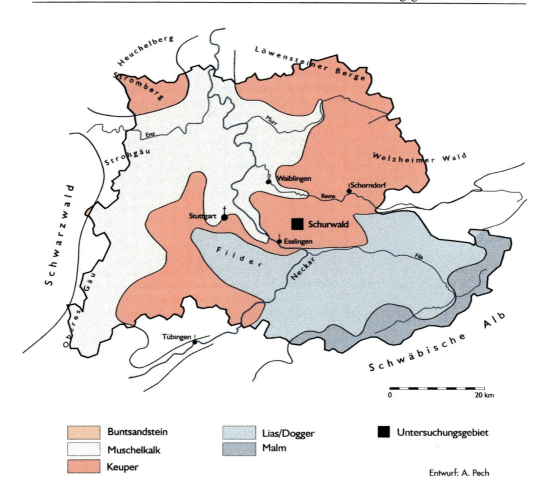

**Farbkarte 12-1: Die Lage des Arbeitsgebietes innerhalb der Region Stuttgart und im Verband der geolo-
gischen Formationen**

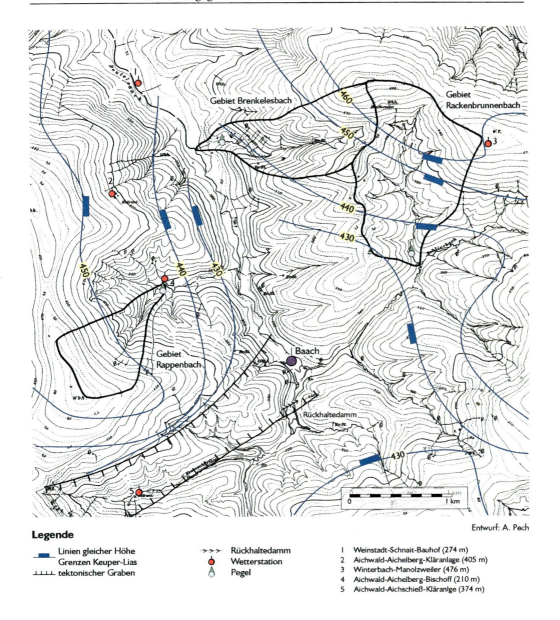

Entwurf: A. Pech

Legende

▬ Linien gleicher Höhe	➤➤➤ Rückhaltedamm	1	Weinstadt-Schnait-Bauhof (274 m)
Grenzen Keuper-Lias	● Wetterstation	2	Aichwald-Aichelberg-Kläranlage (405 m)
⊥⊥⊥⊥ tektonischer Graben	▲ Pegel	3	Winterbach-Manolzweiler (476 m)
		4	Aichwald-Aichelberg-Bischoff (210 m)
		5	Aichwald-Aichschieß-Kläranlge (374 m)

Farbkarte 12-2: Die Arbeitsgebiete orohydrographisch und geotektonisch, verändert nach Frank 1965

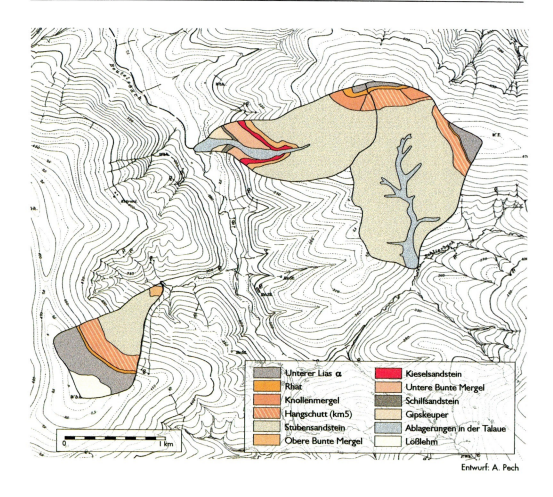

Legend:

Unterer Lias α	Kieselsandstein
Rhät	Untere Bunte Mergel
Knollenmergel	Schilfsandstein
Hangschutt (km5)	Gipskeuper
Stubensandstein	Ablagerungen in der Talaue
Obere Bunte Mergel	Lößlehm

Entwurf: A. Pech

Farbkarte 12-3: Die Arbeitsgebiete lithostratigraphisch, verändert nach: Geol. Karte von Baden - Württemberg 1:25000, Blatt 7222 Plochingen.

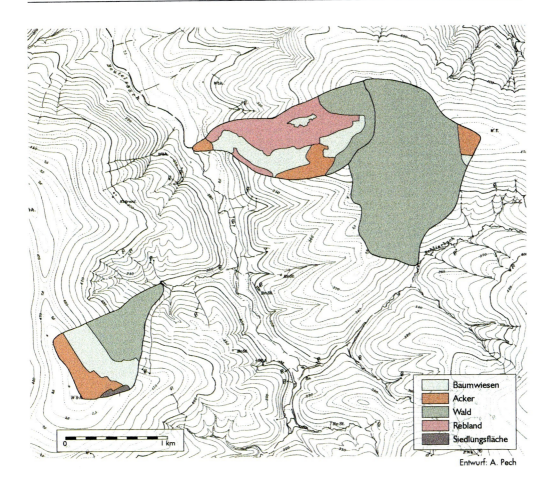

Baumwiesen
Acker
Wald
Rebland
Siedlungsfläche

0   1 km

Entwurf: A. Pech

Farbkarte 12-4 Die Arbeitsgebiete nach Bedeckungstypen
(verändert nach: TK 25, Blatt 7222 Plochingen).

Mitarbeiterinnen und Mitarbeiter

WERNER BRACHAT-SCHWARZ, Statistisches Landesamt Baden-Württemberg, Böblinger Str. 68, 70199 Stuttgart

MANFRED DECKARM, Statistisches Landesamt Baden-Württemberg, Böblinger Str. 68, 70199 Stuttgart

PROF. DR. BERNHARD EITEL, Fach Geographie der Universität Passau, Schustergasse 21, 94032 Passau

PROF. DR. WOLF GAEBE, Institut für Geographie der Universität Stuttgart, Azenbergstr. 12, 70174 Stuttgart

PROF. DR. ROLAND HAHN, Institut für Geographie der Universität Stuttgart, Azenbergstr. 12, 70174 Stuttgart

DIPL. GEOGR. BERNHARD JAKOB, Institut für Geographie der Universität Stuttgart, Azenbergstr. 12, 70174 Stuttgart

DR. KLAUS KULINAT, Institut für Geographie der Universität Stuttgart, Azenbergstr. 12, 70174 Stuttgart

DR. BARBARA LENZ, Institut für Geographie der Universität Stuttgart, Azenbergstr. 12, 70174 Stuttgart

DIPL. GEOGR. THOMAS MAGDOWSKI, Johannesstr. 94, 70176 Stuttgart

DIPL. GEOGR. BARBARA RICHTER-JAKOB, Institut für Geographie der Universität Stuttgart, Azenbergstr. 12, 70174 Stuttgart

PROF. DR. HARTMUT SEYFRIED, Institut für Geologie und Paläontologie der Universität Stuttgart, Herdweg 51, 70174 Stuttgart

DR. SIMONE STRAMBACH, Institut für Geographie der Universität Stuttgart, Azenbergstr. 12, 70174 Stuttgart

DR. ECKHARD WEHMEIER, Institut für Geographie der Universität Stuttgart, Azenbergstr. 12, 70174 Stuttgart

DIPL. GEOLOGIN BIRGIT WILLSCHER, Ludwig-Thoma-Str. 1, 71277 Rutesheim

Gärten und Parks in Stuttgart. *Dr. E . Szymczyk-Eggert, Prof. H. Luz, K. Rücker (Hrsg.). 1993. 176 Seiten, 89 Farbf., 9 sw-Abb, 33 Pläne. Kt. ISBN 3-8001-6515-5.* Dieses Buch möchte den Leser mit den wichtigsten Grünbereichen Stuttgarts bekannt machen. Ein Übersichtsplan im vorderen Teil des Buches zeigt die genaue Lage der 30 beschriebenen Gärten, Parks und den Grünanlagen innerhalb Stuttgarts. Das Spektrum reicht von den großen Schloßgärten und Parkanlagen über Plätze und Friedhöfe bis hin zu vorbildlicher Wohnumfeldgestaltung. Zu Beginn jeder Beschreibung steht eine kurze Information über Zufahrtswege, Öffnungszeiten und Eintrittspreise sowie ein Plan der Anlage. Die Texte erläutern die historische und gegenwärtige Bedeutung sowie die Struktur des Gartens oder Parks, ergänzt durch zahlreiche Farbfotos und Reproduktionen historischer Pläne.

Universität Hohenheim. *Festschrift zum 175-jährigen Jubiläum. Hrsg. von Prof. Dr. H. Winkel. 1993. 362 S., 21 Farbf. auf Tafeln, 25 sw-Abb. Ln. ISBN 3-8001-4801-3.*

Schwäbische Alb. *50 Wanderungen, 10 Radtouren, 43 Tagesetappen auf den Hauptwanderwegen. W. Siehler. 1994. 192 Seiten, 91 Farbf., 1 geolog. Übers. Kt. ISBN 3-7402-0130-4.* Die Schwäbische Alb erstreckt sich mit 220 km Länge und etwa 40 km Breite vom Hochrhein aus nach Nordosten bis zum Nördlinger Ries, einem Meteoritenkrater mit ungefähr 22 km Durchmesser. Burgen, Kirchen und Klöster weisen darauf hin, daß die Schwäbische Alb trotz des rauhen Klimas schon sehr lange besiedelt ist. Der Landschaftsführer gibt mit 49 Naturwanderungen, 10 Streckenvorschlägen für Radwanderer und Empfehlungen zur eigenen Tourengestaltung auf den Hauptwanderwegen der Schwäbischen Alb zahlreiche Anregungen, wie man dieses interessante Mittelgebirge kennenlernen kann. Außerdem liefert er die wichtigsten Fakten zu Erdgeschichte, Pflanzenwelt, Tierleben und Naturschutz.

Hohenheim. *Bilder und Gestalten. Hans Schuhmann. 1981. 199 Seiten, 42 Farbfotos, 46 sw-Abbildungen. Ln. ISBN 3-8001-3050-5.*

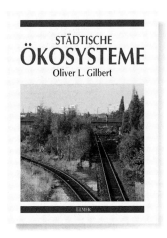

Städtische Ökosysteme. *Oliver L. Gilbert, Hrsg. Dr. Eckhard Jedicke. 1994. 247 Seiten, 24 sw-Fotos, 61 sw-Zeichnungen, 36 Tabellen. Pp. ISBN 3-7402-0137-1.* Mit diesem Titel liegt ein umfassendes Buch zur Landschaftsökologie vor, das Fauna und Flora in städtischen Gebieten beschreibt. Hier geht es nicht um die Ökologie parkähnlicher Landschaften, sondern auch darum, anhand vielfältiger Beispiele aus Fauna und Flora aufzuzeigen, wie sich selbst überlassene Biotope in der Stadt als Ansatzpunkte für die Schaffung ökologischer Landschaftstypen in städtischen Siedlungsgebieten herangezogen werden können. Der Autor schildert anhand umfangreicher Untersuchungen in europäischen Großstädten, wie und welche Fauna und Flora sich im anthropogenen Lebensraum der Stadt ansiedelt.

Das Recht der Landschaft. *Gesamtdarstellung für Bund und Länder. Dr. E. Gassner, Hrsg. Dr. E. Jedicke. 1995. 360 S. Pp. ISBN 3-7402-0160-6.* Mit diesem Band liegt eine verständliche Darstellung der gesamten Naturschutzgesetzgebung des Bundes und der Länder vor.

Landschaftsplanung in der Stadt. *K. Ermer, R. Hoff, R. Mohrmann. 304 S., 18 farbige Pläne, 72 sw-Abb., 55 Tab. Pp. ISBN 3-8001-3355-5.* Dieses Fachbuch vermittelt den Überblick über die Freiraumentwicklung und die Aufgaben und Ziele der Landschaftsplanung in der Stadt. Ökologische, ökonomische, politische und rechtliche Rahmenbedingungen werden aufgezeigt. Die in der Praxis angewandten fachplanerischen Erfassungs- und Bewertungsmethoden werden vorgestellt. Instrumente und Strategien des Naturschutzes und der Landschaftspflege werden mit aktuellen Beispielen aus deutschen Städten beschrieben. Breiten Raum nimmt ferner die Darstellung der Rolle der Landschaftsplanung im Rahmen der Gesamtplanung und ihr Verhältnis zu anderen Fachplanungen ein.

Industriebrachen. *Ökologie und Management. F. Rebele, J. Dettmar, Hrsg. Dr. E. Jedicke. 1996. 188 S., 46 Farbf. auf Tafeln, 49 sw-Fotos u. Zeichn., 20 Tab. Pp. ISBN 3-8001-3354-7.* Das Buch setzt sich mit industriebedingten Lebensräumen und der Entstehung von Industriebrachen auseinander.